LE
TOUR DE FRANCE
DU GÉNÉRAL

Du même auteur

Aux éditions Pac

Les Destins extraordinaires de l'aviation
Les Grandes Heures de la voile
Fausto Coppi, la tragédie de la gloire
Bartali, Gino le pieux
Hugo Koblet, le pédaleur de charme
René Vietto, le groom et le roi

Chez d'autres éditeurs

La Légende de Louison Bobet (Flammarion)
La Coupe du monde de football (Pygmalion)
Dossiers secrets du cyclisme (Pygmalion)
Les monstres sacrés de l'automobile (Pygmalion)

JEAN-PAUL OLLIVIER

LE TOUR DE FRANCE DU GÉNÉRAL

Julliard
8, rue Garancière
Paris

Les documents illustrant cet ouvrage proviennent des archives de France-Soir.

ISBN 2-260-00444-X

NOTE AU LECTEUR

Dans toute l'histoire de France, le général de Gaulle aura été le premier chef d'État à avoir effectué cette extraordinaire et prodigieuse tournée que constitue la visite de toutes les préfectures, de toutes les sous-préfectures, et d'un nombre considérable de communes. Pour la première fois, des hameaux de moins de cinquante habitants, perdus dans les profondeurs de la campagne française, recevaient la visite du plus illustre personnage du pays.

André Malraux, s'informant un jour auprès du général de Gaulle, après le retrait de celui-ci du pouvoir, lui demanda [1] :

– On me dit que vous envisagez de publier tout ce que vous avez dit depuis le 18 juin : discours et conférences de presse?...

– Sauf, répondit aussitôt l'interlocuteur, les « machins » aux maires, au bord de la route...

Peut-on alors conclure hâtivement que le général de Gaulle manifestait une certaine indifférence pour les propos qu'il lui arrivait d'égrener lors de ces voyages dans les provinces de France?

La vérité est tout autre. On la découvre dans ses *Mémoires d'espoir* [2] :

« Dans chacune de ses contrées, notre pays se donne ainsi à lui-même la preuve spectaculaire de son unité retrouvée. Il en est ému, ragaillardi, et moi, j'en suis rempli de joie.

« D'ailleurs, des moissons d'impressions et de précisions pratiques sont récoltées au cours de ces tournées. Sur le relief immuable de la France et le fond permanent de ses populations, je vois sur place comment est accomplie et peut-être améliorée la transformation que

1. *Les chênes qu'on abat* (Gallimard).
2. Plon.

lui font subir une industrie devenue primordiale, une agriculture désormais mécanisée, une natalité maintenant considérable, une scolarité de plus en plus débordante, des transports que le moteur multiplie et accélère de jour en jour.

« (...) Ce que j'entends et vois me fait discerner sur place, dans leur rigueur et leur étendue, les nécessités nationales que sont : l'équipement et l'aménagement du territoire, la création de régions et la fusion de communes en vue d'agrandir des circonscriptions administratives trop petites pour notre temps, la participation directe, depuis le haut jusqu'en bas, des organismes économiques et sociaux à l'étude et à l'application des plans qui n'incombent encore qu'à des Conseils sortis de l'élection politique.

« Au retour à Paris, les conclusions que je tire de mes voyages et les observations qu'en rapportent les ministres qui m'ont accompagné contribuent à éclairer l'action du gouvernement (...) »

Il est donc clair que de Gaulle considérait ses voyages en province comme relevant d'une grande nécessité. Il reste que, lorsqu'il s'est agi pour lui de publier ses *Discours et Messages*, il l'a fait dans un souci de clarification afin de présenter aux lecteurs l'essentiel de son œuvre.

L'atmosphère chaude et soudaine de ces voyages au cœur de la France profonde serait donc bien oubliée aujourd'hui si nous n'avions pris la peine de la restituer à travers les lignes qui vont suivre. C'est pourquoi, aussi, le *Tour de France du Général* n'est pas un ouvrage tout à fait comme les autres. On y est sensible à la politique certes, dans un sens ou dans l'autre, mais la plus large place est laissée à l'anecdote qui fait planer sur les choses des touches attendrissantes.

Ce livre, qui n'est autre que le contact direct du général de Gaulle avec le peuple de France, est sans doute l'un de ceux qui manquent encore à la bibliographie du « Président de tous les Français ».

C'est pourquoi nous avons profondément désiré qu'il fût écrit.

I

PRÉMICES...

Le 29 mai 1958, la France en plein désarroi, livrée à la querelle des partis, fait appel, par la voix du président de la République, M. René Coty, au général de Gaulle pour former le gouvernement.

« Le plus illustre des Français » est prêt à accepter cette mission, et fait savoir au pays qu'il demandera pour une durée de six mois les pleins pouvoirs, y compris ceux de la Constituante [1].

Nous sommes au cœur de la guerre d'Algérie, et le champ de bataille qui se déroule de l'autre côté de la Méditerranée préoccupe celui qui n'est encore que président du Conseil. C'est la raison pour laquelle il envisage, d'entrée, un mini-tour de France.

C'est la ville de Toulon qui a le privilège d'ouvrir la route des voyages en métropole. La cité méditerranéenne fait face précisément à l'Algérie. Il serait néanmoins trop hardi d'y voir un présage.

Le 14 juillet 1958, il envisage donc d'assister à la revue de la Flotte. Il y vient par avion, et se rend directement au domaine de Baudouvin, résidence du préfet maritime, l'amiral Barjot. La population est prête à l'accueillir; il s'en aperçoit tout au long du parcours qui traverse la ville d'Hyères.

Pour quelques petites heures, le préfet maritime s'efforce d'écarter les problèmes politiques. On a le temps d'y revenir. C'est un conteur de talent. L'histoire de sa ravissante demeure provençale, combien de fois a-t-il été prié de la raconter?

A l'entrée du domaine, dont les bâtiments principaux datent du XVIIIe siècle, se trouve une fontaine dont la tradition voulait que la statue de Samson terrassant un lion, qui ornait le monument, apportât la fécondité. Bien vite, le lieu devint un centre de pèlerinage

1. Ils lui seront accordés le 2 août.

pour les jeunes mariés de la région qui accouraient en foule se désaltérer dans cette eau miraculeuse. Quelle main sacrilège ôta alors la statue de son socle? Nul ne le sait. Une chose est sûre : les jeunes mariés abandonnèrent le lieu.

En 1957, l'amiral Barjot retrouva dans une grange la statue miraculeuse, la fit replacer sur son piédestal d'origine au milieu du bassin de la fontaine... et les jeunes époux revinrent.

Le général de Gaulle se plaît à écouter disserter le préfet maritime, mais son esprit est déjà ailleurs; aussi, lorsque l'amiral présente ses autres trésors : un sabre d'or, cadeau du roi d'Arabie Ibn Séoud, un papillon vert venant de Port Fouad, le télescope avec lequel le général Weighty suivait les opérations de Suez, le général de Gaulle est déjà à table, table ornée d'une nappe barrée d'un ruban tricolore. Melon de Cavaillon, rougets de la Méditerranée, volaille, légumes de la Valette-du-Var, fraises du jardin, sans oublier les vins de Provence, vont défiler devant les convives. A 14 heures, le président du Conseil quitte la préfecture pour se rendre quai de Stalingrad où le cuirassé *Jean Bart* l'attend. M. Louis Jacquinot, ministre de la Marine, M. Bernard Cornut-Gentille, ministre de la France d'Outre-Mer, accompagnent le général de Gaulle, salué par une salve de dix-neuf coups de canon tirés du cuirassé tandis qu'il passe devant les personnalités civiles et militaires formées en carré sur le pont.

Peu après, c'est à bord du *Kersaint* qu'il appareille vers la rade des Vignettes où l'escadre est alignée sur cinq rangs. La revue peut commencer.

Des milliers et des milliers de personnes ont pris d'assaut les quais pour assister à ce spectacle majestueux..

La revue, certes, mais la foule d'ouvriers et d'employés souhaite aussi voir, applaudir, serrer la main de celui qui préside, avant la lettre, aux destinées de la France. C'est bientôt du délire, au retour de ce dernier à l'arsenal. Des milliers de mains se tendent, des femmes crient en présentant leurs bébés et le général de Gaulle, devant la cour de l'Horloge, s'adresse à ceux qui l'acclament :

– Je suis infiniment touché, leur dit-il, de l'accueil que vous me faites. Je vous dirai combien j'ai été impressionné par la revue que je viens de passer. Il suffit de voir la mer, Toulon, son arsenal, pour comprendre que nous sommes un pays de la mer qui doit garder sa puissance sur la mer...

A l'intérieur de la mairie toulonnaise où de Gaulle vient de pénétrer, les édiles municipaux vérifient une dernière fois les micros et haut-parleurs qui doivent retransmettre l'allocution qu'il va prononcer. Aucun incident matériel ne vient troubler le discours mais le public n'est guère satisfait. Ce qu'il veut, c'est voir de Gaulle en personne et, de son côté, le Général aime trop le contact de cette foule dont il a été si longtemps séparé. Aussi, répondant à la ferveur populaire, il se présente au balcon de l'Hôtel de Ville pour ce qui sera son premier discours public en province depuis son retour au pouvoir :

– L'accueil magnifique, annonce-t-il d'entrée, que vous avez fait à ma personne et, à travers moi, au gouvernement de la France, vous ne savez combien il m'a touché et réconforté. Je savais bien que l'unité nationale était une magnifique et immense réalité, et c'est Toulon qui, la première, m'en a pour ainsi dire donné la preuve!

Le discours est un instant interrompu par la foule qui scande les mots : « Algérie française. » De Gaulle feint de ne rien entendre et poursuit :

– Tout cela compte beaucoup quand on porte la responsabilité du redressement national, pour le profit, l'honneur de tous les enfants de la France. Ayons confiance en nous-mêmes. Dans un monde très difficile, nous sommes très forts quand nous sommes très unis.

Ainsi va prendre fin le premier voyage en province du général de Gaulle. Rien n'est encore décidé quant à ses voyages officiels au contact de la France des régions. En revanche, les visites reprennent quinze jours plus tard environ – le 2 août – sous le chaud soleil de Provence, une fois de plus, par la visite de la cité atomique de Marcoule (Gard).

Si le contact avec la foule n'est pas prévu au programme, le cortège, venu de l'aéroport d'Orange-Caritat, se voit contraint de stopper à deux reprises : à Bagnols-sur-Cèze et à Pont-Saint-Esprit. Chaque fois, de Gaulle se mêle à la foule et serre de nombreuses mains. Ces arrêts imprévus coûtent au service du protocole un quart d'heure de retard à l'arrivée sur le terre-plein du Belvédère qui domine les installations atomiques. M. Guillaumat, ministre des Armées, mais aussi M. Francis Perrin, haut-commissaire à l'Énergie atomique sont présents pour l'accueillir et ce dernier se lance, en préambule, dans un petit historique :

– La pile G.1, révèle-t-il, fonctionne depuis trois ans. G.2 a été mise en place le 21 juillet dernier, G.3, sa jumelle, qui sera utilisable dans quelques mois, doublera la production de plutonium de Marcoule afin de pouvoir assurer la fabrication d'armes atomiques sans gêner pour autant l'effort industriel entrepris.

Le président du Conseil consacre deux heures à la visite de Marcoule, montrant ainsi l'intérêt qu'il porte à l'énergie atomique.

Une impulsion nouvelle à la production française interviendra sur sa demande.

Il se penche alors plus longuement sur les deux nouveautés de Marcoule : G.2 et l'usine de fabrication du plutonium.

G.2 constitue un énorme bâtiment aux proportions grandioses et à la décoration futuriste. Elle est aussi la première pile française de production de plutonium sur le plan réellement industriel. Le haut-commissaire à l'Énergie atomique rappelle qu'elle ne fonctionne pas encore à plein rendement, mais, lorsqu'elle sera chargée des cent vingt tonnes d'uranium qu'elle peut absorber, elle produira trente-cinq mille kilowatts d'électricité et cent vingt grammes par jour de plutonium. Ce plutonium s'accumulera dans les barres d'uranium irradié qu'il faudra ensuite extraire : c'est le rôle de l'usine de plutonium qui, elle aussi, fonctionne depuis quelques jours.

Le général de Gaulle suit scrupuleusement les consignes de sécurité recommandées par M. Taranger, chef des services industriels, et s'arrête longuement devant les postes de commande de l'usine semblables à la salle des machines d'un grand paquebot.

Très détendu, il consent, pour les photographes, à manier les boutons de commande de G.2, interrogeant sans relâche les spécialistes qui le pilotent dans l'usine.

L'énergie atomique et de Gaulle, c'est déjà une vieille histoire. M. Couture, administrateur général du commissariat à l'Énergie atomique, rappelle, en effet, que c'est à neuf kilomètres de Marcoule, au château de Paniscoule, que le général de Gaulle a, le premier, après la Libération, engagé la France dans la voie atomique, en créant l'actuel commissariat à l'Énergie atomique [1].

Dans sa réponse le président du Conseil déclare :

– Quand la France s'en donne la peine, c'est merveille de considérer les résultats qu'elle obtient.

Puis il souligne, faisant allusion à l'éventuelle construction d'une bombe « A » par la France :

– Et, bien entendu, je n'entends pas oublier ce que pourrait valoir votre travail quant aux activités militaires de la France.

Les explications demandées en permanence par le Général ont contribué à accentuer le retard sur l'horaire de toute la délégation présidentielle. Le déjeuner, servi dans la grande salle de réception du château de Paniscoule qui sert aujourd'hui de mess aux ingénieurs, se trouve, de ce fait, vite « expédié ». Et pourtant le menu ne manque

1. 18 octobre 1945.

pas d'allure, comportant, entre autres, un canapé de langoustes Belle-vue, un cœur de filet de bœuf à la riche, l'ensemble arrosé d'un château-neuf-du-Pape blanc 1955, d'un Flacon de Provence, et d'un Fernand Mallet brut 1952...

L'après-midi est déjà largement entamé lorsque le cortège quitte le château pour Orange. L'avion décolle à destination de Saint-Dizier d'où, en voiture, le général de Gaulle regagne sa propriété de Colombey-les-Deux-Églises.

II

LE MINI-TOUR DE FRANCE

Alors que s'annonce l'automne de cette année 1959, les efforts du général de Gaulle sont entièrement tendus vers la mise en place de la nouvelle constitution qu'il compte soumettre au vote des Français, le 28 septembre, par le canal d'un référendum.

Afin d'exposer ses projets, il envisage un contact plus direct avec les régions. Mais le temps est désormais compté. Il effectue donc un choix : en un temps record, il va visiter quatre métropoles régionales : Rennes, Bordeaux, Strasbourg et Lille, les 20 et 21 septembre.

En mettant le cap sur la Bretagne, pour la première étape, il calcule qu'il vient à Rennes pour la quatrième fois depuis la Libération. Le 20 août 1944, après avoir débarqué à Cherbourg, il foulait pour la première fois le sol rennais alors que la grande poussée des armées alliées délivrait Paris.

En Bretagne, l'été de la Saint-Michel s'annonce en ce 20 septembre tandis que l'avion présidentiel se pose à 9 h 30 à l'aéroport de Rennes-Saint-Jacques-de-la-Lande. M. Robert Buron, ministre des Travaux Publics, arrivé de Lyon quelques minutes auparavant, est là pour l'accueillir aux côtés des personnalités de la région et du département dont M. Camille Ernst, super-préfet, le général Masson, commandant la troisième région militaire, M. Henri Fréville, maire de Rennes qui invite le président du Conseil à prendre le chemin de la capitale de la Bretagne. Ce dernier s'exécute après avoir passé en revue deux pelotons de l'infanterie et de l'armée de l'Air.

Dans la ville, la foule a grandi de minute en minute et dès l'entrée de la cité les cris de « vive de Gaulle » jaillissent des poitrines. Place de Bretagne, à l'occasion d'un premier arrêt du cortège, une femme accourt vers lui en criant :

– Vous savez, j'étais là le 20 août 1944!...

– Je me souviens de ce voyage, répond le général de Gaulle qui décide d'effectuer à pied la fin du parcours – c'est-à-dire quelques centaines de mètres – séparant la poste de l'Hôtel de Ville. Il s'agit là de la première grande halte et du premier discours. Environ cinq à six cents personnes sont rassemblées dans une salle dont les hauts murs sont piqués d'écussons frappés aux armes de Bretagne et de la ville de Rennes.

Le chef du gouvernement, qui apparaît serein dans son costume gris à rayures, s'exprime d'une voix ferme :

– Je suis venu à Rennes, lance-t-il, en toute simplicité. J'avais le grand désir de prendre contact avec vous comme je compte le faire, dans les semaines qui suivent, avec les populations des grandes villes de la métropole. Mais je désirais commencer par la Bretagne où tant de souvenirs m'attachent. Il y a, entre cette province et moi-même des liens d'affection. Je vous en remercie messieurs.

Les trois cent soixante-deux maires du département d'Ille-et-Vilaine attendent le président du Conseil dans une salle attenante. Celui-ci va vers eux et, les voyant ainsi réunis, leur demande :

– Messieurs, je voudrais que l'un de vous, ou même trois d'entre vous – et le Général, de la main, touche l'épaule de trois maires – m'expliquent la situation dans le département.

Sont ainsi sélectionnés au hasard les premiers magistrats des communes de Chancé, Saint-Germain-en-Coglès et Crest-sous-Vitré. Ce n'est pas sans une certaine émotion qu'ils vont évoquer devant le président du Conseil leurs problèmes locaux qui restent pour la plupart d'essence agricole :

– Je tiens à vous dire, s'entendent-ils répondre, qu'il y a dans les soucis du gouvernement, dans mes soucis personnels, une grande place pour l'agriculture. Le ministre, d'ailleurs, se trouve à mes côtés [1] et, avec lui, je tiens à dire que l'agriculture doit avoir, en France, une place essentielle. Je ne l'oublierai pas.

Avant le discours public, le général de Gaulle prend un véritable bain de foule en parcourant les huit cents mètres qui le séparent de la préfecture. Le public, massé le long des avenues sur plusieurs rangs, ovationne follement le personnage qui incarne le gouvernement de la France, certes, mais tant d'autres faits aussi. Celui-ci s'arrête à plusieurs reprises, serre les mains qui se tendent vers lui, répond aux bravos d'un large geste des bras.

Devant des grappes humaines toutes acquises à sa cause et qui

1. Il s'agit de M. Roger Houdet, ancien sénateur indépendant, nommé le 9 juin 1958.

brandissent des pancartes portant le « oui » au référendum, le Président pénètre dans la salle du conseil général de la préfecture, jadis hôtel de l'intendant de Bretagne et, devant les corps constitués, après avoir, une nouvelle fois, exprimé sa joie de se trouver sur le sol armoricain, ajoute :

– Vous savez comment et à la suite de quels événements j'ai été entraîné à la tête du gouvernement. Je tiens à vous dire que c'est avec une grande confiance que j'ai accepté ces responsabilités. Lorsque la formalité qui s'appelle le référendum sera accomplie, la France se trouvera devant les mêmes problèmes qui se posaient hier et qui se posent aujourd'hui. Les textes ne règlent rien. Ces problèmes sont graves d'autant plus que nous nous trouvons dans un monde dangereux. Les jours qui passent ne détendent pas l'atmosphère. L'air que nous respirons est lourd, chargé de dangers. C'est dans ces circonstances que la France va entreprendre une nouvelle étape d'existence de nation. Tout ce que je vois dans la France m'inspire une grande confiance, malgré tout, en son avenir. Il y a dans ce pays, des ressources profondes de vitalité qui coulent plus abondantes que jamais...

Parmi les autres sujets évoqués, le général de Gaulle se réjouit du développement démographique :

– La jeunesse nombreuse qui nous revient changera les conditions matérielles et morales de la vie française, telles qu'elles ont été depuis cent ans...

Du balcon de la préfecture tendu de rouge et surmonté d'un dais bleu, le président du Conseil va s'adresser ensuite à la foule. Il est 12 h 30. Il s'agit d'un lieu inhabituel pour les allocutions. Le général de Gaulle y prend la parole pour la première fois, le théâtre de ses allocutions trouvant son écho habituel sur la place du Champ-de-Mars. Une fois, seul, avant lui, le président de la République, Raymond Poincaré, s'était exprimé en 1914.

La place qu'il domine est l'une des plus petites de la ville et, pourtant, en ce jour, c'est la plus peuplée : huit mille âmes environ.

Une immense ovation s'élève lorsqu'il apparaît. Son geste – les deux bras en « V » – répond aux acclamations et, après avoir réclamé le silence, il réitère, en public cette fois, sa satisfaction de se trouver en pays d'Armorique, puis il évoque la consultation populaire toute proche :

– Ce pays, dit-il, entre autres, était en proie aux institutions périmées et comme on dit inadéquates. Tout le monde l'a compris et ce qui s'est passé n'a été que l'expression calme et résolue de tout le monde; c'est pourquoi l'événement qui aura lieu dimanche prochain va mettre les choses au point. Il va transformer les conditions de notre vie nationale. Cette opération de dimanche prochain, je crois bien, j'en ai le sentiment, sera une prise de position commune.

« Mais, j'ai à vous demander quelque chose de plus : que les voix soient en nombre immense, qu'il y ait une majorité massive et je vais vous dire pourquoi...

C'est alors qu'une petite fausse note intervient. Des incidents légers se produisent dans une rue adjacente à la place de la Préfecture. Un groupe de manifestants lance des coups de sifflet. La police s'apprête à intervenir mais avant même leur venue, la foule les a déjà réduits au silence. Deux personnes sont appréhendées et emmenées par la police.

Pendant ce temps de Gaulle est resté impassible. Rien ne paraît le troubler dans son intervention :

– Notre pays, souligne-t-il, est en train de se retrouver. Mais il est aussi en présence de grands obstacles qu'il lui faut franchir. S'il manifeste son opinion en nombre massif de « oui », alors son destin a toutes chances d'être assuré pour longtemps.

« Il y aura un réconfort dans la France entière, il y aura un encouragement dans l'âme de chaque Française et Français, il y aura un témoignage pour celui qui vous parle, un témoignage dont il a besoin...

La foule intervient et approuve en scandant :

– Oui, oui, oui!

Puis de Gaulle conclut en ces termes :

– Alors c'est dit, c'est entendu, une réponse magnifique sera faite à la question posée. Ce jour-là, la dignité de la France sera proclamée.

Apaisant, enfin, les acclamations, l'orateur poursuit en demandant d'entonner *la Marseillaise.*

Au cours du bref séjour rennais, la question de l'Algérie a également fait l'objet d'un entretien d'une vingtaine de minutes dans le cabinet du maire, avec les députés et sénateurs d'Ille-et-Vilaine à l'exception de MM. Guy La Chambre (indépendant) et Emmanuel d'Astier de la Vigerie (progressiste).

M. Fréville, maire de Rennes, rendant compte à la presse de cette audience, tient à souligner :

– Le Général s'est entretenu avec nous très simplement, tout en précisant qu'il parlait en homme et non en chef de gouvernement. Il nous a dit notamment : « Les Musulmans sont des Musulmans. Ce qui importe, c'est de donner aux Algériens des raisons de se sentir

Français et donc d'accomplir des efforts considérables pour réaliser une véritable égalité : effort social, effort scolaire en particulier. »

« Sur le plan du régime électoral à adopter, le Général tient à rappeler que rien n'est encore fixé mais que ses préférences vont au scrutin majoritaire. Il apparaît peu favorable au scrutin d'arrondissement, plus sensible au scrutin de liste.

Le général de Gaulle, pendant ce temps, le discours public prononcé, absorbe un très rapide repas froid, debout, dans les salons de l'appartement du préfet puis regagne l'aéroport d'où il s'envole à 13 h 30 vers Bordeaux.

En Aquitaine, le temps n'est guère clément mais l'accueil est triomphal.

Là encore, les souvenirs l'assaillent. C'est la cinquième fois qu'il rend visite à la capitale girondine, qu'il quittait en avion il y a dix-huit ans, le 17 juin 1940, pour lancer, le lendemain, de la capitale britannique, son appel historique.

Les treize kilomètres du parcours qu'emprunte le cortège entre Mérignac et le centre de la ville sont transformés en une immense voie tricolore.

Bordeaux est paré de milliers de drapeaux et oriflammes et un grand « V » bleu-blanc-rouge orne la façade de l'Hôtel de Ville.

Auparavant, dans la commune de Caudéran, des banderoles ont souhaité la « bienvenue au libérateur ».

Le chef du gouvernement, qui a fait arrêter sa voiture, est descendu et a serré de nombreuses mains, attirant les soupirs de M. Jacques Chaban-Delmas, maire de Bordeaux :

– Ce n'est pas raisonnable! laisse tomber ce dernier.

– Cela ne fait que commencer, lui répond M. Olivier Guichard, directeur-adjoint du cabinet du Général.

Partout, le service d'ordre maintient la foule avec difficulté.

Au grand théâtre, le cortège officiel gravit l'escalier d'honneur sur les marches duquel sont alignés les élèves de l'école de Santé navale qui présentent l'épée.

Deux ministres se sont joints aux personnalités : MM. Louis Jacquinot et Michel Debré tandis que M. Robert Lacoste, député de la Dordogne, a tenu à faire le déplacement pour saluer le Président.

Devant les notabilités politiques, celui-ci fait allusion, comme il se doit, au référendum :

– Vous le savez, nous avons une transition à passer (...). Une réponse positive, cela a une grande importance mais ce qui est plus important encore, c'est qu'elle soit aussi massive qu'on puisse le souhaiter parce que sa signification et sa portée en seraient renforcées, non seulement à l'intérieur mais vis-à-vis du monde.

« Nous avons traversé et nous traverserons encore une crise nationale difficile. On épiloguera plus tard, très longuement, sur les raisons de cette crise. Moi, je vous dirai que je m'en suis fait une idée dominante : c'est simplement la conscience que tout le monde a pris de la différence qu'il y avait entre les problèmes qui nous confrontent et la nature et le fonctionnement de pouvoirs qui devaient mener le pays pour franchir les obstacles.

« C'est cela que tout le monde a senti et c'est la raison pour laquelle il est arrivé ce qui est arrivé. Je dois souligner d'ailleurs – et je vous en prends à témoin – qu'il n'y a eu aucune destruction, en vies ou en biens, et que nos libertés ont été préservées.

« La France aborde maintenant une nouvelle période de son histoire.

Le général de Gaulle regagne la capitale le soir même mais le lendemain, dimanche, à 8 h 50, l'avion présidentiel se pose à Strasbourg. Cette fois, après le temps maussade de la veille à Bordeaux, il pleut à torrents sur la ville. De Gaulle ne s'en émeut guère. Il porte le même complet gris à rayures que le jour précédent et affronte la tourmente tout en refusant le parapluie officiel. A sa demande, un service d'ordre beaucoup plus réduit qu'à Bordeaux a été installé.

La foule est partout, n'hésitant pas, de son côté, à affronter les intempéries.

A 9 h 30, il entre à la préfecture et s'isole un instant dans les salons du maître des lieux, M. Cuttoli. Là, un valet de chambre, utilisant un séchoir à cheveux, assèche la veste trempée de l'illustre visiteur pendant qu'à l'extérieur un fonctionnaire est dépêché en ville afin d'acheter dix imperméables dont un de grande taille que le Général refusera d'ailleurs de porter.

Une nouvelle fois, il aborde la question de l'Algérie et de la loi électorale puis se rend à la cathédrale afin d'assister à la messe. Devant le parvis, il fait arrêter sa voiture et lance à son chauffeur :

– Arrêtez! Il faut que j'aille dire bonjour à ces braves gens...

Il traverse la rue. Les barrages sont rompus.

La messe est célébrée par le coadjuteur, Mgr Elchinger, dans une cathédrale archicomble.

Après l'introït, Mgr Weber, évêque de Strasbourg, s'approche du général de Gaulle et, dans une très courte allocution, lui rappelle que ce n'est pas la première fois que la ville l'accueille comme chef du gouvernement.

– Les portes de cette cathédrale, lui remémore-t-il, se sont ouvertes en 1944 à l'heure de la Libération, une seconde fois, un peu plus tard, à l'heure des espérances. Vous voilà parmi nous porteur de nouveaux espoirs. Puissent-ils trouver une réalisation et permettre à la France de retrouver sa place dans la grandeur et dans la générosité.

A la sortie de la messe, c'est à travers une marée humaine et avec difficulté que le président du Conseil va gagner à pied la place Kléber. Il serre d'innombrables mains, embrasse une petite fille tombée à ses pieds. L'atmosphère est à la liesse.

A l'Hôtel de Ville où l'accueille le maire de la cité, M. Charles Altorfer, le Général demande à s'entretenir avec les maires du département. Auparavant, il fait encore appel à ses souvenirs pour répondre à l'allocution du premier magistrat de la ville :

– Strasbourg, dit-il, est de toutes les villes de France celle qui est le plus près de mon cœur. Je me souviens pendant la guerre 1939-1940 de ces rues tristes et désertes. Puis ce fut le grand drame de l'Occupation. Mais ce fut aussi la libération de Strasbourg qui reste pour moi le souvenir le plus émouvant, le plus grand.

Il reste au président du Conseil à prononcer le discours que tous les Strasbourgeois attendent.

Dès son apparition au balcon, l'ovation éclate, interminable. Le Président, devant ce tumulte, pourra-t-il s'exprimer? Comme par magie, l'enthousiasme s'apaise :

– Strasbourg! commence-t-il. Strasbourg! Merci Strasbourg.

Les acclamations reprennent de plus belle.

– Que de liens m'attachent à votre grande cité! Les liens du temps de guerre, bien sûr; les épreuves qui ont pesé sur vous matériellement et surtout moralement, plus lourdes que sur aucune autre cité française, je le sais (...).

La foule, au premier rang de laquelle on aperçoit le général Kœnig, applaudit encore :

– Je le sais et je ne l'oublie pas. Épreuves de la vie tout entière. Épreuves de chaque foyer. Épreuves de chaque maman, de chaque père, de chaque enfant. Cela, je ne pourrai en perdre le souvenir.

« (...) Mais, liens aussi de l'honneur et de la gloire. Je me vois parmi vous aux jours magnifiques de la Libération. Je me souviens de l'âme qui montait vers la France. Je me souviens des espoirs qui étaient nourris dans les cœurs. Et puis, il faut que je vous dise, il y a quelques liens mélancoliques. Les années qui ont suivi ce triomphe, nous étions tous plongés dans quelque incertitude, dans quelque doute, quant au destin de notre pays et aussi dans quelque confusion quant aux institutions, quant au pouvoir qui avaient à nous guider.

« Mais ces temps-là sont passés. Tous, à présent, nous voyons clair. La route est droite devant nous. Je ne dirai pas qu'elle est facile. Un grand pays comme le nôtre a toutes espèces d'obstacles devant lui. C'est la rançon de la puissance. C'est la rançon de la grandeur.

« Et même les complots, les mauvais coups, les malveillances que l'on dirige par-ci, par-là contre la France ne sont qu'une preuve du grand avenir qu'elle a devant elle et tout le monde sait qu'elle le possède et qu'elle le trouvera. (Pendant plusieurs secondes, la foule applaudit longuement.) Je dis un grand avenir. Écoutez, les jeunes gens, les jeunes filles, vous surtout, écoutez le vieil homme que je suis (mais non, mais non! crie la foule), un vieil homme qui a vu tant de choses et qui parle en confiance : vous avez un magnifique pays, vous êtes les enfants, les fils, les filles d'une nation pleine de grandeur et même d'avenir. Notre activité économique, vous le voyez bien autour de vous, a dépassé, une fois pour toutes, le cadre de la routine. On construit, on construira partout, toutes sortes de choses. Et quant aux enfants qui sont venus, en particulier depuis l'épreuve de la guerre, ils sont plus nombreux de beaucoup qu'ils ne furent. Ils vont renouveler d'année en année ce qui est matériel et ce qui est moral en France.

« Et enfin, vis-à-vis du monde dur et dangereux où nous vivons, il ne se passe pas un jour sans que le rayonnement, l'influence de la France ne soient plus grands que la veille. Oui, l'avenir est à nous!

Le général de Gaulle s'adresse encore au public strasbourgeois durant quelques minutes afin de lui demander une approbation massive du référendum, lui conseillant, entre autres, de ne pas s'abstenir.

Il reste au chef du gouvernement à conclure son premier voyage dans ces grandes métropoles françaises par la ville de Lille où il arrive, par avion, ce même dimanche après-midi, à 14 h 45, comme prévu. La pluie, tombée en abondance le matin, a cessé pour laisser la place à un ciel dégagé.

A la mairie de la grande cité nordiste, M. Augustin Laurent, après lui avoir souhaité la bienvenue, lui assure combien les Lillois lui savent gré de l'amour qu'il porte à sa ville natale. Puis, il lui décerne la médaille de vermeil de la ville en déclarant : « J'affirme ici ma conviction que l'histoire, en vous rendant hommage, écrira : " En 1958, le général de Gaulle préserva la France de nouveaux malheurs en sauvant la République. " »

Dans sa réponse improvisée, le Général rappelle les liens et les sentiments qui l'unissent à la ville nordiste :

– Nulle part mieux qu'à Lille, je ne me sens en correspondance, ni union avec ceux qui y vivent, souligne-t-il.

Dans son discours public, il insiste sur le grand rôle que le Nord doit jouer dans l'avenir de la France. Après avoir ajouté que de nombreux obstacles se dressent sur la route du Pays, il conclut en affirmant sa confiance en l'avenir « d'un peuple ancien qui rajeunit chaque jour ».

– J'ai confiance, conclut-il, en cette jeunesse dont je parle, comme j'ai confiance aussi dans les pères, les mères qui sont là. Nous sommes tous solidaires d'un grand destin, nous sommes tous des Français qui devons nous tenir par la main. L'avenir est là, devant nous, nous l'attendons.

Avant de quitter l'Hôtel de Ville, le président du Conseil s'arrête encore un instant pour écouter *le P'tit Quinquin,* entonné par un groupe folklorique. Visiblement ému, le Général reprend le chant en sourdine et remercie chanteurs et chanteuses.

Au moment des retrouvailles, il a la joie de rencontrer l'un de ses compagnons d'armes, Louis Delporte, qui servit sous ses ordres à Douaumont alors que le président du Conseil n'était qu'un jeune capitaine.

Une manifestation hostile au Général se déroule pendant ce temps, rue de Béthune et rue d'Amiens, à environ quatre cents mètres de la place de la République où il est acclamé. Plus d'une centaine de personnes, contenues par d'importantes sections de CRS, crient « non à de Gaulle! », brandissant des pancartes, faisant pleuvoir une nuée de tracts tandis que quelques petits ballons élèvent dans le ciel une guirlande de « non ».

Ce sera la seule fausse note de ce voyage qui prend fin le soir même. A 20 heures, le chef du gouvernement a déjà regagné l'Hôtel Matignon. Son mini-tour de France est terminé. Il est prêt à affronter le verdict populaire.

III

LA CINQUIÈME RÉPUBLIQUE VA NAÎTRE

Le 28 septembre 1958, le projet de constitution établi par le gouvernement du général de Gaulle est approuvé au référendum par près de 80 % des suffrages exprimés en métropole. Tous les territoires d'Outre-Mer ont voté « oui » sauf la Guinée qui, par voie de conséquence, devient indépendante.

Le 3 octobre, à Constantine, place de la Brèche, le Général a prononcé un discours dans lequel il a exposé les mesures concrètes qui vont être prises pour transformer l'Algérie : « Deux routes seulement s'offrent à la race des hommes, a-t-il dit : la guerre ou la fraternité. En Algérie, comme partout, la France, pour son compte, a choisi la fraternité. »

Le général de Gaulle décide, le soir même, de rendre visite à la Corse et commence son voyage éclair qui le conduira à Ajaccio, Bastia, Marseille et Lyon.

A Ajaccio, il vient pour la quatrième fois depuis 1943. L'enthousiasme s'empare des habitants, en cette fin d'après-midi. Aucune cérémonie n'est cependant prévue. Néanmoins, de la place de Gaulle au boulevard Jean-Nicoli, sur trois kilomètres environ du cours Napoléon, toute la population ajaccienne s'est rassemblée. Chaises et tables des cafés sont utilisées comme estrades. Sous l'arc de triomphe, dressé devant la préfecture par les soins du « Comité de salut public du 24 mai », une immense croix de Lorraine, portée par une jeep, s'illumine quand tombe la nuit. La ville est tapissée de drapeaux.

A 19 h 10, apparaît le « V » formé par les motards de l'escorte présidentielle. De Gaulle, en tenue militaire, décide d'effectuer à pied les cinq cents derniers mètres qui conduisent à la préfecture. Une véritable marée humaine se place aussitôt dans son sillage. Le service d'ordre est débordé. C'est à qui acclame le plus fort le Général, à qui s'approche le plus près de lui.

La foule reste massée devant les grilles de la préfecture et réclame le « visiteur ». Lorsque celui-ci apparaît pour un bref instant, la foule consent, enfin, à se retirer.

Le maire a demandé à ses édiles de s'abstenir de tout usage d'armes à feu pour manifester leur joie afin de ne point troubler le repos du Président.

– Dommage, déclare un habitant au journal *France-Soir*, nous nous apprêtions à créer une bien belle ambiance de feu d'artifice. De toute façon, les pistolets resteront dans leurs étuis!

L'ambiance explosive s'est déjà installée en Corse à l'occasion de la campagne pour le référendum. Henri Maillot, cousin du Général et président du comité de Salut public y a été blessé à la jambe d'une balle de revolver.

« Les 84 % de " oui ", enregistrés en Corse, m'ont guéri » se plaît-il à dire.

Les hôtels d'Ajaccio affichent complet. Voilà qui efface un peu l'amertume ressentie durant l'été où le tourisme n'a enregistré qu'une poussée fort modeste.

La nuit du Général sera calme. Il la passe dans une chambre qui donne sur le cours Napoléon. Il y a cent ans, Napoléon III et l'Impératrice se reposèrent dans cette pièce dont les murs, en leur honneur, avaient été ornés de tapisseries des Gobelins qui s'y trouvent encore.

A Bastia, le lendemain, peu avant midi, le président du Conseil s'informe aussitôt auprès de la population des besoins les plus pressants :

– De l'eau, des écoles, des logements, des routes et la lutte contre l'incendie, s'entend-il répondre dans un bel élan.

– Je prends bonne note de vos désirs, reprend le chef du gouvernement, qui s'adresse ensuite aux Bastiais massés sur la place du Marché :

– Nous sommes en train de redevenir un peuple très grand. Cela, je le dis aux Corses, aux Corses que je trouve partout dans mes voyages : un peuple uni, grand et fort dans toutes les parties du monde.

Place de la Mairie, il reprend la parole, brièvement :

– (...) Chaque fois, dit-il, que la France entame une période nouvelle, il faut que les Corses en soient les artisans et les témoins privilégiés.

« C'est ici la terre où sont nés tant d'hommes qui ont si bien servi la patrie et aussi le plus glorieux de tous les Français...

La foule hurle alors : « Vive Napoléon! »

C'est sur cette note que le chef du gouvernement quitte la Corse dans l'après-midi du samedi 4 octobre et atterrit à l'aéroport de Marignane.

Par dizaines de milliers, massés sur les trottoirs de la Canebière, de la rue de Rome et de toutes les artères avoisinantes, les Marseillaises et les Marseillais sont là qui ovationnent le visiteur accueilli par le député-maire de la ville, M. Gaston Defferre. A l'Hôtel de Ville, entouré de MM. Houphouët-Boigny, Max Lejeune et Cornut-Gentille, de Gaulle écoute le maire de Marseille lui parler de la politique adoptée pour la France d'outre-mer :

– Marseille vous a suivi, souligne-t-il, et l'opinion de notre ville est importante car le premier port de France est tourné vers l'Afrique. Et, en vous suivant, c'est votre politique vis-à-vis de nos territoires d'outre-mer que nous avons adoptée.

– J'ai été reçu à Marseille, en 1944, dans les décombres, répond de Gaulle. J'ai revu Marseille, par la suite, en pleine reconstruction. Je revois cette ville sympathique en pleine expansion.

« L'élan national qui vient de se produire est une magnifique manifestation d'unité où Marseille a joué un rôle capital.

Le chef du gouvernement a prévu de se rendre ensuite à la préfecture. Va-t-il s'y rendre à pied? La foule apparaît peut-être trop dense. Il monte donc en voiture mais sitôt qu'apparaît la Canebière, ne résiste pas au bain de foule, descend de son véhicule et poursuit, à pied, son chemin.

Pendant qu'à la préfecture il se fait présenter les corps constitués dans le grand salon d'honneur, la foule prend position afin d'être placée pour écouter et voir le général de Gaulle lors de son discours public. Plus une seule place sur un balcon. Partout la marée humaine a déferlé. Des femmes incommodées perdent connaissance. Des secours s'improvisent.

Devant l'entrée monumentale de la préfecture, un podium attend le président du Conseil. Le dispositif technique semble impressionnant : trois cent vingt haut-parleurs reliés par huit kilomètres cinq cents de fil électrique. Une immense tenture tricolore de vingt-huit mètres de haut sur six mètres de large surmontée d'un écusson aux armes de la ville (croix bleue sur fond blanc) a été dressée.

Tous les supects, nord-africains ou autres, appréhendés les jours précédents, à l'occasion de fréquentes rafles, ont été conduits au large de Marseille, aux îles du Fioul, face au célèbre château d'If.

A 17 h 25, le chef du gouvernement prend place sur l'estrade. Une ovation monte et se prolonge. Plusieurs minutes vont s'écouler avant qu'elle ne s'apaise et que le Général puisse lancer :

– Chère, noble, magnifique Marseille. Je vais vous confier un secret. Surtout ne le répétez pas. Quand on a l'honneur de porter sur ses épaules les responsabilités qui m'incombent, rien n'est plus réconfortant, rien n'est plus encourageant que l'accueil que vous m'avez réservé.

La foule, alors, reprend ses acclamations. Et, pendant un long moment, le Président ne peut reprendre son propos. Lorsque le silence revient enfin, il poursuit sur le même ton :

– Nous sommes un peuple qui a beaucoup souffert et qui a traversé des épreuves physiques et morales que l'Histoire seulement pourra mesurer. Chacune et chacun sait ce qu'il a eu à payer de souffrances pour la patrie. Mais nous sommes un peuple qui s'est aperçu, au milieu du monde dur et difficile où il est, que ce qu'il avait de mieux à faire c'était de s'affirmer grand, fort, uni, reconnu et comme un peuple qui veut être respecté (...).

« Maintenant l'avenir est devant nous et l'avenir est digne de nous. Partout où j'ai eu l'occasion de passer quand il a fallu reprendre en main les destinées du pays, je me suis aperçu qu'il y avait un nombre immense d'hommes, en France, bien sûr, mais plus loin aussi, en Algérie, en Afrique noire, à Madagascar, dans les Antilles et même dans les terres du Pacifique, qui croient en la France, qui ont besoin d'elle et qui le lui disent.

La foule se déchaîne alors, une nouvelle fois, et des clameurs enthousiastes s'entendent à plus d'un kilomètre de là, sur le Vieux-Port. Et le discours connaît un nouveau prolongement :

– A tous ceux-là, c'est de Marseille que j'ai voulu, ce soir, adresser mes remerciements. Que ceux-ci partent aussi loin que possible, qu'ils puissent bien l'entendre tous au-delà des mers. J'en serais heureux. Qu'ils sachent tous que, vis-à-vis d'eux comme vis-à-vis de nous-mêmes, nous n'avons qu'une seule devise et une seule volonté qui s'appellent : Liberté, Égalité, Fraternité (...).

« Nous allons à la prospérité, j'en suis sûr. Nous allons à la vie meilleure; nous allons à la vie plus digne et nous allons à la grandeur. Car tout cela est lié, tout cela se tient; toute notre histoire qui est longue et dure est là pour en témoigner; tout notre avenir, j'en suis sûr et vous aussi, en témoignera.

La visite à Marseille prend ainsi fin. Il reste, pour conclure, le voyage en terre lyonnaise. Le général de Gaulle, qui regagne Paris, l'accomplira le lendemain, 5 octobre.

Il a prévu de s'adresser aux Rhodaniens de l'esplanade de l'Hôtel de Ville, place des Terreaux, tout comme il l'avait fait le 14 septembre 1944.

Pour l'accueillir, outre MM. Pinay, Soustelle, Berthoin, ministres, Ricard, super-préfet du Rhône, Louis Pradel, maire de Lyon, se trouve aussi le général Descour, gouverneur militaire qui l'a reçu il y a quatorze ans alors que simple colonel, arrivé quinze jours plus tôt du Vercors où il commandait en chef, il exerçait déjà, mais à titre provisoire, les fonctions de gouverneur militaire.

La Vᵉ République naît officiellement en cette journée du 5 octobre.

A l'Hôtel de Ville, parmi les notables qui lui sont présentés, figure le cardinal Gerlier, primat des Gaules. On remarque l'absence de M. Pierre Montel, député indépendant et de M. Jules Julien, ancien député qui fut le bras droit d'Édouard Herriot; ils ont pris, l'un et l'autre, parti contre la constitution.

Dans un bref discours, de Gaulle rend hommage à la solidité des cadres de la nation et ajoute :

– Aujourd'hui, naît une République dont on dit que c'est la Vᵉ. Mais, en réalité, c'est toujours la République.

Le cortège présidentiel, au sein duquel a pris place la maréchale de Lattre de Tassigny, se rend ensuite au pont qui porte le nom du maréchal de Lattre. Cet ouvrage, dont la première pierre fut posée en 1943, est situé au débouché du tunnel de la Croix-Rousse et termine le grand axe nord-sud qui traverse la ville.

Puis, sur la place des Terreaux, lorsque le président du Conseil prend la parole, quarante mille personnes se pressent sur la vaste esplanade.

Dans son discours, très bref, il rend hommage à la population lyonnaise et affirme que, dans sa situation actuelle, la France « a surtout besoin d'hommes, de travailleurs et d'efforts ». Quant à lui, « il compte accomplir son devoir tant que les forces lui en seront laissées ».

Littéralement porté par le flot humain, de Gaulle, souriant, serre les mains qui se tendent. Il lui faut cependant le concours d'anciens parachutistes, qui font autour de lui une haie protectrice, pour pouvoir regagner sa voiture.

A 14 h 25, par avion, il est de retour à Paris et se rend aussitôt à l'Hôtel Matignon.

Sa dernière visite de l'année, en province, aura pour théâtre le Gard où il se rendra le 10 novembre afin d'apporter un réconfort aux familles sinistrées par les inondations. Il leur remettra alors, personnellement, un chèque de quatre millions de francs.

Le 21 décembre, il est élu président de la République.

IV

LES DÉBUTS DU TOUR DE FRANCE : VISITE DANS LE SUD-OUEST

Le choix du général de Gaulle quant à son premier séjour dans les provinces de France se porte d'entrée sur le Sud-Ouest. Ce choix répond-il à une intention politique? On peut le penser.

Ainsi, à Toulouse, la *Dépêche du Midi,* quotidien animé par M. Jean Baylet, s'est livrée à une campagne en faveur du « non » au référendum. Son attitude continue, au demeurant, à se montrer hostile. On en tient pour preuve l'édition du 14 février 1959, date de l'arrivée du chef de l'État à Toulouse :

« Toute notre région, peut-on lire dans le quotidien, attend le général de Gaulle avec une curiosité teintée d'amertume, sinon de déception... et l'atmosphère policière à laquelle elle est soumise depuis quelques jours l'incitera à un certain scepticisme... Le Général apparaît, aux yeux de beaucoup, comme l'homme d'un parti, lui qui avait soulevé la nation parce qu'il les condamnait tous. »

Ce n'est sans doute pas le seul motif qui inspire à de Gaulle ce choix du sud-ouest de la France. Il veut aussi consacrer son séjour à une visite d'inspection des importantes réalisations techniques et des grands travaux de tous ordres qui s'apprêtent à faire de la Haute-Garonne et de toute la région du Sud-Ouest l'un des centres les plus actifs de l'industrie nationale.

Quant à la dernière partie du voyage, la visite du département des Basses-Pyrénées, les chroniqueurs rappellent qu'il a été de ceux où l'effervescence se révéla être la plus notable entre le 13 et le 27 mai. Des tracts furent distribués à Pau et un « comité de salut public » fondé à Bayonne. Durant la même période, le colonel Thomazo qui devait devenir député UNR de Bayonne lançait, de Corse, des appels à la constitution de ces mêmes « comités de salut public » dans toute la France. La publication des informations sur ces faits fut alors interdite par la censure qui avait été instituée à cette époque.

L'année politique en France, enfin, s'est ouverte le 1er janvier par la création du « franc lourd ». Les socialistes, n'étant plus d'accord avec les mesures adoptées, ont démissionné.

Le premier voyage du grand Tour de France s'annonce mal en ce samedi matin 14 février. Une brume épaisse a envahi l'aéroport d'Orly, et la « Caravelle » présidentielle va peut-être se voir refuser l'autorisation de décoller. Fort heureusement, un ingénieur de la Recherche scientifique, M. Serpolay, a mis au point l'emploi d'un procédé antibrouillard qui est entré aussitôt en application : du gaz propane pulvérisé dans la brume provoque une précipitation de petits cristaux de neige et la visibilité est aussitôt portée de cent cinquante à cinq cents mètres.

Et l'avion décolle sans le moindre problème pour atterrir à Toulouse à l'heure prévue : 9 h 30.

La première visite, le chef de l'État la destine à « Sud Aviation ». Le chemin n'est guère long pour y accéder, les ateliers étant situés de l'autre côté de l'aire d'atterrissage où il vient de se poser. C'est là que se construisent les « Caravelles ». Le chef de l'État, salué à sa descente d'avion par M. Puig, maire de Blagnac et par M. Bazerque, maire de Toulouse, se rend aux usines dans une « Talbot » noire découverte.

Le décor qui s'offre à lui impressionne : devant les hangars longs d'une cinquantaine de mètres, d'énormes portes d'acier de cent deux mètres de long et d'un poids de soixante tonnes s'entrouvrent comme le rideau d'un théâtre, laissant découvrir la longue perspective des ateliers dont le plafond est constellé d'ampoules [1].

Deux mille ouvriers se sont rassemblés dans le hall central, durant la visite, pour accueillir le chef de l'État. Lorsque celui-ci aperçoit la foule il s'élance vers elle pour serrer de nombreuses mains. Il n'en faut pas plus pour rompre les barrages. L'atmosphère, légèrement timorée au début, s'enflamme soudainement.

Parvenu difficilement au podium dressé dans l'usine, le général de Gaulle salue les représentants des compagnies étrangères d'aviation commerciale qui ont passé commande de la « Caravelle » ainsi que les plus vieux employés de l'usine dont M. Marceau Barniol qui, depuis 1919, assiste à toute l'évolution de l'aviation. Puis, faisant face à la foule des ouvriers, il prend la parole :

1. Vingt-quatre « Caravelles » sont alors en construction dans les ateliers. Dix-sept appareils de série sont appelés à être mis en service dans le courant de l'année 1959. Cinq seront utilisés avant le 15 mai sur les lignes d'« Air-France » et de la compagnie scandinave « SAS ». Le total des commandes fermes s'élève à cinquante exemplaires.

– Vous avez de la chance, leur dit-il, parce que, avec vos ennuis, souvent vos peines, tous vos soucis, vous faites partie d'une grande œuvre. Vous réussirez. Il sort de chez vous, en exemplaires de plus en plus nombreux, la rapide, la seule, la douce « Caravelle » qui s'en ira par le ciel, bientôt dans tous les pays du monde, pour représenter la France et montrer ce qu'elle est capable de faire quand elle le veut.

« Vous avez de la chance. Moi aussi. Car sur une route que je dois suivre depuis déjà pas mal d'années, c'est un réconfort et une aide de me trouver au milieu de vous pour constater, sur place, ce que la Nation sait faire quand elle s'en donne la peine.

Le général de Gaulle quitte ensuite le podium et va, une nouvelle fois, se perdre dans la foule...

De la France industrielle, il passe ensuite, sans transition, à la France agricole. Par la route nationale, le cortège officiel gagne la petite localité d'Ondes, sur la Garonne, située à la limite des départements de Haute-Garonne et du Tarn-et-Garonne. Le but du détour est la visite de l'école d'agriculture. Auparavant, dans le village, il est accueilli par le maire M. Labit et par M. Duffaut, président de la coopérative des silos garonnais. Il visite, au passage, ces immenses réserves où sont entreposées les récoltes de blé de mille huit cent cinquante producteurs de la Haute-Garonne.

– Votre région, dit-il, connaît une très grande transformation. Il faut renoncer à d'anciennes habitudes, mais en gardant vos traditions. L'intérêt nouveau que montre la jeunesse pour l'agriculture, ce métier magnifique, cette vocation admirable me réconforte considérablement.

Le général de Gaulle et sa suite reprennent alors la route de Toulouse. La foule se fait toujours plus dense, plus chaleureuse, lorsque le cortège se rapproche du centre de la ville. Mouchoirs et chapeaux sont agités. Sur un balcon, trois jeunes coiffeuses forment le drapeau français. L'une a revêtu une blouse bleue, l'autre une blanche et la troisième une rouge.

Il est un peu plus de midi quand le Général atteint le centre de la cité. Le soleil apporte de belles touches colorées à l'arc de triomphe. Les parachutistes rendent les honneurs tandis que quinze drapeaux seulement montent la garde. D'ordinaire, quarante et une associations sont représentées aux manifestations officielles. Mais, ce jour-là, des groupes d'anciens combattants se sont abstenus en signe de protestation contre les dernières mesures prises en ce qui les concerne et qui portent sur la suppression de certaines retraites.

« Salut les anciens! » lance le chef de l'État aux porte-drapeaux, avant de se rendre à la préfecture où tous les conseillers sont présents à l'exception de M. Maurice Bourgès-Maunoury. Devant les corps constitués, il déclare :

– Vous me donnez l'impression de loyalisme et de confiance. J'ai été frappé par les transformations heureuses qui se sont produites en Haute-Garonne comme un peu partout : une sorte de rajeunissement tout en écartant les routines. C'est un esprit nouveau qui se dégage. L'avenir nous le commande, nous le faisons... La tâche nationale est presque illimitée. Il y a des obstacles, il reste à les surmonter, nous les discernons, et nous savons que les plus difficiles sont encore ceux qui se dressent à l'intérieur de nous-mêmes.

Après une allusion à la confiance qu'il possède en le destin de la France, il enchaîne :

– Il me semble qu'il y ait un sort qui nous marque pour le mieux, pour le progrès. Partout où je passe, je me renforce de cette certitude.

Au cours du déjeuner qui suit, le président de la République s'enquiert notamment, auprès des députés du département, de l'état d'esprit des colons nord-africains repliés (Marocains et Tunisiens) récemment installés dans le Sud-Ouest et qui appliquent les méthodes d'exploitation agricole les plus modernes.

Il est 14 h 30 lorsque reprend la visite toulousaine. Dominant les bâtiments modernes du laboratoire de Banlève qui dépend de l'École supérieure d'électronique et d'hydraulique de Toulouse, une grande sphère d'aluminium miroitant au soleil attire tous les regards :

– C'est là, explique le maire, que bientôt s'élèvera le microscope électronique le plus puissant du monde.

M. Dupouy, directeur du laboratoire, commente alors les résultats des expériences dans ce centre, qui permettent de pénétrer dans le monde de l'infiniment petit. Des agrandissements au millionième de millimètre sont maintenant possibles.

Un microscope, mis en marche, permet au Général d'apercevoir à l'œil nu des virus pathologiques encore inconnus quelques semaines auparavant. Les maladies rares seront plus rapidement diagnostiquées et combattues.

Plus de deux mille étudiants attendent ensuite le général de Gaulle à la Cité Universitaire où, après avoir serré d'innombrables mains, il est accueilli au grand hall de réception par les doyens et professeurs de l'université en robes amarante, noires, avec jabot blanc et col d'hermine.

Dans son discours, il exalte la conjugaison de la recherche scientifique pure et de ses applications techniques :

– J'ai le sentiment, dit-il, au moment où j'en suis de ma vie, c'est-à-dire dans mes dernières années (protestations énergiques et affectueuses des étudiants), de me trouver sur une plage, au bord d'un océan, celui qui peut vous porter, vous les chercheurs, vous les professeurs, vous les étudiants, vers les rivages de la découverte et de gagner, à partir de là, avec nous tous, pour vous suivre, les terres inconnues du progrès.

« Le progrès technique est fait pour le bonheur des hommes mais, poursuit le général de Gaulle, dans le même temps, l'homme est guetté par son démon. La rivalité des États, la lutte des idéologies, l'ambition de dominer où l'esprit d'indépendance érige à mesure en armes de guerre ces moyens nouveaux qui sont découverts pour améliorer la vie constituent le perpétuel combat de l'Archange et de Lucifer.

« C'est pourquoi il est nécessaire, en même temps que la recherche scientifique pure, de développer son esprit " par la connaissance de ce qui est beau et par le culte de ce qui est bon ".

Enfin, du balcon du Capitole devant vingt mille Toulousains, le chef de l'État, après avoir arrêté sa voiture, pris son bain de foule, prononce un nouveau discours, public celui-là, où il fait appel d'entrée à ses souvenirs de guerre :

– Je me vois ici, à ce balcon, tel que j'y étais, en 1944, dans ces journées à la fois glorieuses et dramatiques de la Libération nationale. Quelle impression votre capitale m'a faite ce jour-là, d'ardeur, de volonté, avec, bien sûr, des intrigues et des troubles mais, par-dessus tout, la volonté de tout un peuple qui voulait revivre, libre et fort (...).

« (...) Par le travail, l'ardeur, le progrès, encore une fois l'avenir est à nous. Nous avons tous nos soucis. J'ai les miens. C'est un immense réconfort pour celui qui vous parle de sentir qu'ici comme ailleurs, l'unité nationale existe. Elle est vivante, elle nous entraîne tous vers notre destin qui sera heureux, qui sera grand.

Il conclut son propos en criant bien fort :

– Je ne suis pas un président comme les autres. Avec moi, chantez *la Marseillaise.*

Et, des milliers de poitrines, jaillit alors l'hymne national.

En regagnant la préfecture, de Gaulle apparaît rayonnant. La partie, comme on l'a vu, n'était pas forcément gagnée d'avance puisque la région toulousaine avait été, à l'époque du 13 mai 1958, très divisée par l'acuité des luttes politiques. Certains observateurs craignaient que, sinon des manifestations d'hostilité, du moins des symptômes d'indifférence réfléchie ne marquent cette prise de contact avec la capitale du Sud-Ouest. Finalement, il n'en a rien été, le général de Gaulle, comme lors de ses précédents voyages en tant que président du Conseil, a reçu l'hommage quasi unanime de la population.

Mais le voyage est loin d'être achevé. Le lendemain matin, dimanche 15 février, le chef de l'État quitte la Cité des Violettes à 10 heures. Il vient d'assister à une messe basse en la cathédrale Saint-Étienne dont le gros bourdon « L'Augustine » a sonné en son honneur. Avant la communion, le cardinal Garrone s'est adressé brièvement au Président afin de l'assurer de l'appui de tous les chrétiens. A la fin de l'office, les chœurs ont chanté, en latin, un cantique peu usité : « Que Dieu protège notre chère République. »

La route de l'Ariège s'ouvre devant le cortège présidentiel : une route aux paysages bien ternes en raison du brouillard que le soleil parvient cependant à vaincre après une trentaine de kilomètres. A l'horizon surgit, étincelante de lumière, la chaîne enneigée des Pyrénées. Le cortège officiel, composé de dix-huit voitures, et au sein duquel Mme de Gaulle a pris place, traverse lentement tous les petits villages pavoisés et décorés. Dans ces localités, toute la population s'est réunie sur la place, autour du drapeau des anciens combattants, et les enfants, au premier rang, agitent des mouchoirs de couleur.

Bien vite, le département de l'Ariège est atteint. A Pamiers, la réception est à la fois affectueuse, enthousiaste et familiale. Des milliers d'habitants se sont massés sur la petite place bordée de vieilles maisons.

Le maire de la ville, M. Gaston Bareilles, très ému, parvient à exprimer au président de la République, à travers le brouhaha des exclamations « tout l'honneur qu'il ressent en le recevant ».

Touché par tant de gentillesse, le général de Gaulle s'exclame après avoir, d'un long regard, contemplé la foule :

– Je dois vous répondre, monsieur le Maire, vous dire quelque chose : c'est le printemps ici... Il n'y a pas de micros, tant pis.

Très simplement, il monte ensuite sur un banc public, dominant la foule de sa haute stature, et après avoir obtenu le silence, d'une voix puissante, il dit entre autres :

– Nous sentons ici, comme partout ailleurs, quand nous sommes ensemble, tout ce qui nous réunit. C'est le fait que nous sommes des Français. Nous le sommes aujourd'hui, plus que jamais, puisque nous nous trouvons au seuil d'une période de renouveau national, de grandeur, d'efforts, mais aussi de difficultés que nous saurons surmonter.

Au détour des petites routes ariégeoises, le cortège passe notamment à Saint-Jean-de-Verge, où les cloches sonnent à toute volée tandis que bientôt, au fond de la vallée, se découpent les tours carrées d'un château médiéval. C'est la ville de Foix.

Debout dans sa DS noire, le général de Gaulle fait son entrée dans le chef-lieu de l'Ariège. Avant d'accéder à la mairie, il s'arrêtera pour serrer de nombreuses mains, tandis que quelques minutes plus tard, M. Roques, premier magistrat de la cité, s'appliquera à faire l'éloge de « l'Homme du 18 juin », soulignant : « Votre retour s'imposait, impérieux et salutaire. »

Le Général remercie et s'entretient aussitôt, dans la salle des fêtes, avec les trois cent quatre-vingt-onze maires du département :

– Je sais très bien, leur dit-il, quelles sont vos responsabilités, vos soucis. Je sais à quel point vous êtes nécessaires à vos communes. Plus je plonge dans votre France, plus je constate que beaucoup de choses reposent sur la conscience et le dévouement des maires. Plus je prends contact avec eux, plus je m'aperçois de leurs qualités. Vous êtes les éléments de la solidité de la France.

Abandonnant le ton officiel pour celui de la conversation familière, le chef de l'État reprend :

– Je voudrais, messieurs, avoir une notion plus précise, plus directe de vos difficultés. Répondez-moi franchement que je sache ce qui se passe ici.

La majorité des maires assemblés autour du président de la République appartient à des communautés rurales. Ce sont des hommes au visage façonné et figé par le vent, le froid, et les intempéries. Ici on parle peu, on réfléchit surtout. Ne semblant nullement intimidés, ils affichent cependant une prudente réserve. Ils apparaissent un peu empruntés dans leurs épais vêtements de laine ceinturés d'écharpes tricolores. Tous se regardent entre eux et le Général, lui, veut aller plus loin. Il devance ainsi leurs propos :

– Un de vos principaux soucis n'est-il pas celui de l'eau?

– Oui, mon Général, clament plusieurs voix.

– Bien, reprend ce dernier. Et l'exploitation forestière?

– Il faut des chemins, s'écrient les maires d'un même élan, ajoutant : il nous faut évacuer notre bois.

– Et le maïs? poursuit de Gaulle.

– Nous manquons de moyens pour emmagasiner les grains.

Encouragé par cette intervention, un autre maire ajoute :

– Le paysan ne gagne pas sa vie à la campagne et c'est pourquoi les jeunes, aujourd'hui, désertent nos villages.

Satisfait, se frottant les mains, le général de Gaulle conclut :

– C'est très bien, mes amis, je prends note de tout cela. Moi et mes ministres, nous en tiendrons compte.

Bien souvent ce dialogue avec les maires des communes de France se reproduira et amènera plus tard Jean Cau à dresser le monologue gaullien-type [1] :

– Oui, on circule beaucoup. C'est un fait que je retiens. Et l'eau? Tous nos villages ont-ils de l'eau? Bien. Avez-vous des sources? Je veux dire de bonnes sources? Bon. C'est important. Ah! Et l'électricité? Vous l'avez? Ça va bien? Bon, bon... Utilise-t-on la force? De plus en plus... très important. Et vos syndicats? Bon... En avez-vous plusieurs? Et ils ne se disputent pas un peu entre eux? Ah!... Et vos écoles? Voulez-vous les garder? J'en prends note. Pour que les jeunes ne partent pas... Je sais aussi cela. Vous êtes des ruraux et il est évident que vous avez des soucis de ruraux. Vous avez des enfants, beaucoup d'enfants, de merveilleux enfants, et vous voudriez savoir ce qu'ils vont devenir...

Après l'entrevue avec les maires ariégeois, le chef de l'État prononce un bref discours sur la grande place de Foix, ceinturée de marronniers, afin de remercier les habitants de leur accueil, puis il s'apprête à gagner Perpignan qu'il atteint après un petit arrêt au bout du département de l'Aude, à Quillan.

Dans le chef-lieu des Pyrénées-Orientales, c'est le maire, M. Depardon, qui l'accueille, puis il reçoit parmi les personnalités M. Arthur Conte, ancien ministre socialiste et homme de lettres, ainsi que les deux cent trente maires des communes du département.

L'accueil se révèle d'un enthousiasme populaire parfois touchant. La ville tout entière semble descendue dans la rue et les groupes folkloriques font admirer, outre leur talent déjà affirmé, leurs rutilants atours. A Perpignan, c'est la grande fête :

– Après ce que nous avons traversé depuis dix-huit ans, souligne le chef de l'État, il me semble que nous sommes devenus invulnérables. Nous le prouvons à nous-mêmes et au monde entier. Je vous le dis, je n'ai pas peur de la catastrophe. En restant solidaires rien ne pourra prévaloir contre la France.

Pour atteindre le Gers, le lundi 6 février, et la ville d'Auch en particulier, deux cent soixante kilomètres restent à parcourir en automobile, ce qui contraint le président de la République à se lever tôt. Le brouillard en est principalement la cause. Afin de respecter l'horaire prévu, il se lève à 5 h 30.

Le cortège se forme rapidement un peu plus tard et quitte Perpignan. Malgré l'heure matinale, des groupes de villageois

1. *L'Express* du 3 mars 1960.

attendent déjà, sur le bord de la route, le passage du Président qu'ils saluent de la voix et des bras.

A Muret, où l'on retrouve le département de la Haute-Garonne, et où M. Vincent Auriol fut maire de la ville durant de longues années, les enfants des écoles, rassemblés sur la place, agitent des drapeaux tricolores et le chef de l'État s'arrête un instant pour remercier les habitants de leur accueil. Aucun discours n'est prévu, le premier de la journée a pour cadre l'Isle-Jourdain où le cortège arrive après avoir abordé les coteaux de Gascogne, caressés par un beau soleil.

– Je vous remercie de tout mon cœur, commence le Général. Je me sens, en cet instant, en contact avec vous tous. Toute cette région du Sud-Ouest me fait l'impression d'être en pleine transition entre le passé et l'avenir, un avenir très chargé où cependant nos traditions demeurent. Tout au long de la route, j'éprouve le même sentiment de confiance absolue dans le destin du peuple français.

Une petite fille de quatre ans s'avance alors vers le visiteur, tendant un bouquet de violettes, mais intimidée, elle interrompt sa course et fait demi-tour en pleurant.

Le Général, ému, la rattrape et l'embrasse.

Et le voyage se poursuit à travers le pays gascon. On se croirait au printemps. Seule, au lointain, une brume légère masque les sommets pyrénéens.

Surprise à Gimont! Les trottoirs sont déserts. Le chef de l'État en est sans doute le premier étonné, qui se rassied dans sa voiture. Mais l'effet de surprise s'estompe aussitôt. La population tout entière est bien là qui attend l'illustre visiteur, mais elle s'est rassemblée sous les halles centrales dont les poutres ont été drapées de tricolore.

Bientôt apparaît la ville d'Auch où, de la mairie, le général de Gaulle s'exprime une nouvelle fois sur la grandeur de la France :

– J'ai fait le tour du monde. Il n'y a aucune raison pour que nous nous sentions inférieurs à quiconque...

Après une pause, il ajoute :

« Parmi tous les pays du monde, la France n'est pas à plaindre, même quand quelquefois les Français se plaignent un peu. 1959 sera peut-être un peu dure, mais c'est l'année où nous trouverons notre stabilité et où, je pense, nous bâtirons l'avenir.

La foule interrompt le discours par des applaudissements frénétiques et le général de Gaulle, de la main, tente de calmer l'enthousiasme tout en poursuivant :

« Une des raisons pour lesquelles je voyage dans nos provinces, c'est pour tâcher de faire sentir et de ressentir moi-même à quel point nous sommes un peuple, une seule grande France.

Et, après avoir entonné *la Marseillaise,* le Général lance : « Merci les Gascons! »

Quittant la tribune, ignorant délibérément le chemin tracé devant lui, face aux tours de la cathédrale, le chef de l'État plonge à grands pas dans la foule. Pour gagner la préfecture sa progression est entravée par des grappes humaines qui s'accrochent à lui, qui continue à serrer des mains et à caresser le visage des enfants. « Merci à tous », répète-il. « Merci mes amis! »

Auparavant, à l'Hôtel de Ville, sous le portrait de d'Artagnan, il a, comme la veille, conversé avec plusieurs des quatre cent soixante-trois maires du département du Gers, leur assurant : « L'administration municipale, je suis fier de vous le dire, est l'une des choses qui marchent le mieux dans notre pays. »

L'après-midi, le cortège se déplace vers les Hautes-Pyrénées en se rendant à Tarbes.

Le premier arrêt a lieu à Mirande. La petite ville est en fête : les femmes, les hommes sont massés le long des rues, sur la place baignée de soleil, par rang de tailles, les tout petits au premier plan se tenant par la main, les plus grands tassés près du kiosque à musique.

D'une même voix, tous font une ovation au Président puis une fillette s'avance et lui offre un colis de foie gras.

Quelques minutes plus tard, le maire, M. Beaudran, s'adresse en quelques mots à son hôte prestigieux : « Notre confiance salue en vous le meilleur ouvrier de la patrie et de l'humanité. »

De Gaulle, souriant, visiblement satisfait par les encouragements et les acclamations qui l'ont soutenu tout au long de ces trois jours, répond en s'adressant « à vous mes enfants, à vous parents ». Comme il se dirige vers les jeunes gens qui l'acclament et lui tendent la main en offrant leurs sourires, le maire intervient :

– Monsieur le Président, nous vous serions reconnaissants de signer le livre d'or.

Et de Gaulle répond :

– Je veux bien, mais après, j'irai serrer les mains de la population, c'est très important.

Et, une fois encore, comme dans les autres cités, il se perd dans la foule.

Le cortège s'arrête fréquemment le long de la route. A des séminaristes il demande : « Priez pour moi! » Partout, il serre des mains : aux écoliers, aux religieuses, aux paysans en chapeau de paille qui ont abandonné durant quelques instants leurs semailles.

A Rabastens-de-Bigorre, c'est jour de foire. Une manifestation est prévue par les bouviers. Ceux-ci vêtus d'une blouse bleue font une haie d'honneur en brandissant les aiguillons au-dessus de leur tête.

A 16 h 10, le chef de l'État pénètre dans la ville de Tarbes. Des faubourgs au centre de la ville, les habitants forment un cordon multicolore sans fin et le cortège passe devant la statue équestre du maréchal Foch né dans cette ville en 1851.

Le général de Gaulle se voit ensuite convié à un spectacle d'une exceptionnelle qualité : une présentation d'étalons au haras de la ville tandis que les sonneries des cors de chasse l'accueillent à son arrivée.

Tenus par des palefreniers vêtus de rouge, les pur-sang, les colosses étalons de trait puis les baudets aux longues oreilles, aux pattes épaisses, passent devant le chef de l'État.

Dans le hall de la mairie, quelques minutes plus tard, un groupe de jeunes Béarnais, en costumes folkloriques, forment une haie jusqu'à la salle du conseil municipal où le Président prend contact avec les élus locaux. Puis, il s'adresse à la foule :

– Notre pays, révèle-t-il, est plein de ressources qui se complètent par d'autres. Le pétrole, le gaz du Sahara avec les peuples d'outre-mer qui se sont spontanément attachés à notre grande Communauté. Nous sommes un peuple considérable.

« La confiance, je la sens en vous voyant et vous, en me regardant. N'est-il pas vrai?

Et comme la foule approuve, de Gaulle conclut :

– Eh bien! merci. C'est un échange de bons procédés.

Avant la dernière étape, il passe la soirée à Pau, dans une villa léguée à la municipalité par un riche Américain. Cette maison portait quelques jours auparavant une plaque de faïence : « Villa Sainte-Hélène. » Pour éviter aux chansonniers le rapprochement trop facile de l'exil napoléonien, le préfet, M. Reymond, a décidé de retirer la plaque et de baptiser la demeure : « Prince », du nom d'un Américain mort pour la France.

Le dîner reste intime – quatorze convives – et la piperade basquaise suit le consommé béarnais. Le Jurançon, cru du roi, accompagne le Madiran.

Le lendemain 17 février, la seule manifestation est la réception des corps constitués à la préfecture. Le trajet vers cette dernière prend des allures de marche triomphale et l'arrivée, place Clemenceau, au son de *la Marseillaise* entonnée par la foule, fait penser au théâtre antique. Entre les deux immeubles du Palais des Pyrénées, une croix de Lorraine de vingt-sept mètres de haut, entourée d'un « V » gigantesque, a été dressée. Composée d'ampoules électriques, elle illumine le fond d'un décor de rêve.

De ce séjour, il convient de retirer quelques lignes de l'article publié dans une revue administrative par le préfet Reymond [1] :

« La nuit qui suivra, écrit-il, sera paisible dans l'ancienne villa des chasseurs de renard aux premiers arbres déjà fleuris. Le Général n'en verra point descendre les écureuils que je protège de la sauvagerie amoureuse d'un bon chien-loup. Mais il connaîtra, au matin, le manège et les boxes à chevaux dans le charme vert d'un printemps précoce. J'ai choisi les livres de la bibliothèque en fonction des goûts que je prête à l'écrivain de Gaulle et je l'ai truffée de quelques ouvrages à mon goût. Je ne pense pas que le Général y jettera un coup d'œil car les voyages présidentiels sont lourds de fatigue et la vue du chef de l'État est réputée bien faible. Je me suis pourtant trompé car, au matin de son réveil, avant le début de la seconde journée, le général de Gaulle, en me complimentant pour mes " lectures ", me dit : " Mais pourquoi, à côté de votre beau Montaigne, ce Paul Arène et ce Toulet? – Parce que j'aime les contes, mon Général. "

Et j'ai découvert sur la table de nuit deux livres ouverts. Le *Rêve de Jean des Figues* et *la Jeune Fille verte* ont peut-être égayé le paisible sommeil présidentiel par un voisinage dont je n'ai pas eu reproche.

Bien plus, le Général est devenu familier :

" – Avez-vous des enfants, monsieur le Préfet?

" – Deux, mon Général, une fille et un garçon.

" – Je ne les ai point vus hier soir.

" – C'est qu'ils ne font pas encore partie des corps constitués. "

A cette réplique, un peu leste, j'ai deviné un léger raidissement, comme si l'on me disait : " Pas de mot d'esprit déplacé, s'il vous plaît! " et la suite peut s'interpréter, comme on veut, même lorsqu'il s'agit d'un grand homme.

" – Je veux les voir.

" – A quelle heure mon Général?

Il s'interroge lui-même : " Nous allons à la BETAP [1] cet après-midi?... Donc avant de partir. Je serai en uniforme. "

Et c'est ainsi, conclut le préfet Reymond, que des enfants auront le souvenir d'un contact direct avec un général de l'Histoire de France et non pas avec un président en civil. »

Par la coopérative agricole de céréales du bassin de l'Adour, à

1. Ce document conservé à l'Institut Charles-de-Gaulle ne comporte aucun élément de référence particulier et l'on en ignore même la date. Il est intitulé : « Les chemins d'une carrière. »

2. Base-école des troupes aéroportées de Pau.

Billère, à trois kilomètres de Pau, le Général entame son ultime journée dans le Sud-Ouest.

Sur le passage du cortège quelques ouvriers des travaux publics, au bord d'un chantier, crient : « Vas-y Charlot! » Quelle irrévérence! Mais le président de la République semble de fort bonne humeur et commente : « Aux États-Unis, on dirait Charly! »

A Billère, la coopérative de maïs place le problème agricole sur un plan qui déborde le caractère local. Le président national des producteurs, M. Bideau, ajoute à la compétence la finesse béarnaise. Visiblement, il intéresse le Général qui évoque déjà la concurrence au sein du Marché Commun. La coopérative groupe près de deux mille petits exploitants qui ont pu améliorer notablement leur rentabilité.

Puis, en ce début de matinée, au débouché d'une route bordée d'arbres, le président de la République voit s'entrouvrir le paysage et découvre la vision d'un autre monde : Lacq et son miracle d'énergie où l'exploitation du gaz naturel va permettre d'alimenter dans les mois qui suivent les régions de Lyon et de Paris. Le président Blanchard accueille le chef de l'État pour cette heure studieuse comportant maquettes, plans, exposés scientifiques.

Vêtu d'un costume sombre, tête nue malgré le froid, le général de Gaulle entre dans la cité interdite où seuls les techniciens ont normalement accès. Il marche d'un pas allègre, converse de manière très affable avec les ouvriers qu'il prend parfois par les boutons des survêtements.

Dans ce décor d'un autre univers, par un air fortement imprégné d'acide sulfhydrique, des hommes vêtus de rouge et bleu, coiffés de casques blancs, bottés de noir, masque à gaz pendu sur la poitrine relié à deux bouteilles d'oxygène accrochées dans le dos; ce sont les habitants de cette étrange cité où une sortie de gaz d'un des milliers de tuyaux peut rendre l'atmosphère soudain toxique. Seul le général de Gaulle ne reçoit pas de masque, mais il porte des lunettes sur le chantier tandis que les personnalités de sa suite – les ministres de l'Intérieur, des Armées, de l'Industrie, notamment – tiennent le masque de caoutchouc à la main. Enfin, à quelques kilomètres de là, le président de la République entreprend de visiter l'un des quinze puits en exploitation, le puits « cent six » qui produit alors trois cent cinquante mille mètres cubes de gaz par jour.

Quelques arrêts dans les villages sont prévus : à Lagor, à Artix avant l'arrivée dans la ville nouvelle de Mourenx qui, trois ans auparavant, n'était encore qu'un plateau boisé, situé dans la vallée du Gave de Pau. Aujourd'hui s'élève une cité de deux mille cinq cents logements pour dix mille habitants, avec un hôtel de seize étages, une piscine, un parc des sports, une cité administrative... « C'est bien, dira de Gaulle en privé, mais ça manque de boutiques. »

Mourenx a été construit à la cadence de dix foyers par jour. Le maire de la ville nouvelle a, on l'imagine, de lourds soucis. Il ne les cache pas et dépose un cahier de revendications sur la table. Le chef de l'État, à peine irrité dans le ton, répond : « Déposez vos dossiers. C'est tout à fait naturel de la part d'un maire! »

Vers midi, le cortège officiel effectue son retour dans la ville de Pau. Il traverse la place Royale et le général de Gaulle va saluer la foule et prendre la parole du haut d'un podium dressé devant l'Hôtel de Ville enrubanné :

– Le peuple français, lance-t-il notamment, s'il a quelques sujets de se plaindre, n'est pas un peuple malheureux. Il n'est pas un peuple au monde qui ne se heurte souvent à des difficultés beaucoup plus grandes. Nous qui sommes bien rassemblés dans notre métropole, nous qui enjambons la Méditerranée, nous qui sommes en Algérie avec les Algériens (...).

– Algérie française, crie toute l'assistance.

Le général de Gaulle couvre leurs voix en reprenant :

– Nous qui sommes en Algérie avec les Algériens de toutes les communautés. Nous qui sommes avec la communauté africaine née tout récemment. Nous qui sommes en Atlantique, en Pacifique, en Océan Indien, nous sommes un grand pays qui ne doit rien à personne, qui n'a pas de raison de baisser la tête devant qui que ce soit.

Au déjeuner qui suit et dont le menu comporte un gigantesque saumon frais venu directement de Navarrenx, la préfecture connaît un grand émoi. Tout le service de verres se brise, en effet, au cours d'une fausse manœuvre. Le mal sera vite réparé.

L'arrivée au château d'Henri IV, flanqué de ses cinq tours, a fière allure. Dans la cour se trouvent rassemblés, d'un côté les Béarnais en costume tricolore, de l'autre, les Basques, en symphonie rouge, bleue et verte :

– Jeunes gens, vous avez de jolis costumes, dit le Général, visiblement satisfait.

Puis, dans la salle des cuisines de Marguerite d'Angoulême, devant une haute cheminée pétillante de feu, le général de Gaulle reçoit, ordonnancée par le maire, M. Sallenave, l'offrande du Béarn : l'agneau bouclé, un fromage et le Malika, canne de berger dont le pommeau d'argent gravé à son intention porte ces mots : « Marchez droit, regardez haut. » Il s'agit là d'une arme qui servait autrefois à combattre le loup et l'ours brun dans les Pyrénées.

Dans la salle des « Cent Couverts », salle à manger des rois de Navarre tendue de tapisseries imageant les chasses de Maximilien, le chef de l'État prend contact avec les cinq cent soixante maires des Basses-Pyrénées. Face à la statue de marbre d'Henri IV, le Général leur dit :

– Approchez-vous de moi !

Puis il s'adresse à eux et, comme à son habitude, pose des questions sur les problèmes qui les préoccupent.

– Je vais vous dire quelque chose, conclut-il. Au total, j'ai l'impression que notre pays se met en route. Je viens de voir Lacq. C'est éblouissant. Mais il y a aussi un grand début d'essor agricole. On me l'a montré, ce matin, à Billère. C'est un exemple intéressant. Bref, je rentre de ce voyage avec une impression réconfortante. Cette année sera celle où nous allons établir notre base. A moins que le monde ne se mette en feu, ce que je ne crois pas.

Dans le Béarn, la dernière visite est consacrée à la base-école de Pau, des troupes aéroportées où dix mille parachutistes ont été formés l'année précédente pour l'Algérie.

En compagnie de M. Guillaumat, ministre des Armées, du général de Beaufort, chef de son état-major particulier, et du général Gilles, inspecteur des troupes aéroportées, il inspecte les élèves dans leur entraînement à terre et assiste ensuite au parachutage d'un groupe de quatre-vingt-dix sous-officiers et hommes de troupes lancés de trois avions Nord-2500. Cette première vague est suivie d'une seconde au cours de laquelle plusieurs centaines de kilos de munitions sont lâchés au-dessus du terrain et descendent en un bouquet de parachutes multicolores.

Le clou de la démonstration reste cependant le saut de vingt moniteurs parachutistes qui sautent de trois mille mètres et descendent en chute libre jusqu'à cinq cents mètres avant d'ouvrir leur parachute.

Le séjour béarnais, après cette visite, est appelé à prendre fin. Durant cette journée, Mme de Gaulle, de son côté, s'est rendue à Lourdes où elle a assisté à la messe pontificale d'action de grâces célébrée en la basilique par Mgr Théas, évêque de Tarbes et de Lourdes. Elle rejoint son mari en fin d'après-midi pour le retour vers Paris, prévu à 22 heures par un train repeint à neuf avec des roues blanches.

Bien avant le départ, plus de deux mille personnes se sont massées devant la gare, agitant des drapeaux.

A son arrivée, le président de la République reçoit les dernières des acclamations qui ont marqué son long périple. Suivant un long tapis rouge qui traverse le hall de la gare et passe au-dessus des voies, il s'apprête à gagner son wagon. Auparavant, on le voit longer le quai afin d'aller serrer la main du mécanicien de la locomotive qui doit l'emmener.

A Pau, ses dernières paroles auront été :

– Si Henri IV pouvait voir ce qui se passe aujourd'hui en Béarn, il serait satisfait. Moi, j'ai ici la preuve du renouveau national.

Ainsi prend fin cette première grande étape du Tour de France du Général.

Quelles conclusions faut-il en tirer? Le seul point qui a occasionné quelques remous est l'Algérie, lorsqu'il a annoncé : « Nous qui sommes en Algérie avec les Algériens. » L'a-t-on compris?

« Quel a été, écrit Claude Fuzier, dans *le Populaire*, le « crime » du Général pour motiver des cris et des huées rappelant ceux réservés à Michel Debré au monument aux morts d'Alger? Il s'est contenté de dire que les Français étaient en Algérie " avec les Algériens " et qu'il y avait là-bas des communautés différentes. »

Cela n'était pas tolérable pour certains et ne fut pas toléré. Les Algériens n'existent pas sinon sous le pseudonyme de « Français à part entière ».

D'une manière plus générale, selon Jean-Raymond Tournoux dans *le Progrès de Lyon*, le capital de confiance et d'autorité demeure : « La visite du chef de l'État, peut-on lire dans le quotidien lyonnais, à une région de la France où les souvenirs du 13 mai n'ont pas tous disparu, était attendue par certains avec un intérêt particulier parce qu'elle constituait un test de la popularité présidentielle. Or, l'accueil, partout chaleureux, reste comparable à celui qui fut réservé par d'autres villes au moment du référendum. Ainsi, le prestige personnel du chef de l'État, le capital de confiance et d'autorité dont il dispose, demeure actuellement intact. Les motifs individuels de mécontentement paraissent avoir fondu dans l'enthousiasme collectif. Tel est l'enseignement politique de ces journées qui n'arrête point pour autant les spéculations des opposants, mais qui oblige ces derniers à allonger les délais de leurs desseins. »

V

EN BOURGOGNE :
GRANDEUR ET IDÉAUX HUMAINS

Depuis la première étape du Tour de France du Général, et avant que ne commence le deuxième acte du 16 au 19 avril 1959, bien des événements se sont déroulés.

Le 7 mars, la France a soustrait ses forces navales de Méditerranée au commandement de l'OTAN.

Les élections municipales les 8 et 15 mars, influencées par le mécontentement dû aux mesures d'économie prises à la fin du mois de décembre, n'ont pas été un succès pour les formations de la majorité gouvernementale.

Le 25 mars, le chef de l'État a donné une conférence de presse au palais de l'Élysée où il a évoqué les élections municipales bien sûr, mais aussi l'Algérie et l'OTAN...

Le premier voyage présidentiel accompli, les supputations vont leur train quant à la destination suivante. « Fin mai, croient révéler certains quotidiens, de Gaulle visiterait le centre de la France : Poitiers, Bourges et Limoges. »

Les journalistes se trompent sur les dates et les lieux. Courant avril, le chef de l'État choisit de se rendre en Bourgogne.

Le jeudi 16 avril, sous une pluie battante, la DS noire battant pavillon tricolore frappé de la croix de Lorraine franchit le porche de l'Élysée. Le général de Gaulle avait prévu d'effectuer ce voyage une semaine plus tôt mais une grippe tenace l'en avait empêché.

Cette fois, il a obtenu l'accord des médecins avec une réserve toutefois : la limitation du nombre de ses allocutions. Il en a prévu seize pour quatre jours de voyage qui doivent le mener à Sens, Auxerre, Nevers, Montluçon, Vichy, Moulins, Mâcon, le Creusot et Dijon notamment.

La première journée le conduit des rives de la Seine aux bords de l'Yonne et le premier arrêt important est prévu à Sens. Des haltes intermédiaires et parfois inopinées continueront à avoir lieu comme à Pont-sur-Yonne où commence véritablement le périple présidentiel.

A l'entrée du vieux pont de pierre, la voiture s'immobilise. Le Général en descend tête nue malgré un crachin pénétrant, en complet veston, écartant de la main le parapluie qu'une paysanne lui tend, et s'avance vers le préfet de l'Yonne, M. Vigier, venu l'accueillir. « Mauvais temps ! » dit-il à M. Brisson, maire de Pont-sur-Yonne.

Le médecin-colonel Siffre [1] s'approche du chef de l'État, et lui souffle :

– Il fait froid et il pleut, prenez garde !

Le président de la République sourit mais ne tient aucun compte du conseil, ne pouvant résister à l'envie de saluer les enfants des écoles, alignés, portant de petits drapeaux tricolores.

Bientôt, la tour de la cathédrale de Sens pointe vers un ciel très gris. Un arc de triomphe fleuri marque l'entrée de la ville. Une fois de plus, le général de Gaulle ne peut s'empêcher de se fondre dans la foule et de serrer des mains.

Dans la rotonde de l'Hôtel de Ville, le maire, M. Perrot, l'accueille par ces quelques mots :

– Au cours de ce voyage, vous accomplissez une double mission : prendre contact avec les populations et veiller sur les intérêts des Français, c'est-à-dire que vous êtes à la fois l'artisan du renouveau et le pèlerin de l'espoir.

C'est dans ce sens et de manière assez classique que le Général s'adresse à toute la population :

– Je remercie Sens de l'accueil émouvant qu'il m'a fait ce matin. Vous êtes une ville au passé ramassé et qui contient bien des espoirs dans l'avenir. Le contact de mes concitoyens, de mes compatriotes de Sens, m'est profondément émouvant et utile. De tout cœur je dis ici ce que nous pensons tous : « Vive la République, Vive la France ! »

Et le général de Gaulle reprend la route qui bientôt plonge sur Auxerre où un service d'ordre discret maintient les élèves des pensionnats que l'on reconnaît à leurs pèlerines uniformes et une foule très dense. Sur la place de la cathédrale, un détachement de tirailleurs marocains, avec la célèbre nouba et le traditionnel bélier aux cornes d'or, rend les honneurs.

1. Le Dr Siffre, de l'hôpital de Lyon, vient de se rendre célèbre en soignant l'adjudant Blanc, de l'école de Haute Montagne, après son accident lors du sauvetage de Vincendon et Henry.

Accueilli par le maire, M. Jean Moreau, ancien ministre, il gagne aussitôt la préfecture où sont reçus les quatre cent quatre-vingt-deux maires que compte le département. Très longuement, on le voit s'entretenir avec une petite dame aux cheveux argentés : Marie Noël, poétesse, seul écrivain français avec Bossuet que lisait le pape Pie XII.

– Vos œuvres m'ont fait passer de bien bons moments, Madame, et m'ont transporté dans un autre monde. Je vous remercie de cela et de bien d'autres choses, lui assure le Président.

La foule est présente partout. Malgré la pluie, les plus petites rues de la ville regorgent de monde.

Dans son discours public, prononcé place du Maréchal-Leclerc, le général de Gaulle rappelle la confiance qu'il témoigne en l'avenir du pays et le rôle important qu'il doit remplir au sein des autres nations.

– Rien de ce qui vous préoccupe ne m'est étranger, dit-il ensuite.

Son allocution se voit parfois interrompue par des quintes de toux. Lorsqu'il demande au public de chanter l'hymne national, il s'applique, de son côté, à l'accompagner, mais soumet ses cordes vocales à rude épreuve et le résultat n'est guère probant :

– Excusez-moi si vous ne m'avez pas bien entendu, je sors de la grippe mais cela va déjà beaucoup mieux.

Il traverse difficilement la place pour gagner la préfecture, submergé par l'enthousiasme populaire. Le déjeuner qui lui est servi est très simple : deux plats, deux vins, selon son désir.

Devant les élus des communes, il a posé les questions rituelles :

– Alors, monsieur le Maire, comment se présente la récolte?

– Il est encore un peu trop tôt pour y penser, réplique le paysan portant l'écharpe tricolore.

– C'est vrai, j'espère néanmoins qu'elle sera bonne.

Puis il s'avance vers un groupe de femmes et sourit :

– Il y a beaucoup de femmes maires. Je vous félicite, mesdames.

Lorsqu'il s'avance vers un vieil homme au visage buriné, ce dernier lui dit, le regardant bien droit dans les yeux :

– Janin, maire de Coulangeron. J'ai soixante-dix-huit ans seulement, vingt-trois années de mairie. Je suis vaillant et jamais malade.

– Il faudra me donner la recette, réplique le Président.

15 heures sonnent lorsque le cortège présidentiel quitte Auxerre. Le soleil fait une timide apparition. Bien vite on atteint les verts vallonnements du Morvan par une petite route de campagne jalonnée

de minuscules hameaux. Le scénario se renouvelle au détour des chemins : autour des maires, se regroupent les enfants des écoles, les habitants. Les cloches se mettent à sonner et, parfois, sur le passage de la voiture présidentielle, des fleurs sont lancées, des jonquilles, en particulier.

La ville de Clamecy a préparé le rendez-vous avec beaucoup de ferveur. Les musiques folkloriques des Morvandiaux accueillent le Président. Tous les groupes du Morvan et du Nivernais, de la Gigouillette, société philanthropique dont les membres arborent en sautoir un taste-vin, jusqu'au Galvacher qui perpétue le souvenir des compagnons qui assuraient le charroi au Moyen Age, entre Château-Chinon et Clamecy, s'y sont donné rendez-vous. Les hommes revêtus de la briaude, large blouse bleue, coiffés de la galette noire, chapeau à larges bords, jouent de la vielle. Les femmes, aux larges jupons, en sabots et en coiffes, portent la houlette des bergères.

Quand les musiques se sont enfin tues, le président de la République répond au maire de la ville, le Dr Barbier. Sa voix semble avoir retrouvé quelque éclat :

– Vous me dites, monsieur le Maire, qu'aucun chef d'État n'était venu visiter votre cité depuis François Ier, eh bien! mes prédécesseurs ont eu tort, je me félicite d'avoir rompu le charme.

Les premières réticences, le général de Gaulle les percevra à la Charité-sur-Loire, où il arrive à 17 heures. Lorsqu'il dépose une gerbe au monument aux morts, un seul drapeau se trouve présent, celui des résistants. Les anciens combattants se sont abstenus.

Une demi-heure plus tard, après avoir passé la station thermale de Pougues-les-Eaux, le cortège officiel pénètre dans la ville de Nevers en liesse, accueilli par le maire, maître Ramey. Avant de parler du perron du palais ducal le chef de l'État rend visite aux chantiers de reconstruction de la cathédrale bombardée et où les dix derniers grands tailleurs de pierre français s'emploient à reconstituer le chef-d'œuvre d'architecture gothique.

La première journée du voyage va s'achever par des mots d'espoir, répétés, que la foule acclamera :

– Il est bien vrai, lance-t-il avec force, qu'un grand pays comme le nôtre, qui se meut au milieu d'un monde difficile, rencontre en lui-même et rencontre au-dehors, de temps en temps, quelques obstacles dont certains sont de taille. Mais jamais, jamais la France n'est apparue aux yeux du monde telle qu'elle apparaît aujourd'hui, c'est-à-dire résolue à prendre sa place, résolue à faire sa prospérité, résolue à faire le bonheur de chacun de ses enfants. C'est cela, le devoir national, et c'est à quoi, vous pouvez m'en croire, se consacrent ceux que vous avez chargé de diriger le pays. Oui, il y a quelques nuages, oui, il y a quelques difficultés, il y a quelquefois même des malentendus. C'est inévitable dans les périodes difficiles. Mais je vous assure, je vous le dis posément, sereinement, que nous sommes dans la bonne voie, et je vous garantis que l'année ne se terminera pas sans que tout le monde l'ait constaté, même si quelquefois on n'en voudrait pas convenir.

« La France est en marche vers un grand destin. Elle est en marche vers une grande prospérité. Elle est en marche vers une grande activité et si j'avais besoin de preuves de ce que je vous dis, je les aurais trouvées tout le long de ma route aujourd'hui et je les trouverais ce soir, à Nevers, en voyant ce que vous êtes, c'est-à-dire les habitants, je le répète, d'une ville résolue, confiante en elle-même et en sa destinée.

L'espoir avait constitué le thème du périple dans le Sud-Ouest, cette fois le général de Gaulle apparaît plus net, plus résolu. Il affermit sa position et fixe à la fin de l'année le rendez-vous pour un avenir de prospérité.

Dès 8 h 10, le lendemain 17 avril, le cortège présidentiel s'ébranle à travers le Bourbonnais, vers Montluçon et Vichy, deux des hauts lieux à visiter. Le ministre de l'Agriculture, M. Houdet, s'est joint aux personnalités. Sa présence se révèle nécessaire dès la première escale à Saint-Pierre-le-Moutier, centre d'élevage du Nivernais. Un véritable concours agricole a été mis sur pied, annoncé par une large banderole : « Honneur à l'agriculture. »

– Vous avez la confiance des paysans nivernais, lance M. Achille Naudin, responsable agricole, en accueillant le chef de l'État.

Développement de la race, amélioration des pâturages, tous ces sujets lui sont exposés, détaillés et il y prend un intérêt certain, posant lui-même de multiples questions :

– Même pour un profane, ces bêtes sont bien impressionnantes et je suis fier de votre réussite, reconnaît-il devant plus d'un millier de personnes – toutes des familles d'éleveurs – qui l'acclament.

– Ce n'est pas par irrespect que nous vous présentons ces Charolais de dos, confient les paysans, mais pour vous faire admirer l'harmonie des formes, la masse de la culotte et la longueur de l'aloyau.

Avant de reprendre la route, le président de la République s'approche de cinq hommes portant des costumes de velours :

– On m'a beaucoup parlé de vous, messieurs, leur dit-il, vous faites battre mon cœur avec infiniment d'émotion car votre part dans ce pays aura été grande.

Ces hommes sont les « passeurs » de la Résistance, ceux qui restent encore, ayant échappé aux Allemands dans cette région que coupait la ligne de démarcation.

Peu avant Montluçon, au passage à Lurcy-Lévy, le chauffeur de la voiture présidentielle, attaché au général de Gaulle depuis 1945, lui confie :

– C'est ici que je suis né, mon Général !

– Eh bien, reprend ce dernier, arrêtons-nous là un instant et serrons la main des membres de votre famille.

La forêt de Tronçais, aux sept chênes tricentenaires – certains ont été plantés par Colbert –, étant dépassée, les voitures officielles arrivent dans la périphérie de Montluçon. Il est 10 h 20.

L'usine Dunlop a le privilège de la première visite. Avec ses quatre mille ouvriers, cette société couvre le quart des besoins nationaux en pneumatiques automobiles pour une production quotidienne de deux cents tonnes d'enveloppes et de chambres à air.

L'usine représente une vaste superficie sur laquelle ont été édifiés de gigantesques bâtiments. En plusieurs endroits s'élèvent des piles de tailles très différentes, allant du pneu minuscule à l'usage des brouettes ou des scooters, jusqu'aux roues énormes de camions ou de tracteurs.

Le général de Gaulle parcourt lentement l'atelier principal où le caoutchouc subit des transformations successives avant la cuisson finale dans des moules d'où sortent les pneumatiques prêts pour la commercialisation.

On a craint des manifestations d'hostilité durant la visite présidentielle, les syndicats CGT et FO ayant multiplié des jours durant les consignes d'abstention. Rien de tout cela. L'accueil est, dans l'ensemble, chaleureux, affectueux même à la fin de la visite. Le Général s'attarde à serrer les mains qui se tendent de la part de plusieurs centaines d'hommes et de femmes qui se sont massés dans une cour exiguë placée entre deux ateliers. Seuls, sur le pas de la porte, des groupes d'ouvriers, manifestement peu favorables à la politique gouvernementale, gardent le silence.

Le centre de la ville de Montluçon n'est qu'à quelques kilomètres et le premier contact avec la cité se passe dans le cabinet du sénateur-maire M. Southon, sous le buste de l'ex-leader socialiste Max Dormoy, où il parle de l'idéal de paix et liberté « qui vont être l'une et l'autre assurées », ce qui va provoquer des commentaires passionnés.

– Vous avez dit, monsieur le Maire, reprend-il, qu'à Montluçon on peut vivre en travaillant dans la paix, la liberté. Cet idéal est celui de la France tout entière. Nous sommes dans une période où la paix, et vous savez de quelle paix je veux parler, et la liberté, vont être assurées.

Cette déclaration intrigue quelque peu les journalistes qui interrogent les ministres présents, MM. Berthoin, Houdet et Maurice-Bokanowski, lesquels assurent : « Il s'agit d'un acte de foi. Le Général, qui a eu certaines inquiétudes au cours des dernières semaines, est désormais rassuré. Il a confiance en la paix internationale. C'est ce qu'il a voulu dire. »

Certains croient pouvoir donner un éclairage plus particulier aux propos présidentiels, envisageant même une solution rapprochée du problème algérien. Rien, cependant, dans le contexte, ne semble confirmer cette hypothèse.

Il pleut sur Montluçon lorsque, face à plusieurs milliers de personnes, le général de Gaulle reprend les thèmes déjà abordés la veille à Nevers :

– L'effort que nous avons entrepris tous ensemble dans l'ordre républicain et avec la volonté d'aboutir pour le mieux-être des hommes est maintenant proche de se concrétiser. Il ne se passera pas une année avant qu'on s'en soit aperçu même si certains ne veulent pas en convenir. Cette certitude je viens la donner à Montluçon en échange du réconfort que cette ville m'apporte.

La pluie battante continue lorsque le président de la République arrive à Vichy. Il est 13 heures. Le cortège s'est auparavant arrêté notamment à Montmarault et à Saint-Pourçain-sur-Sioule.

Le ciel, bouché par de gros nuages qui voilent les premières pentes du Massif central, les intempéries, rien n'a pu refroidir l'enthousiasme des Vichyssois qui sont massés par milliers place de l'Hôtel-de-Ville tendue de tricolore.

Vichy, c'est une page d'histoire plutôt sombre; aussi le sénateur-maire M. Coulon se garde-t-il dans son allocution de faire référence aux années de guerre. Dans un raccourci historique, il dit simplement :

– Vichy a connu la visite du président Albert Lebrun, en 1932. Depuis, aucun président de la République ne s'est rendu dans notre ville.

Le propos semble amuser le général de Gaulle qui répond dans un grand sourire :

– Monsieur le Maire a bien fait de rappeler la visite du président Lebrun dans cette ville. Je ne peux m'empêcher de penser que ma présence ici a un caractère un peu particulier du fait des événements de naguère et de ceux d'aujourd'hui. Je suis heureux d'être à Vichy.

Outre cette courte allocution prononcée à l'Hôtel de Ville, il s'adresse à la population de la célèbre station thermale, sous la pluie.

Surprise! Le micro ne remplit pas son office. A plusieurs reprises, il redit ses premiers mots :

– Je remercie Bellerive et Cusset de l'accueil magnifique...

Sa voix se perd. Les gens crient, gesticulent. C'est avec beaucoup de difficulté que le circuit électrique est remis en marche.

– Je vais vous faire une confidence, mais ne le répétez pas. Je ressens un peu d'émotion et vous en comprendrez facilement les raisons. Mais si vous le voulez, oublions ce qui a pu se passer. Nous sommes un seul peuple, quoi qu'il nous soit arrivé. Nous sommes le seul, l'unique peuple français, et c'est ce que j'ai tenu à vous dire. En échange du témoignage que vous me donnez, c'est la conviction de notre grand avenir qui doit nous réconforter. Nous sommes engagés dans la voie de la grande prospérité, et de cela, je puis vous assurer car j'ai des raisons de le savoir, de vous le dire.

« Nous avons traversé une période de transition. Mais rien n'empêche que nous allions tous ensemble vers le meilleur, un meilleur qui profitera à tous (...). Jamais la voix de la France n'a été aussi utile au monde qu'aujourd'hui.

Et toujours la pluie accompagne le chef de l'État lorsqu'il entreprend la suite de son voyage dont la deuxième journée est appelée à prendre fin à Moulins. Dans cette ville, ayant à ses côtés deux jeunes Bourbonnais en costume régional, il évoque, d'une voix quelque peu enrouée, les heures difficiles de la Résistance, disant aux habitants du chef-lieu de l'Allier :

– Vous étiez ici au milieu du drame, sur cette blessure que l'on appelait « la ligne de démarcation ».

Puis, comme il l'a fait jusque-là, il évoque le redressement politique, institutionnel, économique et social du pays dont la vocation de toujours a été de « servir l'humanité tout entière ».

– C'est en toute confiance, conclut-il, sérénité et certitude que je dis : « Vive Moulins! mais aussi vive la République et vive la France! »

La foule, impressionnante, l'acclame sans fin. Visiblement ému, il reste un long moment figé près du micro, répétant à mi-voix :

– Merci, merci!

Quatre cents kilomètres figurent au programme du lendemain, samedi 18 avril. Le Creusot constitue l'étape principale de cette troisième journée.

Levé à 6 heures, de Gaulle quitte Moulins une heure plus tard. La ville s'éveille lorsqu'il sort de la préfecture, nu-tête, en complet veston. Le ciel est gris mais pour la première fois, depuis le départ de Paris, il ne pleut pas.

Par les petites routes campagnardes de l'Allier, les voitures officielles effectuent un premier arrêt à Dompierre-sur-Besbre où se tient une foire aux bestiaux. Le général de Gaulle serre les mains des éleveurs :

– Bonjour, messieurs! Heureux de vous voir. J'espère que vos affaires sont bonnes...

A Dion, il s'approche d'une vieille dame assise, centenaire du lieu :

– Ah! je suis bien contente, lui dit-elle. Je craignais de mourir sans vous avoir vu!

Après le département de l'Allier, celui de la Saône-et-Loire. Le préfet, M. Chopin, accueille le chef de l'État à Digoin. La Légion d'honneur est épinglée au fanion de l'harmonie municipale. Le Général le remarque et s'en étonne. L'explication semble le satisfaire : durant l'occupation, les musiciens s'employaient à faire passer la ligne de démarcation aux patriotes.

On acclame de Gaulle. Les pompiers, au casque de cuir bien astiqué, l'entourent. Un mutilé lève ses deux cannes au-dessus de la tête, formant un V.

La basilique du Sacré-Cœur de Paray-le-Monial apparaît après les vallonnements du Charolais puis Charolles, où les mineurs de La Chapelle, en tenue de travail, lampe du casque allumée, sont venus acclamer le président de la République. Il y est très sensible et dit à haute voix :

– Merci Charolles. Votre passé est riche. L'avenir le sera aussi. L'élevage, dans cette région, est une merveille. J'ai eu l'occasion de l'admirer et vous avez cette race de Charolais qui va peut-être devenir celle du Marché Commun.

10 heures sonnent, de Gaulle est déjà à Mâcon. Dans la salle du conseil général, parmi les revendications des maires, celle de l'élu du village de Bouzeron qui explique pourquoi il serait nécessaire qu'une décentralisation industrielle s'effectue.

– Vous avez beaucoup d'administrés sans emploi? interroge le Président.

– Oui, répond le maire, hélas! et la menace est inquiétante.

Un autre premier magistrat, celui de la commune de Saint-Gengoux-de-Scissé, M. Alphonse Grosbon, également président de la Fédération vinicole de Saône-et-Loire, exprime à son tour ses doléances :

– Je suis maire d'une petite commune viticole et je veux vous exprimer toute l'inquiétude, toute l'angoisse que nous ressentons.

Le Général l'interrompt :

– Oui, vous n'êtes pas un vin ordinaire, ni un grand vin et ce qui vous inquiète c'est la taxe de circulation sur les vins. Je suis très au courant.

Visiblement ému, le maire poursuit :

– Mon Général, vous avez sauvé deux fois notre pays. Je vous demande aujourd'hui...

De Gaulle l'interrompt encore et enchaîne aussitôt :

– ... de sauver la vigne... Mais bien entendu.

Et, se tournant vers le préfet :

– Il ne faut naturellement pas perdre la vigne.

On remarque aux côtés du chef de l'État la présence d'un élu socialiste en la personne du maire de la ville, M. Escande. En vérité, ce dernier vient de démissionner de la SFIO pour protester contre l'interdiction faite aux membres de ce parti par la Fédération départementale de participer aux cérémonies marquant la venue du président de la République.

Au balcon de l'Hôtel de Ville, celui-ci évoque l'aide française au tiers monde :

– Nous sentons tous, dit-il en substance, que le monde entier se trouve dans une période de gestation profonde. Il y a des nations moins développées que les autres. Nous appartenons, nous sommes, par nos efforts à travers les siècles, nos richesses, nos esprits, parmi les peuples les plus développés. En cette qualité, c'est à nous qu'il appartient d'être, dans le grand combat qui s'ouvre dans le monde, le pays pilote qui montrera quel est le devoir envers les autres.

La pluie est revenue lorsque le cortège s'apprête à quitter la cité natale d'Alphonse de Lamartine. Le général de Gaulle ne se ménage pas. Le froid et la pluie n'ont aucune prise sur lui qui reste tête nue sous l'épais crachin, refusant chapeau et imperméable. Il tient à rendre hommage à cette foule qui elle aussi, stoïque, l'attend et l'acclame.

La halte de Cuisery est dictée par le sentiment. Le Général l'a personnellement imposée. Plusieurs membres de la famille de Gaulle, attachés aux institutions provinciales de Bourgogne, vécurent là et à Dijon au XVIIᵉ siècle et jusqu'au début du XVIIIᵉ siècle.

La localité comporte de petites rues qui conduisent à l'église où se rend le chef de l'État dont la tenue ruisselle de pluie. Sous le porche, le curé de la localité, entouré de jeunes filles portant des bouquets de fleurs, l'accueille en toute simplicité. Mme de Gaulle s'est jointe au cortège, venant de Cluny où, durant près de deux heures, elle a accompli la visite de la célèbre abbaye.

Dans la petite église édifiée au XIe siècle, le couple présidentiel examine plusieurs pierres tombales. Devant l'une d'elles, le Général s'arrête :

– C'est une pierre qui appartient au tombeau de l'un des miens, assure-t-il.

Le maire en apporte la confirmation et indique la date : 1704.

Dans une autre chapelle, au vieil hospice de Cuisery, le nom d'un capitaine de Gaulle est gravé sur une plaque. Le personnage commandait une capitainerie royale.

Alors que Mme de Gaulle se retire aussi discrètement qu'elle était venue – elle doit retrouver son époux au déjeuner à la sous-préfecture de Chalon – le chef de l'État traverse Tournus puis Sennecy-le-Grand où il s'arrête quelques instants devant l'imposant monument édifié en hommage aux victimes de la Résistance qu'il a lui-même inauguré il y a quelques années.

Après Chalon-sur-Saône où il déjeune à la sous-préfecture et se repose, il visite les usines sidérurgiques du Creusot qui emploient plus de douze mille personnes et s'intéresse, d'entrée, aux locomotives les plus modernes du monde qui lui sont présentées. L'étroite collaboration des ingénieurs de la SNCF et des techniciens creusotins a permis la mise au point des locomotives électriques.

La BB 9904, détient, en cette année 1959, le record du monde sur rails avec trois cent trente et un kilomètres/heure de vitesse de pointe. Fabriqué en série, le modèle et ses dérivés équipent les principales lignes nationales : Paris-Lyon (512 km en 4 heures), Paris-Lille, Paris-Strasbourg, Paris-Bordeaux (581 km en 4 h 58). De nombreux pays, intéressés par la machine, n'ont pas hésité à passer des commandes. On remarque, parmi les clients : la Chine et l'URSS.

Ce dernier pays est appelé à recevoir prochainement la première commande qui fasse l'objet d'une mise au point particulière. Les voies sont en effet plus larges en Union Soviétique : 1, 70 m contre 1, 44 m en France.

Des éléments, jusqu'ici tenus secrets, destinés au paquebot *France*, sont dévoilés au visiteur, notamment l'arbre porte-hélice qui pèse à l'état brut cent cinquante tonnes.

Avant de quitter l'usine, juché sur un marteau-pilon de cent dix tonnes, le Général adresse une brève allocution aux ouvriers, présents en grand nombre, malgré les consignes d'abstention données par la CGT et la CFTC. Il exprime sa confiance en l'avenir, qu'il renouvelle place de l'Hôtel-de-Ville, en précisant :

– J'ai dit toute la tâche nationale qui nous attendait et à laquelle tout le monde doit participer. Elle consiste à mettre le pays debout, avec force, ardeur, pour qu'il puisse se faire entendre, agir pour le bien de tous les hommes, de l'humanité tout entière.

« Nous sommes dans un monde difficile, dur pour les peuples qui n'ont pas atteint le niveau de développement de la France. Or, ces pays-là ont le droit à la vie, au progrès. Les pays comme le nôtre ont le devoir de les aider. Cela doit être une organisation internationale, car la terre est ronde. J'ai confiance. Cette année même verra la naissance de cette organisation fraternelle où la France donnera l'exemple.

Il est 18 heures. De Gaulle quitte le Creusot pour Dijon. La troisième journée va prendre fin.

Il convient cependant d'attendre quelques heures car, outre les arrêts à Arnay-le-Duc et Sombernon, sur la route d'Autun, l'attention des officiels est attirée par une robe blanche au milieu d'un groupe de personnes. Le chef de l'État donne l'ordre au chauffeur de ralentir puis de s'arrêter. C'est une noce qui se trouve là de manière tout à fait inopinée car le car qui conduisait mariés et invités en promenade a dû stopper afin de laisser la route libre à un autre cortège, officiel, celui-là.

Le Général se dirige vers eux, la main tendue.

– Je vous souhaite, leur dit-il, du bonheur pour toute la vie.

« J'étais toute rouge, dira plus tard la jeune mariée [1] et je me demandais s'il allait m'embrasser. André, mon mari, a été plus courageux. Il a su répondre et dire merci au Général et ajouter – parce qu'il nous le demandait – que nous nous appelions Poulet.

« Une voix [2] a prononcé au loin : “ Posez pour la photo de famille, mon Général.”

« Alors le Président s'est mis à ma gauche et l'on nous a photographiés. Mon Dieu, j'étais heureuse et pourtant je ne savais pas où me mettre. »

Le dernier département visité par le chef de l'État est donc la Côte-d'Or. Il est arrivé la veille à Dijon.

Lorsqu'il quitte la préfecture le dimanche 19 avril, il fait très froid. Un petit vent frais s'est levé. Tout commence pour le Président par une messe en la cathédrale Sainte-Bénigne dont l'officiant est Mgr Baron, vicaire général. L'évêque, Mgr Sembel, prononce l'homélie et adresse quelques mots au général de Gaulle.

1. Témoignage recueilli par Jacques Chapus (*France-Soir* du 22 avril 1959).
2. Il s'agit de celle de M. Pierre Lefranc, conseiller technique au cabinet du président de la République.

– Nous saluons en vous le chef des miracles, dit-il. En vous, repose l'espoir du rétablissement d'une prospérité et d'une égalité sociales en France comme en Algérie et dans toute la communauté française.

Traversant les rues de la capitale de la Bourgogne en saluant la foule, de Gaulle gagne ensuite les bâtiments de la SNCF où est installé le bureau de télécommandes de la ligne Paris-Dijon que lui présente M. Ségalat, président du conseil d'administration de la SNCF. Un ensemble unique en Europe : un dispatching permet de réguler chaque jour entre Saint-Florentin et Chagny sur vingt-sept kilomètres et dans les deux sens la circulation ferroviaire. De jour comme de nuit, un homme seul manœuvre le trafic.

– Profane, je ne comprends pas très bien tout ce que vous me dites, confesse le Général. Beaucoup de choses m'échappent mais vous me stupéfiez quand vous me dites que vous avez parfois près de cent trains à faire passer.

Visite suivante : la faculté des Sciences qui vient d'être construite. Quatre mille étudiants sont rassemblés dans les halls. Le recteur Bouchard et le doyen Ciry présentent au premier personnage de l'État les plans de la future cité universitaire qui s'étalera au lieu-dit Montmuzard sur plus d'un kilomètre de long.

Le président de la République affirme aux étudiants :

– Je dois vous dire que j'ai pleine et entière confiance à l'âge où je suis arrivé, dans les destinées de notre pays, à nos capacités de progrès (...). Nous sommes un grand peuple en marche.

Le chanoine Kir, maire de la ville (que le Général, distrait, appelle à plusieurs reprises « M. le Sénateur-Maire »), conduit ensuite le président de la République au mur des Fusillés. Il y a encore là les cinq poteaux où les patriotes étaient attachés pour mourir sous les balles des nazis. Une gerbe tricolore, en forme de croix de Lorraine, est portée par Mme Collin dont deux fils furent fusillés là, le même jour, et Mme Mauchaussé dont le mari est mort en déportation, et le fils tué au combat.

Après s'être recueilli et avoir parcouru les rangs des anciens combattants et résistants, le président de la République visite le quartier des Grésilles. Le chanoine Kir lui parle de son projet de lac. M. Pierre Sudreau, ministre de la Construction, en est déjà informé et semble encourager les intentions du maire de Dijon :

– Le lac?... ou une piscine? laisse tomber de Gaulle malicieusement.

Revenu dans la ville, à la mairie, installée dans l'admirable palais des ducs de Bourgogne où demeura Charles le Téméraire, il pénètre dans le bureau du chanoine Kir qui s'écrie d'une voix forte :

– Je connais suffisamment votre programme, monsieur le Président, pour savoir que vous désirez ramener la paix, non seulement en France, mais plus particulièrement dans cette Algérie qui ne saisit pas encore les véritables objectifs de sa prospérité.

Le Général répond simplement :

– Notre vocation est humaine, fraternelle. Nous nous trouvons débarrassés des soucis de frontières, des préoccupations de rivalité, de concurrence qui pesaient sur nous depuis des siècles. Nous nous trouvons un pays très pur qui n'a plus d'adversaire naturel. Nous pouvons accomplir maintenant notre mission de servante de l'Humanité.

Quelques minutes plus tard, alors qu'il reçoit une ovation interminable, il prononce son dernier discours officiel sans apporter d'élément nouveau à ce qu'il a dit précédemment tout comme il le fera à la préfecture où le Dr Roclore, président du conseil général, lui présentera ses collègues et les maires du département.

Le dernier après-midi bourguignon comporte une voie royale : la route des grands crus. Des haltes fréquentes sont observées à Marsannay-la-Côte, Couchey, Brochon, Gevrey-Chambertin où le chef de l'État dit au maire :

– Je ne pouvais pas m'arrêter dans votre pays sans marquer la considération particulière que j'éprouve pour l'illustration qu'il apporte à la renommée nationale.

M. Faivelly, grand maître de la confrérie des Chevaliers du taste-vin, lui remet dans un coffret les insignes de pourpre et d'or.

Après le Clos-Vougeot, Vosne-Romanée, Nuits-Saint-Georges, Premeaux, Ladoix-Serrigny, Beaune où le carillon des Hospices joue la *Marche Lorraine*. Un prêtre le fait remarquer au Général qui répond, aimable ou sarcastique :

– Je vous remercie de me le rappeler.

Il est accueilli par M. Roger Duchet, sénateur-maire de la ville.

Le cortège présidentiel reprend la route vers Dijon, s'arrêtant à Perrigny et à Longvic. Par avion, le chef de l'État regagne Paris, nullement marqué par son voyage, comme le constatent en l'accueillant les ministres Debré, Malraux et Berthoin ainsi que le général Salan, gouverneur militaire de Paris.

Une fois de plus, il a pu mesurer sa popularité et l'enraciner davantage par les contacts directs avec les populations et les notables. L'accueil a été chaleureux dans l'ensemble et les consignes d'abstention n'ont été qu'imparfaitement suivies. Certes, l'absence des représentants de l'Union française des anciens combattants a été remarquée mais les organisations de résistants étaient toujours présentes.

Dans les discours, de l'Algérie il n'en a pas été question. En revanche le rôle de la France dans le monde, sa grandeur, les idéaux humains et la prospérité économique ont constitué les grands thèmes de tous les discours.

Pour le présent, le général de Gaulle a admis qu'il existe des doléances et des mécontentements mais il s'est plu à répondre à ses interlocuteurs en leur affirmant qu'ils n'étaient pas aussi malheureux qu'ils le croyaient : « Je ne vous plains pas » a-t-il répété en diverses occasions.

VI

TROISIÈME VOYAGE OFFICIEL : AU PLEIN CŒUR DE LA DOUCE FRANCE

A peine un mois s'est-il écoulé depuis le voyage en Bourgogne que le chef de l'État projette de se rendre dans le centre du pays. Les 7, 8 et 9 mai, il va traverser cinq départements : le Cher, le Loiret, l'Indre, le Loir-et-Cher et l'Indre-et-Loire. Au programme six discours officiels, le clou du voyage se situant à Orléans où il assistera aux cérémonies commémorant la victoire de 1945 et la délivrance de la ville par Jeanne d'Arc, en 1429.

La première étape à travers le Berry n'est sans doute pas la plus longue : soixante-cinq kilomètres et les affaires militaires sont au programme, car la première visite se situe au camp d'Avord où le général de Gaulle visite une exposition militaire dont le fameux engin téléguidé « S.S.10 », le « fusil qui tire dans les coins », comme on l'appelle familièrement.

Le « S.S.10 », d'invention française et dont la France a livré le secret aux Américains, constitue la meilleure arme antichar du moment : téléguidée, elle est dirigée, au gré du tireur, sur la cible, même si celle-ci est dissimulée derrière un obstacle à quatre-vingt-dix degrés.

Sur la route de Bourges se présente l'orphelinat de la Police, à Osmoy. De Gaulle s'y arrête et se fait expliquer les origines de cette institution créée en 1930, pour quarante enfants, et qui s'est prodigieusement développée au cours des années. Plus de cinq cents millions de travaux sont encore en cours qui permettront d'éduquer bientôt trois cents enfants.

A Bourges, sur la place de l'Hôtel-de-Ville, on s'attend à deux thèmes principaux dans le discours du chef de l'État : l'Algérie, et les relations Est-Ouest.

Il annonce, en effet, en ce qui concerne l'Algérie, que la pacification est en vue et souligne que la situation financière et économique est rétablie.

Sur ce dernier problème, il se montre très rassurant :

– Aujourd'hui, assure-t-il, grâce à un grand effort de sacrifice, de sagesse, je puis dire à Bourges que nous sommes arrivés à la stabilité financière et monétaire. Et, à partir de là, nous devons reprendre la marche vers l'expansion.

Lorsqu'il prononce le mot clé : Algérie, un grand silence se fait sur la place. Il peut donc poursuivre :

– L'Algérie nous préoccupe tous profondément. Elle intéresse d'une manière directe, quotidienne, le sort de la France, de tous les Français.

La foule applaudit. Le Général attendait ce plébiscite avant de poursuivre.

« C'est une grande question, que nous devons résoudre. Je dis à Bourges, en toute connaissance de cause, que le jour est en vue où l'Algérie sera pacifiée, grâce à une compréhension générale de tous ceux qui l'habitent, pour aboutir à une transformation profonde de ce pays, pour qu'enfin tous ses enfants, je dis tous ses enfants, puissent disposer de leur sort et des terres qu'ils habitent.

« Ce sort, poursuit le Général, est en bonne voie; et des efforts réalisés par la France et en particulier par son armée, je tire ma pleine et entière confiance en ce qui va se passer [1].

Abordant le chapitre des relations Est-Ouest à la veille de la Conférence de Genève, de Gaulle poursuit, toujours d'une même voix, déterminé :

– Voici qu'arrive la grande confrontation entre l'Est et l'Ouest, c'est-à-dire entre deux fractions de nos vieux peuples civilisés depuis longtemps, dans le même esprit, même quand ils pratiquent des régimes différents. Cette confrontation va avoir lieu... mais elle peut aboutir à la guerre. Ce serait alors la destruction générale et en particulier pour ceux qui l'auraient provoquée.

« Elle peut aussi n'aboutir à rien de déterminant. Il peut arriver enfin que s'établisse un accord, un arrangement, un modus vivendi à

1. Dans une déclaration faite le 1er mai à M. Pierre Lafont, député d'Algérie et directeur de *l'Écho d'Oran*, le général de Gaulle, faisant allusion à la solution de l'affaire algérienne, avait déclaré : « Je crois qu'une solution heureuse ne peut être trouvée que dans une évolution totale de ce pays; c'est ce que je m'efforce de faire; nous n'avons que le temps de la réussir. Si cette évolution échoue, même si la pacification était définitive, l'Algérie serait rapidement perdue pour nous car, à la première occasion, elle se soulèverait de nouveau, et, cette fois, il n'y aurait pas de solution. »

partir duquel des relations normales tendraient à se rétablir entre les deux côtés. Ce serait une solution logique au point de vue humain.

Il ajoute encore :

« Je suis convaincu qu'après beaucoup d'expériences, de vains prétextes, les peuples dans leur profondeur de part et d'autre s'aperçoivent qu'ils se ressemblent, que les régimes n'y peuvent rien, qu'ils sont des Blancs les uns et les autres, qu'ils sont des peuples civilisés, avec de grands moyens, de grandes ressources et que leur devoir est commun.

Ce passage du discours apporte aux yeux des observateurs une sorte de relent raciste de la part du chef de l'État. Il faut cependant se rendre à l'évidence qu'il fait là une très nette allusion au plan dont il a lancé l'idée, le 25 mars de cette même année, et qui consisterait en une mise en commun des ressources des pays techniquement avancés de l'Ouest et de l'Est pour aider les peuples d'Afrique et d'Asie à réaliser leur équipement économique.

Enfin, évoquant les disputes, les conflits au sujet de Berlin, le Général s'écrie :

– A quoi bon se disputer au sujet de Berlin, de l'Allemagne communiste, d'un certain désengagement imprécis et dangereux? Puisqu'ils sont les plus riches et les plus forts, leur devoir est d'aider les autres. Leur tâche, il faudra bien qu'ils l'accomplissent ensemble s'ils ne veulent pas périr. C'est leur devoir commun. Voilà ce qu'en toute lucidité, sans reculer devant la propagande et les menaces, voilà quelle est la position de la France. Voilà ce dont la France va être le champion. Elle le fera, certaine d'être fidèle à son éternelle vocation. C'est l'espérance que portent en nous plus de deux milliards d'êtres humains.

Ces mêmes problèmes, le général de Gaulle les a déjà évoqués devant les notabilités de la ville dont le député-maire, M. Raymond Boisdé, tout en n'écartant pas les problèmes strictement locaux.

Au capitaine des pompiers il demande :

– Êtes-vous bien outillé?

Rougissant, le maître des sapeurs répond timidement :

– Oui, tout va bien.

Et le Général reprend :

– Ah! Tant mieux. C'est important avec tous les monuments historiques que vous avez ici.

La halte de Bourges a été plus longue que prévue. Désormais, à travers les plateaux et les plaines du Berry, le général de Gaulle s'avance porté par les chants et les danses folkloriques. Ainsi, il entre à Saint-Florent-sur-Cher au son des vielles et même des binious. Le Président se perd aussitôt dans la foule, serrant les mains qui se tendent vers lui. Un gosse, juché sur les épaules de son père, demande :

– Papa, où est le Général?

– C'est le plus grand, regarde, répond le père.

Au même instant l'enfant voit de Gaulle passer et lui tapoter la joue :

– Bonjour, mon petit!

Chârost a tendu ses bannières à l'entrée du village : « Soyez le bienvenu. » Un tout petit homme se précipite vers de Gaulle qui ne le voit pas. Il s'agit du plus petit conscrit de France : Henri Molowsky, qui mesure un mètre vingt-sept.

Après Issoudun où, sur les marches du palais de justice, il reprend le thème de l'Algérie, il entre dans Châteauroux pavoisé. Il est 16 h 45.

Devant le monument aux morts, un régiment de tirailleurs marocains rend les honneurs, mais un « couac » horrible se produit pendant l'exécution de *la Marseillaise.* Le chef de la nouba est contraint de s'y reprendre à deux fois, et le résultat n'est guère concluant.

Après les dernières notes, le général de la garnison s'approche de l'adjudant et le tance vertement devant ses hommes :

– Ne vous étonnez pas, dit-il en conclusion, si ce soir vous écopez de trente jours d'arrêt de rigueur [1]!

A la mairie, le député-maire, M. Deschizeaux, rappelle à son hôte que sa ville reçoit pour la première fois un président de la République. Avant lui, en effet, seuls Raymond Poincaré et Vincent Auriol étaient venus, mais ils s'étaient contentés de traverser la cité.

Devant l'Hôtel de Ville, c'est encore le problème algérien qu'il décide d'aborder, disant en particulier :

– Il n'y a personne qui ne sache maintenant que l'on n'aboutira à rien par la guerre, qu'il n'y a qu'une issue dans la réconciliation : la fraternité, la transformation humaine de l'Algérie.

Aucune fausse note – si l'on excepte celle de la musique militaire – ne vient troubler le voyage. La foule est présente partout. Elle le sera aussi à Orléans où le président de la République arrive après une nuit passée à la préfecture de Châteauroux. Le chef-lieu du Loiret célèbre le cinq cent trentième anniversaire de la libération de la ville par

1. Le soir même le général de Gaulle interviendra personnellement en priant le général de la garnison de lever la sanction.

Jeanne d'Arc. Auparavant, de Gaulle s'est arrêté un instant, après Châteauroux, à Romorantin où l'a accueilli M. Comte-Offenbach, député-maire et arrière-petit-fils du compositeur de *la Vie parisienne*.

Dans la cité orléanaise, sur le perron de l'Hôtel de Ville, l'accueillent M. Secrétain, maire de la ville, Mlle Sid Cara, secrétaire d'État aux Affaires musulmanes et M. Maurice Herzog, haut commissaire à la Jeunesse et aux Sports. D'autres personnalités attendent dans les salons de la préfecture aux murs tendus de draperies fleurdelisées : M. Guillaumat, ministre des Armées, les ambassadeurs Sir Gladwyn Jebb (Grande-Bretagne), MM. Dupuis (Canada), Vitetti (Italie) et le chargé d'affaires de la République fédérale d'Allemagne, M. Jansen. M. Maurice Genevoix, secrétaire perpétuel de l'Académie Française, en habit vert, est également présent.

Le maire d'Orléans souligne l'heureuse coïncidence des dates du 8 mai 1429 et du 8 mai 1945 qui, toutes deux, constituent le symbole de la délivrance et de l'unité :

– La voix de Jeanne d'Arc était celle de la Résistance, dit-il, elle conseillait de ne pas céder. Sans doute pensiez-vous à cela aussi, le 18 juin, mon Général.

D'une voix très calme, avec une grande maîtrise, le chef de l'État salue d'abord « la grande ville d'Orléans, noble entre toutes (...). Votre ville est un insigne au cœur de la France. Depuis plus de cinq cents années, vous avez commémoré une date, la plus importante peut-être de notre dure et longue histoire, ainsi que l'image de cette jeune fille venant combattre, dédaignant tous les artifices et qui a rendu l'espoir à ses concitoyens alors qu'ils l'avaient perdu ».

La cathédrale Sainte-Croix où vont se dérouler les festivités religieuses est toute proche. Il s'y rend à pied. Les trompettes des hérauts entonnent les chants de victoire alors qu'il est reçu sous le portique de la cathédrale par Mgr Picard de la Vaquerie et qu'il traverse la nef précédé de huit pages en costume du Moyen Age.

Il prend place à la droite de l'autel près de Mgr Richard, archevêque de Bordeaux, qui vient d'être élevé à l'éminence de cardinal il y a un mois par le pape Jean XXIII. Quant à Mme de Gaulle, elle a été placée au premier rang des fidèles, mêlée à la foule près de la chorale, dont les cent trente voix accompagnées par les violons et les grandes orgues sont appelées à donner à l'office une grande solennité :

– Avec quelle fierté, quelle allégresse, nous vous accueillons, monsieur le Président, lui dit Mgr Atton qui célèbre la messe basse.

La géographie et l'histoire ont placé notre ville au cœur même du pays. A cette messe d'action de grâces célébrée depuis cinq cent trente ans, comment ne pas associer à Jeanne d'Arc la reconnaissance que nous avons envers celui qui, par deux fois, sauva la patrie.

« La Pucelle s'efforça de rassembler les Français, vous, vous proposez la même tâche. Vous n'en dissimulez pas les difficultés, elle aussi était ainsi.

Après l'office, le général de Gaulle, accompagné de l'évêque d'Orléans, se rend en procession face à la chaire où se trouve déjà Mgr Théas, évêque de Lourdes et de Tarbes, qui va prononcer le panégyrique de Jeanne d'Arc. D'une voix sobre et claire, il s'adresse d'abord à « Monsieur le président de la République et de la Communauté » :

– De Lourdes à Orléans, précise-t-il, la distance spirituelle est bien faible. Bernadette, par son cœur, est si proche de Jeanne d'Arc. Toutes deux sont filles de France. L'une et l'autre jeunes, l'une et l'autre fières, l'une et l'autre bergères en chrétienté. Toutes deux ont accompli une mission sacrée et divine.

Mgr Théas continue à évoquer le parallèle entre la bergère de Domrémy et la petite paysanne des Pyrénées. Il assure que le secret de leur courage et de leur sacrifice tenait au fait qu'elles étaient habitées par l'Esprit-Saint.

S'adressant directement, cette fois, au chef de l'État, il ajoute :

– En septembre 1944, l'éminent homme d'Église qu'était le cardinal Suhard, surpris et enchanté par le déroulement des événements, me disait : « l'Esprit-Saint est avec le général de Gaulle. » Il entendait ainsi donner une explication providentielle des événements.

Il conclut enfin, appelant la bénédiction divine sur le pays :

– Que l'Esprit du Seigneur s'empare de la France, que son souffle puissant passe sur l'Algérie, lui apportant la paix et le bonheur conclus par l'Esprit-Saint; qu'il souffle sur la Communauté.

La cérémonie s'achève. Après le caractère spirituel de cette étape orléanaise, reprennent les réalités quotidiennes. Elles sont bien présentes chez les notabilités mais surtout dans les propos des maires du département.

– Avez-vous, demande-t-il, quelque chose d'énorme à me signaler qui n'aille pas bien dans votre commune?

D'une seule voix les maires répondent :

– L'eau de la Loire!

Ils font ainsi allusion aux travaux du Val de Loire qui doivent prochainement retenir les eaux du fleuve. Souriant, de Gaulle leur dit :

– Vous voudriez la garder toute? Allez, on fera ce qu'on pourra et soyez tranquilles, on vous en laissera assez pour vos besoins. La Loire continuera à couler.

L'assistance se met alors à rire.

Deux paysans abordent un autre domaine :

– Il y a la remise en valeur de la Sologne.

– Mais que voulez-vous qu'on y mette? interroge le Général.

– Comme il y a cinquante ans, nous voudrions y voir de la culture et de l'élevage.

– Et vos lapins, reviennent-ils? intervient de Gaulle.

Une nouvelle fois les rires fusent dans l'assistance.

Et le chef de l'État, avant de prendre congé, renouvelle sa confiance en l'avenir du pays et s'apprête à nouveau à se fondre dans la foule. Il ne manque pas, pour le grand bonheur des photographes, de serrer la main de « Jeanne d'Arc » sur son beau cheval alezan – le même qui depuis dix ans joue ce rôle historique. La Pucelle est symbolisée ici par la ravissante Claire Deschamps (19 ans).

– Je voulais vous féliciter, intervient le Général qui assiste au long et imposant défilé à travers les rues de la ville.

Depuis 14 h 30, en ce jour du vendredi 8 mai, ce n'est plus qu'une gigantesque marée humaine colorée.

Le soir, pour la première fois, il accepte de présider un banquet de deux cent trente couverts.

Les officiels de l'Élysée ne sont pas sans problèmes. Ils se sont aperçus, avant leur départ de Paris, qu'à chacun des repas qui devait être servi au Président, figurait de l'agneau.

Orléans, dont le banquet traditionnel reste de loin le plus important, a seul conservé à son menu le carré d'agneau. Les autres ont dû modifier leur carte.

Malgré cela, le chef de l'État a fait part de son intention de quitter le banquet dès le deuxième plat, la carte lui étant apparue trop copieuse. Jugez-en :

Petits pâtés d'alouette chauds, en croûte
Saumon de Loire en Bellevue
Carré d'agneau de Beauce avec garniture Val de Loire
Fromages
Bombe glacée
Fraises d'Orléans

Vins : Auvernat (Clos de Guignes); Gris-Mennier de l'Orléanais; Sauvignon de Quincy-Laffite; Château Ausone; Hospices de Beaune 1943; Pommery et Grens 1949.

Une anecdote marque la fin de cette journée. Elle a eu pour cadre la commune d'Olivet où le cortège s'est arrêté quelques instants.

Un gamin, une corbeille de fleurs sous le bras, s'approche des voitures immobilisées. Il frappe à la portière de la DS de Mme de Gaulle, lui tend un bouquet :

– C'est cent francs, dit-il.

La première dame de France ouvre son sac, tend une pièce, prend le bouquet et dit :

– Merci, mon petit.

Alors qu'il s'éloigne de la voiture, un officiel s'approche du gamin :

– Sais-tu à qui tu as vendu ces fleurs?

L'enfant répond qu'il n'en sait rien.

– Eh bien tu pourras dire que c'est à Madame la générale de Gaulle.

L'enfant, confus, réplique :

– Non, ce n'est pas vrai... Elle a été drôlement chouette. Elle m'a donné cinq cents francs!

Le lendemain se profile la dernière étape qui commence dès 8 h 45 par un temps splendide et un ciel d'un bleu azur.

Les haltes sont comme à chaque voyage très nombreuses, et chaque municipalité veut retenir le plus possible l'illustre visiteur, l'avoir à soi, le garder pour soi. M. Laveau, maire de Beaugency, est de ceux-là. Mais le protocole intervient. Le cortège compte déjà une demi-heure de retard. Pourtant le Général reste intraitable. Sitôt sorti de la ville, il ne peut résister à l'accueil d'une centaine d'ouvriers et d'ouvrières en calicot bleu. C'est à nouveau serrements de mains et improvisation d'un petit discours. Il quitte tout ce petit monde sous les acclamations, ce qui suscite cette réflexion de Mlle Sid Cara qui s'est jointe au cortège :

– C'est extraordinaire. C'est un 14-Juillet tous les jours. Comme tous ces gens sont gentils!

A Blois, où il est reçu dans une des salles de garde du château, le maire, M. Bulher, l'accueille par ces mots :

– Je suis fier de vous recevoir dans ce château et de rendre l'hommage que le vassal rendait jadis à son suzerain.

Le président de la République remercie et en manière de réponse reprend le thème du progrès qu'il développera quelques minutes plus tard dans la cour d'honneur du château, envahie par une foule jeune et animée :

– Notre pays s'est transformé de fond en comble plusieurs fois. Nous sommes aujourd'hui dans une période où la technique l'emporte sur tout le reste et, à cet égard, la France va donner au monde un magnifique exemple.

Au cours de son discours public, il rend également hommage au travail du gouvernement. A ce titre, il cite son chef de Gouvernement, Michel Debré, « un homme de la région, qui remplit sa tâche avec le plus grand dévouement au bien public et les plus hautes capacités ».

Une heure plus tard, c'est Michel Debré, en personne, qui accueille, à Amboise, le chef de l'État :

– Bonjour, mon cher Debré, lui répond celui-ci.

C'est là que la conservatrice du musée interdit l'entrée du cabinet du maire à tous les officiels qui accompagnent le Général. Elle en explique, avec une candeur véhémente, les raisons :

– Vous n'approcherez pas, vous n'entrerez pas ici. Regardez, il y a là-bas une bouteille d'eau minérale décapsulée. Elle est pour le Général, je ne veux pas la retrouver avec de l'arsenic dedans...

Le chef de l'État saluera plus « intimement » Michel Debré un peu plus loin, à Montlouis, village où le Premier ministre possède une petite maison paysanne, basse, perdue au fond d'un jardin : « L'Aubépine fleurie. » Dans la localité, où les vignerons forment une haie, le maire, M. Gerbault, possède bien l'accent du terroir. Il remercie le Président de sa visite et celui-ci, une nouvelle fois, rend hommage à Michel Debré, « dont je dirai, ajoute-t-il, la capacité extrême, la compétence exceptionnelle au bien public ».

Après avoir signé le livre d'or, il voit s'avancer vers lui un garçonnet qui lui remet un taste-vin d'argent.

– C'est mon fils! laisse tomber fièrement le Premier ministre.

– Alors, vous êtes Bernard, tente de deviner le Général.

– Non! je suis son frère jumeau, Jean-Louis.

De Gaulle sourit, hoche la tête :

– Excusez-moi. Je commence déjà à m'embrouiller dans les prénoms de mes neveux. C'est vous dire!

La ville de Tours est appelée à mettre le point final au voyage. C'est toujours la liesse, et le président de la République devant plus de vingt-cinq mille personnes, sur le podium dressé place Jean-Jaurès, parlera encore de l'idéal de grandeur de la France « qui marche à la tête du peloton des nations du monde ».

Lors de la réception en l'honneur des maires du département d'Indre-et-Loire, le doyen, âgé de quatre-vingt-onze ans, qui administre la commune de Crouzilles, prend la parole pour dire :

– Monsieur le Président, j'ai déjà serré la main de M. Vincent Auriol. Je suis heureux de serrer à nouveau la main du président de la République.

Et le Général de répondre au milieu des rires :

– Je suis heureux que vous soyez resté maire, mais le président de la République n'est plus le même.

Pour ce dernier, il y aura une ultime halte dans les faubourgs de Tours, à Saint-Symphorien où il paraît assez éprouvé par les fatigues du voyage. Ce seront ses derniers mots au maire du pays qui apporteront la conclusion de cette visite officielle :

– Nous continuerons, monsieur le Maire, à faire notre devoir comme nous l'avons toujours fait. Et quand on nous fermera les yeux, nous ne demanderons pas d'autre récompense.

VII

L'UNANIMITÉ AUVERGNATE

Au début du mois de juin 1959, un dessin de Jean Effel publié dans *France-Soir* donne, d'un ton badin, le départ du voyage officiel du général de Gaulle en Auvergne.

La caricature montre le chef de l'État escaladant les marches d'un train en partance pour Aurillac; s'adressant à son Premier ministre, il lui confie :

« ... Et vous direz aux gaullistes de gauche ou de droite que de Gaulle est dans le Centre. »

Il s'agit de traverser quatre départements : Cantal, Haute-Loire, Puy-de-Dôme et Loire et de parcourir ainsi cinq cent cinquante kilomètres.

Deux nouveaux ministres : M. Chatenet (Intérieur), remplaçant M. Berthoin, et M. Rochereau (Agriculture), remplaçant M. Houdet, sont du voyage ainsi que deux secrétaires d'État : MM. Giscard d'Estaing (Finances) et Jeanneney (Industrie).

Le train spécial quitte la gare d'Austerlitz vers 22 heures, le vendredi 5 juin. Ce train est composé d'une locomotive, de deux fourgons et de cinq voitures : la « présidentielle », un wagon-restaurant, deux wagons-lits et une voiture-couchettes.

La voiture présidentielle comporte simplement un salon, un bureau, deux chambres, un cabinet de toilette et un office. Mme de Gaulle occupe la couchette réservée, dans les voyages des présidents Vincent Auriol et René Coty, aux secrétaires de l'Élysée.

Le Général entame ce voyage à toute vitesse pourrait-on dire, car son train, trop rapide, le contraint à attendre une heure trente-cinq dans son compartiment sur une voie de garage, à la petite station de Bretenoux-Biars, à environ soixante kilomètres d'Aurillac.

Ainsi le président de la République peut faire son entrée à 9 heures précises dans la capitale de la haute Auvergne.

Sur le quai de la gare, à son arrivée, il est salué par le préfet du Cantal, M. Pissère, et par M. Pialès, sénateur-maire de la ville, puis il remonte le quai pour s'arrêter devant la locomotive fumante et serrer la main des trois mécaniciens qui l'ont conduit ici : Jean Toulon, René Nouet et Bernard Chambelin.

Dès qu'il apparaît sur la place de la gare, une formidable ovation éclate. Les jeunes filles en veste bleue des écoles secondaires agitent les mains. Il marche droit vers elles et, souriant, les remercie de cet accueil affectueux.

Puis, debout dans sa voiture découverte, il se rend à la préfecture où sont rassemblés les maires du département du Cantal :

– Messieurs, leur dit-il, je me figure que l'un de vos plus grands soucis est peut-être celui des produits laitiers, pour les fromages par exemple. Je sens que des efforts sont faits ici. Le cantal est d'une grande qualité. On en mange beaucoup en France. On pourrait peut-être en manger en Allemagne ou en Belgique. Cela vous intéresserait probablement tous, messieurs!

La foule des maires éclate de rire.

Le discours public du chef de l'État, coupé sans cesse par les acclamations, reste d'ordre plus politique. Il rappelle, d'entrée, un souvenir :

– Votre belle, votre noble ville, combien je suis heureux de la revoir officiellement. La fois précédente, c'était au lendemain de la guerre. J'ai eu l'honneur de venir ici avec le roi du Maroc qu'on appelait alors le Sultan; et j'en profite – malgré les vicissitudes et même parfois les incidents – pour saluer cet ami de la France.

Entrant plus avant dans le destin du pays, il parle, entre autres, de sa « vocation humaine » :

– Vocation humaine aussi, dit le Président, en ce qui concerne le grand problème qui pèse depuis plusieurs années sur nos épaules, dont nous apercevons l'issue. Je parle du problème de l'Algérie. Vocation humaine, dis-je, en ce sens que, ce que nous avons fait et ce que nous faisons en Algérie c'est de donner à tous et toutes la liberté, l'égalité et la fraternité (...).

« Il n'y a que la France qui puisse accomplir cette œuvre-là. Alors, qu'on la laisse faire.

« Il fallait aussi régler le problème du pouvoir. Nous avons transformé nos institutions appuyés par la volonté du peuple qui en avait assez de la confusion et du désordre. Je crois que cela se présente bien maintenant. Il faut la stabilité et aussi, je dis le mot, l'autorité pour exercer le pouvoir.

« J'ai une confiance entière et profonde dans le destin de la France.

D'ailleurs, nous le pouvons puisque vous êtes là et que j'y suis aussi.

Il est 11 heures. La visite à Aurillac s'achève mais le Général subit l'assaut de la foule. Il lui faut un long moment avant de pouvoir regagner son véhicule et prendre la route de Saint-Flour qu'il atteint après un arrêt à Vic-sur-Cère. Le petit discours qu'il prononce dans cette dernière cité se voit soudain interrompu par un grand cri : le boucher du village, dressé sur la margelle de la fontaine, vient de perdre l'équilibre et de tomber à l'eau.

Alors que le Président disait : « Notre grand pays est en train de reprendre sa place... », le commerçant perdait la sienne.

Saint-Flour a pavoisé pour la visite de son hôte illustre, qui parcourt les artères bordées de vieilles maisons de style et se rend pour déjeuner à la sous-préfecture en compagnie des ministres et des parlementaires du département.

Le sous-préfet a fait appel à une restauratrice de Lamastre (Ardèche), Mme Rose Barattero, afin que le Général goûte une cuisine de qualité. Ainsi la cuisinière a-t-elle parcouru, la nuit précédente, deux cents kilomètres, avec personnel et vaisselle, pour être à pied-d'œuvre le matin.

Le Général a cependant formulé un certain nombre d'exigences : le déjeuner ne doit pas durer plus d'une heure et être composé d'aliments légers. Mme Barattero s'est cependant appliquée à lui faire savourer son fameux pain d'écrevisses et le célèbre picodon de l'Ardèche.

L'après-midi, en allant vers Le Puy, il quitte le département du Cantal. Peu avant de pénétrer en Haute-Loire, il effectue une courte halte à la localité de Clavières où il entend hurler un gaillard en bleu de travail : « Adrien Dubois... 1re DFL, 24e de marche... Adrien, c'est moi, mon Général... »

Le cortège entre au plein cœur des maquis auvergnats. La présence de « l'homme du 18 Juin » constitue un symbole en ces lieux où, il y a quinze ans – jour pour jour – six cents maquisards payaient de leur vie leur héroïque résistance, dans les forêts de la Margeride, à trois divisions allemandes. Dans les villages, le chef de l'État se recueille devant la liste interminable des victimes de la barbarie.

Le mémorial le plus imposant reste celui du mont Mouchet bâti sur un plateau balayé par un vent glacial. Retrouvailles émouvantes pour le général de Gaulle avec M. Coulaudon, « colonel Gaspard » dans la Résistance, et les survivants des dramatiques combats.

« Gaspard », répète le Général d'une voix émue et sourde. Et il envoie à son ancien compagnon d'armes une bourrade affectueuse au creux de l'estomac.

Le Puy se profile. Cette ville, préfecture de la Haute-Loire, tapie au bas d'un cirque de montagnes parmi les rochers et les pics volcaniques qui l'ont rendue célèbre, constitue la troisième grande étape du voyage. Le chef de l'État y arrive le samedi 6 juin, au soir, accueilli aussitôt par M. Pebellier, maire de la cité. Devant les corps constitués son allocution porte sur le thème du redressement : « Redressement, dit-il, qui n'a pas été sans sacrifices pour parvenir à l'équilibre financier et économique d'où le pays atteindra une nouvelle prospérité par l'expansion. »

La nature est en fête dans le Velay avec ses collines verdoyantes, tachetées de touffes de genêts, lorsque, dès 7 h 30, le lendemain, le cortège s'ébranle à travers de petites routes sinueuses pour gagner le bassin de Brioude.

A Borne où les cloches sonnent à toute volée, l'instituteur a rassemblé les enfants des écoles à la sortie du pont. Le président de la République s'arrête. Apercevant une vieille femme impotente, allongée sur une chaise longue, abritée par une ombrelle, il s'avance vers elle :

– Mes hommes sont aux champs, lui dit-elle, et moi, je suis sortie de mon lit pour vous saluer.

C'est le contact amical et familier que recherche le Général, qui se perd dans la foule, allant de l'un à l'autre.

– Bonjour, monsieur... Bonjour, madame... Comment allez-vous?

Puis, revenant sur ses pas :

– Je ne vous ai pas saluée, madame, excusez-moi.

La foire mensuelle apporte sa note d'animation dans la ville de Brioude. L'agriculture y tient une place importante qui n'échappe pas au premier personnage de l'État, lequel s'informe vivement des produits d'élevage de la région. Parfois, son érudition étonne :

– Les vaches, ce sont des charolaises croisées avec des Salers? Et les porcs, il paraît qu'ils vous donnent bien du souci?

La note optimiste, le préfet l'apporte sous forme de chiffre : la viande de boucherie vendue dans ce département atteint approximativement quatre milliards par an. De Gaulle y ajoute sa confiance :

– Si nous avions dû périr, nous la France, ce serait déjà fait.

Après l'agriculture, voici les ressources de la mine, dont les réalités surgissent à Lempdes avec les mineurs de Lacombelle, tandis que les pompiers forment une haie d'honneur.

A 10 h 30, dans la ville d'Issoire, le général de Gaulle consacre sa première visite au centre d'instruction des moniteurs des jeunesses algériennes. Là, depuis quatre ans, chaque année, quatre cent cinquante musulmans quittent les lieux, nantis d'un brevet d'instructeur qui leur permettra d'épauler, puis de succéder, dans le djebel, aux officiers des affaires indigènes.

Dans la vaste cour de la caserne, en uniforme bleu, béret noir, ils sont alignés en carré autour d'un drapeau tricolore. Le Général les passe en revue, leur demande de s'approcher puis déclare avec force :

– Je suis heureux de me trouver parmi vous, jeunes Algériens. Je sais que votre promotion va sortir et que vous allez rentrer en Algérie pour y remplir votre mission. Je vous félicite d'avance de l'œuvre que vous allez accomplir dans votre pays. C'est un noble pays qui sort à peine du malheur et qui est appelé à un avenir heureux, prospère, humain. Je tiens à vous dire quelle confiance j'ai en vous et en l'Algérie tout entière. En même temps que vous servez en France, nos métropolitains servent en Algérie. C'est là un échange d'une œuvre commune. Votre Algérie est devenue, comme on dit, un test, un exemple de son devoir, de son orientation, de son destin. Son destin sera ce que tous les hommes de la terre pensent, veulent, espèrent. Vive l'Algérie! Vive la République! Vive la France!

La CEGEDUR (Compagnie générale du duralumin et du cuivre) retient ensuite l'attention du chef de l'État. Celle-ci possède, en effet, le plus grand laminoir du monde, qui a permis la construction d'éléments d'assemblages pour les avions « Caravelle ». Le Général en profite pour reprendre un thème qui lui est cher : la foi en l'avenir de la France :

– Le monde entier est déjà étonné de notre relèvement, il le sera bien davantage dans les mois à venir.

A l'usine, les consignes d'abstention n'ont guère eu de prise sur les ouvriers. Une nette majorité d'entre eux s'est massée dans la cour pour serrer la main du général de Gaulle. La seule CGT regroupe pourtant les syndicats de l'usine.

Peu avant midi, la petite cité de Valéry Giscard d'Estaing, Nébouzat, connaît la liesse. Elle a fait toilette et de nombreux quotidiens parisiens notent que les paysans – la commune est un centre de rassemblement pour les troupeaux et les moutons – ont poussé la coquetterie jusqu'à camoufler les tas de fumier dans les cours des fermes sous des branches de genêt et de sapin.

Tandis qu'il s'adresse aux bergers et aux vachers, il rend un hommage particulier aux ministres qui l'accompagnent et, entre autres, à M. Giscard d'Estaing, « enfant du pays, jeune et brillant ministre qui donne à la République pleine satisfaction ».

Le folklore n'est pas absent et la bourrée met un terme sympathique et coloré au passage à Nébouzat qui annonce le chef-lieu du Puy-de-Dôme : Clermont-Ferrand. Il est 13 heures et la foule est impressionnante.

Les « Vive de Gaulle » forment une acclamation incessante tout au long du passage du cortège présidentiel.

A la préfecture, plusieurs des quatre cent soixante-treize maires du département évoquent le problème des stations thermales que de récentes mesures concernant les remboursements par la Sécurité sociale semblent gêner beaucoup.

La réplique du Président se fait vive :

– Vous cessez d'être des établissements pour des bourgeois. Eh bien, il faut vous adapter. Tout irait très bien si personne n'avait besoin d'argent et si, en particulier, l'État, lui non plus, n'en avait pas besoin.

Un passage à Clermont-Ferrand ne saurait s'effectuer sans une visite à la banlieue industrielle. De Gaulle se rend donc aux usines de pneumatiques avant de revenir place de Jaude où la foule s'est massée. Mais l'orage qui grondait depuis le début de l'après-midi éclate soudain à 18 heures. La population clermontoise reste stoïque devant le podium tricolore jusqu'à l'arrivée du chef de l'État.

Lorsqu'il prend la parole, les habitants demeurent attentifs à ses propos qui développent le thème du progrès social.

– Nous avons voulu établir la stabilité des finances, de l'économie, des échanges, de la monnaie, et cela nous coûte de multiples sacrifices, répète-t-il.

« Lorsque cette stabilité sera définitivement établie, le progrès social sera le premier objectif du gouvernement. Il y a près de moi le ministre des Finances, artisan et symbole de cette stabilité, qui, sous ma haute autorité, sera l'instigateur du progrès social, qui comporte, bien entendu, l'amélioration progressive des salaires et des traitements mais aussi un changement dans la condition des uns et des autres par l'association des travailleurs à la marche des entreprises.

Le dimanche 7 juin, la journée commence par une messe basse célébrée à 7 heures en l'église Notre-Dame-du-Port avant le départ pour Saint-Étienne. En route, il salue une ville sportive, Pont-du-Château, où le maire, Roger Coulon, président de la Fédération française de Lutte, a aligné les enfants de troupe de l'école préparatoire d'Allos et des groupes de fillettes en tenue sportive blanc et jaune.

L'un des arrêts suivants signale par une banderole son label de qualité :

« Ici, monsieur le Président, 85 % de oui. »

La cité de la coutellerie, Thiers, puis Chabreloche conduisent au département de la Loire où Roanne constitue la première étape de la matinée. Le maire, M. Pillé, se découvre, avec à ses côtés M. Georges Bidault, en qui le général de Gaulle salue « l'ami, le compagnon de guerre ».

A nouveau, l'Algérie apporte l'élément essentiel du discours présidentiel.

– Pour son avenir, prévoit-il, je ne suis pas inquiet. La France et l'Algérie feront leur avenir ensemble et si, dans le monde, certains veulent empêcher cette œuvre, eh bien! qu'ils passent leur chemin. Ils perdent leur temps.

A Feurs, le Général passe un long moment comme perdu au milieu des habitants du village. Le maire tient à lui rappeler :

– Dans ce département où vous avez choisi tant de vos collaborateurs : Antoine Pinay, Max Fléchet et, ici même, René Brouillet [1]...

Touché de voir cette foule qui l'a attendu si longtemps sous la pluie, le premier magistrat de l'État remercie et ajoute :

– Il n'est pas possible d'imaginer contact plus direct, plus émouvant que celui qui nous réunit. C'est la preuve que l'avenir de la France sera assuré. Lorsqu'on porte de grandes responsabilités nationales comme c'est mon cas, le contact avec mes concitoyens est un des plus grands réconforts et ma confiance augmente.

A Saint-Étienne, tout n'est qu'enthousiasme, délire même...

Devant les maires et les corps constitués, après s'être entretenu, en particulier avec le cardinal Gerlier, primat des Gaules, il envisage une situation nationale plus sereine :

– Nous voulons un pays célèbre pour sa volonté de rétablissement national. On se disperse moins maintenant en démagogie du détail et l'on voit mieux l'intérêt général en oubliant les petites et les grandes féodalités.

Depuis 1929, M. Antoine Pinay, ministre des Affaires étrangères et des Affaires économiques, est maire de Saint-Chamond, dans la proche banlieue de Saint-Étienne. Voilà qui méritait un détour que le général de Gaulle effectue bien volontiers, remerciant M. Pinay d'avoir souligné dans son allocution la réussite du redressement économique et financier entrepris par le gouvernement.

Ainsi le général de Gaulle termine son voyage dans le Massif central avec la conviction qu'il possède derrière lui l'immense

1. Directeur de cabinet du président de la République.

majorité du peuple français. Sur les soixante derniers kilomètres qui le conduisent de Rive-de-Gier et Saint-Genis-Laval, dernières localités du périple officiel, à l'aérodrome de Lyon-Bron, des manifestations spontanées se déroulent. Sous la pluie et dans le froid, des milliers de personnes attendent le cortège qui, pourtant, passe à toute vitesse.

Seule, en banlieue stéphanoise, dans le secteur minier de Firminy, la population, quoique présente, a montré une certaine réserve. Mais, partout ailleurs, des grands centres aux petits hameaux, l'atmosphère a été toute de ferveur.

VIII

LE RETOUR AUX SOURCES

Alors que s'annonce l'été, le général de Gaulle interrompt ses voyages en province. Il les reprendra vers la fin du mois de septembre. Durant ces quelques semaines, le chef de l'État est allé en Italie du 23 au 27 juin, puis il a reçu le général Eisenhower les 2 et 3 septembre.

Enfin, le 16 septembre, il a formulé le principe de l'autodétermination en Algérie.

Dans le nord de la France, le voyage que s'apprête à accomplir le général de Gaulle doit revêtir le caractère d'un pèlerinage familial.

Tout commence au Touquet à 8 h 20, au matin du 24 septembre. Le président de la République, arrivé par avion, accompagné de M. Chatenet, ministre de l'Intérieur et de M. Buron, ministre des Transports, est accueilli par MM. Phalempin, super-préfet de la deuxième région, Cousin, préfet du Pas-de-Calais et Paget, maire du Touquet.

Le chef de l'État prend aussitôt la direction de Montreuil-sur-Mer puis aborde les premiers coteaux du Boulonnais, à Samer. La foule est si dense qu'elle étouffe littéralement le maire du village. De Gaulle ne veut cependant pas quitter le lieu sans l'avoir salué. Lorsqu'il parvient enfin à se dégager, de précieuses minutes ont été perdues. Le cortège va donc devoir accélérer l'allure jusqu'à Boulogne après une halte à Étaples-sur-Mer qui l'a accueilli avec son groupe folklorique et ses jeunes filles en costume boulonnais : robes longues de soie blanche, coiffes de fine dentelle...

A Boulogne, les salutations sont un peu plus solennelles : vingt et un coups de canon, tirés de l'escorteur d'escadre *Jauréguiberry*.

Ici c'est le domaine de la pêche qui prévaut. Boulogne est en effet le premier port de France dans ce domaine avec ses quatre-vingts chalutiers, ses cent vingt mille tonnes de poisson par an. Le trafic des voyageurs place également le port boulonnais dans les meilleurs de France. Près d'un million de passagers échangés avec Folkestone et Douvres le situe au troisième rang des ports français.

Cette cité, sinistrée à quatre-vingt-cinq pour cent durant la guerre, le général de Gaulle en fait le tour en une heure environ, visitant la gare maritime et le port, prenant au passage contact avec les pêcheurs.

Dans les salons de la mairie, les trois cent trente maires des arrondissements de Boulogne, Montreuil, Saint-Omer s'apprêtent à présenter leurs revendications qui relèvent presque toutes du domaine agricole.

– Pour les céréales, commence le Général, êtes-vous satisfaits?

La majorité des maires répond par l'affirmative.

– Les betteraves un peu moins, je crois?

Nouvelle réponse affirmative.

– Mais pour l'élevage les difficultés sont plus grandes, poursuit le président de la République.

– Alarmantes, s'exclament plusieurs maires, dont l'un ajoute : « On mange déjà les réserves de l'hiver. »

– Êtes-vous en retard sur le plan de l'adduction d'eau? reprend le chef de l'État.

Il apprend alors que soixante-dix pour cent des communes ne possèdent pas encore d'alimentation en eau courante.

– Je retiens cela, dit-il. Et pour vos écoles? Il manque beaucoup d'écoles?

Les réponses qui lui parviennent sont très diverses et le Général paraît s'en irriter :

– Beaucoup... beaucoup, ou pas tellement? D'après ce que je sais, cela ne me paraît pas aussi dramatique que certains voudraient me faire croire.

Dans son discours public, il tient à confirmer, au sujet de l'Algérie, les propos qu'il a tenus quelques jours auparavant :

– L'autodétermination des Algériens est la voie qu'il faut suivre. On ne s'en sortira pas autrement.

Sur l'unité française, on retient ces quelques mots :

– Nous sentons tous que ce que nous faisons est quelque chose qui nous dépasse et qui s'appelle la France.

En poursuivant sa route vers Calais, il assiste, à Marquise, à une présentation de chevaux de race boulonnaise, mais l'on attend avec impatience l'arrivée du couple présidentiel dans la ville natale de

Mme de Gaulle. C'est à Calais, en effet, que le 7 avril 1920, Yvonne, Charlotte, Anne-Marie Vendroux épousait le capitaine Charles, André, Joseph-Marie deyGaulle, professeur adjoint d'histoire militaire à l'école de Saint-Cyr [1].

M. Jacques Vendroux, frère de la Présidente, maire de Calais et député, accueille le Général et Mme de Gaulle à l'Hôtel de Ville dans la salle même où ils furent unis par M. Duquesnoy-Martel. Si celui-ci est décédé, en revanche, M. Albert Mirret, qui rédigea l'acte comme chef de bureau de l'état civil, est toujours là, âgé de soixante-seize ans.

Ce jour-là, M. Duquesnoy-Martel, après avoir reçu le consentement des époux, déclara :

– Vous avez repris, des mains paternelles, un flambeau précieux dont tout nous persuade que vous le tiendrez jusqu'au bout vigoureusement et sans faiblir. Tout me tranquillise sur votre avenir, capitaine de Gaulle.

M. et Mme de Gaulle vont également revoir le chanoine Baheux, prêtre qui bénit leur union et qui est, aujourd'hui, curé de la petite paroisse de Bouy.

– Si cet officier était appelé à de très hautes destinées, avait dit ce jour-là l'ecclésiastique, je n'en serais pas surpris.

Dans la grande salle des fêtes, le Président se fait présenter les personnalités. Tout se passe dans une atmosphère familiale. Ici chacun connaît le couple présidentiel.

La cérémonie devient encore plus intime lorsque M. Jacques Vendroux attire son beau-frère près de la cheminée où, derrière des fauteuils, se tiennent dix petits enfants : les neveux et petits-neveux du Général.

De Gaulle serre les mains des petits garçons et soudain demande :

– Où est Alain?

– C'est moi! s'exclame en tendant le doigt un garçonnet en veste bleue.

Alain a perdu sa maman, un an auparavant, et le Général veut lui témoigner une affection plus chaleureuse.

– Viens mon petit!

Et le président de la République l'embrasse avec émotion.

1. Le mariage eut lieu le 6 avril à la mairie et le 7 à l'église Notre-Dame de Calais. Le mariage avait été « arrangé » par une amie des deux familles, Mme Denquin, filleule du père de Charles de Gaulle. La première rencontre eut lieu à Paris, au salon d'Automne. Le capitaine de Gaulle fera sa demande, peu après, au bal de la Nuit de Polytechnique à Versailles, après la sixième valse. (D'après *Quid* des présidents de la République de Dominique Frémy, éditions Robert Laffont.)

Mais l'horaire est là, implacable. A 13 heures, le chef de l'État apparaît sur le perron de l'Hôtel de Ville face à une foule extrêmement nombreuse. Bien entendu, en préambule, il ne manque pas d'évoquer les liens sentimentaux qui l'attachent à la ville où il se trouve. Les thèmes qui lui sont chers fleurissent tout naturellement dans son propos. L'unité française est de ceux-là :

– Voyez, dit-il, quand nous sommes ensemble, il s'établit une sorte d'accord qui dépasse infiniment tout ce qu'il peut y avoir de divergent entre Français et qui nous réunit tous sur une volonté commune : faire la France plus forte, plus grande, plus fraternelle. Mais il reste encore des problèmes devant nous. L'Algérie notamment.

Le Général est interrompu par les applaudissements et tout au long de sa déclaration, à plusieurs reprises, les habitants de Calais commenceront à battre des mains mais s'arrêteront pour lui permettre de développer complètement sa pensée. Ainsi, il peut continuer en insistant sur la nécessité de développement du progrès social, puis il aborde les problèmes de politique étrangère.

Faisant allusion au voyage de M. Khrouchtchev aux États-Unis, il déclare :

– Nous sommes dans un monde dangereux. Les voyages que vous savez peuvent sans doute établir entre les hommes des contacts qui sont utiles car après tout, sur la terre, les hommes sont toujours les hommes et les régimes n'y changent rien. Mais ces voyages ne peuvent pas apporter aux grandes questions du monde ce qu'on appelle des solutions politiques. Il y faut davantage l'application, la coopération des États.

« Étant donné aussi que la France a l'expérience – je pourrais presque dire l'habitude – d'exister en dehors de chez elle, d'avoir des influences et des actions partout, connues, parfois méconnues, mais partout désirées, elle a un rôle énorme maintenant à jouer dans la grande confrontation des peuples qui va se produire tôt ou tard, dont pourrait sortir la guerre, c'est-à-dire la mort pour tous, mais d'où sortira, je le crois, la paix.

La foule retient longuement le général de Gaulle et entonne après lui, comme à chaque fois, *la Marseillaise.*

Il prend place, ensuite, dans la salle des mariages où est servi, autour d'une table en fer à cheval, le repas officiel de soixante couverts. Pour la première fois Mme de Gaulle assiste au repas.

Le déjeuner est simple, il ne durera pas plus de trente minutes. Au menu : Turbot avec gelée aux crevettes, Baron d'agneau, salade de fruits rafraîchis, petits fours.

Puis le cortège repart en direction de Saint-Omer où l'unité française et la confiance en l'avenir sont encore les deux thèmes développés.

– J'ai l'impression, dit le Général, qu'en ce moment, nous prouvons l'unité française, c'est-à-dire le domaine qui, au-dessus des disputes, permet de nous rejoindre tous dans l'amour et dans la fierté de la France.

« (...) Vous êtes ici tournés vers l'avenir. Personne ne doute de notre avenir. Cet avenir il faut nous l'assurer tous ensemble, dans un monde difficile, par notre cohésion, par un don de soi. Le futur, c'est l'avenir de cette belle jeunesse à qui un jour où l'autre nous aurons à passer le flambeau.

Arques, Aire-sur-la-Lys, Lillers, Saint-Pol-sur-Ternoise sont ensuite traversés. Partout le Général est bruyamment acclamé.

Enfin voici Arras, capitale de l'Artois, nouvelle halte sentimentale pour de Gaulle puisqu'il y fit son service militaire au 33e RI [1] dans les rangs duquel il partit en 1914 pour les premiers combats en Belgique. Il sera blessé au péroné droit à la bataille de Dinant.

M. Guy Mollet, secrétaire général de la SFIO, député-maire d'Arras, qui accueille le président de la République, a fait apposer sur les murs des affiches demandant à la population « d'accueillir avec enthousiasme celui qui personnifie la nation, aux yeux du monde ».

– Combien de fois, sur cette même place, se souvient le Général, n'ai-je fait des rêves de grandeur pour la France.

« (...) Depuis les jours lointains où je voyais nos ruines, nous avons fait bien du chemin. Bien sûr, nous aurions pu faire mieux, plus vite, c'est probable. Mais dans la situation où nous fûmes, eh bien! au total, nous n'avons pas mal agi. Nous sommes un pays qui monte et qui ne cesse de monter depuis le jour où il a failli mourir. Par sa volonté profonde, il a pu vivre. Devant nous se dressent beaucoup d'obstacles. Nous les surmonterons. On peut avoir des idées diverses. C'est là qu'intervient le recours suprême, notre unité nationale.

Avant de quitter Arras, il accepte d'évoquer les sujets locaux

1. Reçu le 27 septembre 1909 au concours d'entrée de Saint-Cyr (94e), il contracte le 7 octobre un engagement volontaire de quatre ans. En application du règlement alors en vigueur, les élèves-officiers doivent d'abord accomplir une année de service militaire dans un corps de troupe. Incorporé le 10 octobre à Arras, il est promu caporal le 16 avril 1910, sergent le 27 septembre. Le 14 octobre 1910, il entre à Saint-Cyr (1910-1912). Sous-lieutenant au 33e RI à Arras le 9 octobre 1912, lieutenant le 1er octobre 1913, le 2 août 1914, il est sur le front.

entouré des maires du département. Il adopte le ton de l'humour lorsque le premier magistrat d'une commune lui demande :

– Pourquoi, mon Général, l'eau minérale est-elle plus chère que le lait?

– Je ne le sais, répond de Gaulle, mais un bon conseil : buvez du lait!

Vendredi 25 septembre, place à l'insolite : vêtu de la tenue des « Gueules noires », il va descendre à la mine [1].

La scène se déroule dans la localité d'Haillicourt où le maire communiste, M. Aimable Beauvois, a fait savoir qu'il refusait de l'accueillir. Aussi le Général se rend-il directement à la mine, placée au sein du groupe de Bruay, des Houillères du Bassin du Nord et du Pas-de-Calais où l'on expérimente un équipement moderne qui a porté la production du puits à dix mille tonnes de brut, soit cinq mille cinq cents tonnes net de charbon par jour. Il s'agit là de la plus grosse unité de production du bassin, qui assure à elle seule soixante pour cent de la production du groupe de Bruay avec un rendement journalier par mineur de mille six cents kilos.

Introduit dans un vestiaire, de Gaulle revêt donc la tenue de mineur. Les photographes l'attendent à la sortie de la pièce, turbulents à souhait. Le cliché vaut son pesant d'or car c'est la première fois que le chef de l'État apparaît dans une tenue autre que son uniforme militaire ou son costume civil. Très à l'aise, sourire aux lèvres, il se laisse photographier vêtu de sa « ch'loque de fond » (bleu de travail) et d'une veste de laine rude appelée à le protéger du froid. Sur la tête, par-dessus le béguin – la toque de laine –, il porte la barrette, casque blanc en plastique avec, posée sur le front, la lampe de mineur.

Il se dirige alors vers la « cage de descente » qui, à une vitesse de douze mètres-seconde, l'emmène à six cent vingt mètres sous terre. Il suffoque légèrement; arrivé dans les galeries, un petit train comportant deux wagonnets à banquettes de bois le conduit vers les veines en exploitation. Sur le kilomètre de parcours, à chaque carrefour de galeries, les mineurs se sont massés et l'applaudissent. Bientôt, il est contraint de se courber très fortement car le couloir qui s'ouvre dans la roche est extrêmement bas : un mètre soixante.

Sur une vingtaine de mètres, il avance pour retrouver les mineurs faisant fonctionner la haveuse, une nouvelle machine, qui attaque de

1. Jusqu'à ce jour, le protocole a permis au président de la République de passer outre les mesures de sécurité dans les usines qu'il visite lors de ses tournées à travers la France.

front la taille, la martèle et déblaie les blocs détachés. Il fait très chaud, il est contraint de retirer sa veste.

Puis c'est le retour. Lorsqu'il ressort, le soleil est éclatant. Il est 10 h 15. Le Général a le casque constellé de gouttes d'eau sale, l'épaule droite de sa veste est blanche de poussière. Ses chaussures sont maculées de boue. Il a été impossible de lui trouver des bottes de pointure quarante-sept [1].

– Je suis content, très content d'être parmi vous, dit-il simplement.

Sur le carreau de la mine, le pays noir s'est donné rendez-vous. Le Président est comblé de cadeaux : une lampe de mineur, un piolet, des fleurs. Pour remercier ces hommes rudes, le chef de l'État va donner un million de francs aux œuvres de secours des mineurs tués dans des accidents du travail.

Sur la route de Lens, c'est toujours le pays minier. De Gaulle s'arrête partout.

A Barlin, il rencontre l'un de ses anciens compagnons de régiment. Il s'appelle Fressin, il est sourd-muet. Il tend un béret, brodé d'une croix de Lorraine, au président de la République qui le reconnaît, le prend par l'épaule et lui dit :

– Je suis content de te voir.

Bully-les-Mines a pavoisé de toutes parts et la densité de la population est prodigieuse.

La ville de Lens présente une extraordinaire particularité, celle d'être la seule ville de France qui ne possède pas d'Hôtel de Ville. Le docteur Schaffner tient à s'expliquer sur ce dernier point, soulignant qu'il a accordé la priorité aux maisons d'habitation et aux écoles avant d'autoriser la reconstruction de la mairie sinistrée par les bombardements. Le Général est donc reçu dans le hall d'honneur du lycée d'où il peut admirer l'ensemble du bâtiment par les grandes baies vitrées. Les enfants des écoles sont massés dans la cour. C'est là que va se dérouler un incident. Le Général veut se pencher par une fenêtre pour les saluer et heurte violemment de la tête un carreau qui vole en éclats.

Il sort de cet incident sans une égratignure puis s'adresse au maire de la ville, faisant référence à son attitude durant la guerre :

– Si quelqu'un représente le courage, c'est bien vous, monsieur le Maire.

Un déjeuner est servi à la sous-préfecture de Béthune. Il poursuit son voyage par Armentières et Hazebrouck, s'arrêtant à Locon, La

1. Et pourtant le stock des houillères compte trois mille paires.

Gorgue, Estaires, Sailly-sur-la-Lys, Erequinghem. Brèves haltes qui ne durent que quelques minutes.

A Armentières, c'est à nouveau le grand contact avec les populations du Nord. A la mairie un chœur de jeunes femmes interprète un « Vivat des Flandres » dans lequel le refrain en langue latine (« vivat semper, semper vivat ») alterne avec les couplets français :

Qu'il vive à jamais
En santé et en paix
Ce sont nos souhaits.

Le général de Gaulle échange quelques mots cordiaux avec M. Maurice Schuman, député MRP et président de la Commission des Affaires étrangères, avant de prononcer une allocution où une nouvelle fois il souligne la nécessité, en ce qui concerne le problème de l'Algérie, d'un libre vote des Algériens.

Après les petites haltes de Nieppe, Bailleul, Lestrem, Fletre, Caëstre se dressent sur la place d'Hazebrouck deux géants – statues de carton et de bois peints – hauts de cinq mètres environ. Chaque ville possède les géants qui lui sont propres. Ici ce sont Roland (chevalier du Moyen Age, en armure) et Tisje-Tasje, colporteur du XIXe siècle dont les histoires sont touchantes de candeur et de vie.

D'Hazebrouck à Dunkerque de nouvelles localités sont traversées : Saint-Sylvestre, Capelle, Cassel, Wormhoudt, Bergues.

A Dunkerque, il gagne aussitôt l'écluse Wattier d'où l'on jouit d'une vaste vue d'ensemble sur la mer et les installations portuaires. Il ne manquera pas, quelques minutes plus tard, de s'informer du trafic du port par rapport à ceux d'Anvers, de Rotterdam et de Hambourg après l'exposé du président de la Chambre de Commerce, M. Étienne de Clebsattel, qui lui remet, peu après, une médaille commémoratrice tout en s'excusant :

– Elle est, dit-il, d'un modèle très réduit et nous n'avons pu graver que votre nom : Général de Gaulle et la date. Nous aurions voulu ajouter : Président de la République et de la Communauté...

– Ça suffit, je crois... répond de Gaulle. On comprend.

Celui-ci rend hommage, à l'Hôtel de Ville, lors de la présentation des notabilités dunkerquoises, à M. Paul Reynaud, député du Nord :

– Je tiens à rendre hommage, dit-il, à mon président du Conseil des heures tragiques pour qui j'ai une profonde estime et une énorme considération.

Au milieu des personnalités, une maman présente sa fille : France-Espérance-Victoire Caron, née le 12 août 1942.

– C'est mon onzième enfant et votre filleule, mon Général, dit la mère.

Et de Gaulle embrasse la jeune fille pendant que la maman essuie deux larmes. Elle a quarante-quatre petits-enfants et son neuvième fils a déjà eu pour parrain un président de la République, M. Albert Lebrun.

A pied, le chef de l'État gagne la place Jean-Bart où une chorale exécute devant lui la *cantate de Jean Bart*. Puis il salue des dames en costume folklorique. Avec l'une d'elles sur qui pèse le poids des ans, il engage familièrement la conversation, évoquant l'époque des anciens « francs lourds » en ces termes :

– Quand j'étais petit, j'allais à la messe ici, en l'église Saint-Éloi. Pour payer la chaise je donnais un sou, et l'on me rendait deux centimes...

Le samedi 26 septembre, à 8 h 30, le général de Gaulle quitte la ville de Dunkerque pour consacrer sa troisième journée à la terre des Flandres, dont il traverse les plaines par autorail spécial à la moyenne de cent vingt kilomètres à l'heure, pour arriver à Douai dans une atmosphère de kermesse. Un chevalier du XIVᵉ siècle et sa dame l'accueillent. Ce sont deux bons géants pittoresques, hauts de quatre mètres, en osier, vêtus de soie rutilante. Les mineurs, de leur côté, ont tenu à rendre les honneurs.

Le député-maire, M. Georges Sarazin, évoque devant le chef de l'État la splendeur de sa vieille cité qui a l'orgueil de posséder le plus vieux beffroi du monde, miraculeusement épargné par la guerre.

Et de Gaulle répond :

– A Douai vous voyez grand. La preuve c'est que vous avez vos géants. Je n'ai pas manqué de les regarder en entrant ici.

Devant la foule, un peu plus tard, d'une voix grave, un peu enrouée, il prend la parole pour évoquer, entre autres, la paix :

– Il y a entre les peuples de la terre des divergences, des oppositions de régimes, il y a aussi que deux milliards d'hommes n'ont pas ce qu'il faut pour manger à leur faim.

« La France avec toute son âme, mais avec lucidité, apportera son concours : si nous pouvons établir le paix sur la terre, alors l'avenir des générations qui viennent sera un bel avenir en France. Les nombreux enfants que je vois partout, leur nombre et leur vivacité me réjouissent jusqu'au fond de l'âme. Ces enfants, il faut qu'ils aient de quoi construire leur vie, leur foyer, leurs conditions. Alors le destin de la France sera assuré.

A Cambrai, ville natale de Blériot, il aperçoit, dans leurs petites voitures, quatre-vingts poliomyélitiques, du centre d'adaptation de l'enfance infirme. Ils n'en sont pas moins enthousiastes et de Gaulle s'empresse de leur serrer la main avec chaleur. Dans cette ville il évoque une fois de plus ses conceptions du progrès social, du problème algérien et du problème de la paix. Il apporte cette conclusion :

– Mes chers concitoyens, vous en savez aussi long que le président de la République sur ce que sera l'orientation de la France au cours des années qui viennent.

De Cambrai à Avesnes, l'enthousiasme va grandissant.

A Caudry, pays de la dentelle, un remarquable arc de triomphe en tulle est planté à l'entrée de la cité. On offre bien entendu au visiteur un présent de la localité : une belle broderie cousue main. Il saura remercier en s'écriant les deux bras tendus vers le ciel :

– Et Vive la dentelle, bien sûr!

Au Cateau, ce sont les retrouvailles avec l'ancien commandant de la Garde républicaine de Paris, le colonel Houllier qui, le 11 novembre 1944, escortait le libérateur jusqu'à l'Arc de triomphe; à Pommereuil, le maire insiste sur la communauté en offrant une aquarelle géante sur carton sur laquelle est inscrit « vive la communauté » et où trois têtes de femmes sont côte à côte : une Algérienne dévoilée, une Noire, et au centre, une Blanche.

Dans la vieille cité d'Avesnes, l'accueil est, certes, toujours enthousiaste – l'Hôtel de Ville porte sur son fronton la croix de Lorraine illuminée – mais le maire de la ville fait part immédiatement au général de Gaulle des préoccupations de l'industrie textile qui se meurt.

Le chef de l'État n'en tient pas compte lorsque, du balcon fleuri et tendu de tricolore, il prononce ces quelques mots :

– Vous êtes une ville qui, sans renoncer en rien à son passé, est tournée carrément vers l'avenir.

A Maubeuge, un arc de triomphe porte l'inscription : « Depuis juin 40, nous vous attendions. »

Le Dr Pierre Forest, maire de la ville, s'exprime avec une foi intense, avec force, énergie. Il n'a, il est vrai, pas peur des mots, ni des comparaisons :

– Cette population, dit-il, que vous venez de voir, c'est un peuple de titans qui transforme la matière. L'effort ne leur fait pas peur. Ici, nous avons reconstruit deux mille logements, dix-sept écoles, soit soixante-dix classes. Nous pouvons nous vanter de posséder bientôt un abattoir qui sera le plus moderne d'Europe, un parc zoologique. Malheureusement, l'hôpital nous ne pouvons le terminer en raison de difficultés administratives.

« Monsieur le Président, à l'échelle communale, nous réalisons ce que vous faites sur le plan national. Maubeuge, " la belle bafouée ", onze fois brûlée, quatre fois saccagée, vous accueille avec reconnaissance. Déjà, hélas, vous allez nous quitter, mais sur la route nous allons vous suivre, car vous êtes l'apôtre de la paix, pour que nos enfants ne fassent plus la guerre.

Au Quesnoy, le Général retrouve M. Eugène Thomas, ancien ministre socialiste des PTT au lendemain du 13 mai.

La joyeuse kermesse continue le dimanche, où il achève son séjour nordiste en parcourant trente-deux kilomètres, le plus souvent debout dans sa voiture, entre une épaisse haie humaine à travers les grands centres industriels de Tourcoing, Roubaix et Lille.

A Tourcoing, cité de la laine, les orphéons, les fanfares, installés à chaque carrefour, font tonner leurs cuivres de telle sorte qu'une aubade sans fin accompagne le cortège.

Le Président s'est levé très tôt en ce dimanche. Il a quitté la préfecture de Lille pour se rendre dans une rue très provinciale où s'élève une petite église en ruine et où le culte est, en ce matin, exceptionnellement célébré. Le Président a voulu qu'il en soit ainsi car c'est là qu'il fut baptisé, dix jours après le cardinal Liénart, doyen des cardinaux de France, qui accueille le général de Gaulle sur le perron de l'église, chef-d'œuvre du XIVe siècle qui depuis plusieurs années se trouve aux mains des tailleurs de pierre. Le baptistère est encore intact.

A cent mètres de là, le 22 novembre 1890, est né le Général dans une petite maison près du quai de la Basse-Deule.

Aussitôt après la cérémonie, le cortège prend la route. De toute la journée, il ne quittera pas cette immense ville qu'est l'ensemble de ces trois cités : Tourcoing, Roubaix, Lille (plus d'un million d'habitants). Il ira aussi à Valenciennes où il connaîtra un succès populaire extraordinaire. On évaluera à trente-cinq mille le nombre de personnes massées sur la place.

Tourcoing offre à de Gaulle la petite brouette des lainiers, en or, symbole de cette ville où pendant des années toute la population poussait des ballots de laine sur des brouettes.

Même atmosphère de fête à Roubaix. En se rendant au salon de l'Hôtel de Ville où l'attend le conseil municipal, le Président s'incline devant la stèle édifiée en hommage à Jean-Baptiste Lebas, ancien ministre du Travail de Léon Blum, mort en déportation.

Le maire socialiste, M. Victor Provost, déclare au Président toute sa confiance :

– Nous avons l'espérance du retour à la paix dont nous vous serons redevables. Car il nous paraît impossible que votre offre, si belle, si grande, reste sans réponse, sans réponse favorable.

Le Général évoque bien entendu le thème cent fois renouvelé de l'Algérie mais rappelle aussi la nécessité de la paix dans le monde. Il précise :

– Un commencement d'entente et d'accord est en cours. Les deux présidents, celui des États-Unis et celui de Russie, réunis en ce moment, sont en train d'en converser. A tous les deux, j'adresse mon salut et j'ajoute que le moment viendra, sans doute, où les contacts s'élargiront et où l'on pourra parler à fond des responsabilités qui pèsent sur nos épaules.

Et en conclusion, pour bien faire comprendre la nécessité de la paix, le Général utilise cette formule :

– Les hommes passent. Nous ne sommes que des gouttes dans le grand fleuve qui coule depuis l'origine des âges et qui s'en va vers les abîmes de la mort.

Puis il revient à Lille où il inaugure le mémorial de la Résistance, apportant la conclusion de ces quatre jours passés dans les départements du Nord et du Pas-de-Calais.

– Ce voyage, dit-il, m'a paru, au point de vue national, profondément réconfortant.

A son retour à Paris, trois malles emportent les cadeaux qui lui ont été offerts. Sa serviette contient les deux souvenirs les plus émouvants : le fac-similé de son acte de naissance offert par M. Augustin Laurent, maire de Lille, et celui de son baptême, attention du curé de l'église Saint-André.

La grande kermesse est terminée, l'enthousiasme a confiné au délire.

IX

ANNIVERSAIRE EN ALSACE

L'affaire algérienne continue à susciter des passions, des déchirements.

Le 15 octobre, après une déclaration gouvernementale au parlement sur le principe de l'autodétermination de l'Algérie, l'Assemblée nationale approuve cette dernière par 441 voix contre 23.

A Tunis, neuf des douze ministres du GPRA viennent de siéger pour étudier ces dernières propositions.

De tout cela, le général de Gaulle parlera, on s'en doute, dans chacune des localités visitées lors de son prochain voyage en province. Cette fois, il s'agit de l'Est où il traversera quatre-vingt-deux villes et villages.

Du 18 au 22 novembre 1959, le chef de l'État va partager la ferveur et l'enthousiasme des Alsaciens qui s'apprêtent à célébrer le quinzième anniversaire de leur libération. C'est un pèlerinage patriotique qu'il entreprend, pèlerinage qui rappelle les heures dramatiques et émouvantes de la guerre.

Le voyage commence en territoire de Belfort, par la ville même de Belfort et par une nouvelle affirmation d'espoir en la paix. Dès ses premiers mots aux usines Alsthom, de Gaulle précise :

– Pour l'Algérie, nous avons trouvé le chemin qui mène à la paix et, après, à la réconciliation.

A 8 h 40, a commencé officiellement le nouveau voyage en province. Déjà la ville est debout. Elle a acclamé le chef de l'État, une première fois, dès son arrivée la veille au soir. Il est, en effet, venu de Paris par l'autorail Trans-Europe-Express. La micheline qui vient de l'amener avait comme pilote M. Marcel Miclo qui, en septembre 1944, avait déjà conduit le Général à Lyon et trois mois plus tard à Strasbourg alors que les combats menaçaient, à nouveau, la capitale de l'Alsace.

Il fait un temps splendide à Belfort. Les habitants, peu démonstratifs a-t-on coutume de dire, ont abandonné leur réserve et font au général de Gaulle le plus chaleureux des accueils.

Aux usines « Alsthom » donc, première étape du voyage, M. Georges Glasser, président de la Société, l'attend. La moitié de la population de la ville, pratiquement, travaille dans cet immense ensemble où se construisent notamment les plus grosses locomotives, les moteurs de bateaux, les dynamos géantes et les turbines qui équipent les usines atomiques comme celle de Chinon.

Dans un atelier, il retrouve les fameuses locomotives BB, déjà vues au Creusot, et qui détiennent le record du monde de vitesse. Des panneaux indiquent la destination des exportations : Chine, URSS, Inde, Hollande, Argentine.

– Combien en a-t-on déjà livré? s'informe de Gaulle.

– Plus de cent cinquante, s'entend-il répondre.

Au bout du hangar, il peut admirer, sur rails, la quarante-cinquième BB nouveau modèle, très allégée (soixante-huit tonnes au lieu de cent), qui va être livrée à la SNCF...

L'accueil de Belfort [1], de Gaulle ne l'oubliera pas. La foule l'enserre. C'est à grand-peine qu'il se dégage.

Il est accueilli à l'Hôtel de Ville par le maire, M. Dreyfus-Schmidt.

– Le bétail n'a pas souffert de la sécheresse, lui dit ce dernier, lors de la présentation des notabilités. Le sol de notre territoire est très bon.

– Je suis heureux de le savoir, répond le Général et vous fais mes compliments.

– Mais nous n'y sommes pour rien, monsieur le Président, rectifie le premier magistrat de la ville.

Belfort est une cité qui appartient à l'histoire, aussi, le chef de l'État a-t-il décidé de se rendre au monument des « Trois sièges » qui commémore les épreuves subies par la ville en 1814, 1815 et 1870 et il dépose ensuite une gerbe devant la statue du colonel Denfert-Rochereau qui défendit la ville durant cent trois jours en 1870-71.

On attend avec une grande impatience son discours public, place de la République. Il parle d'expansion, de prospérité :

1. Ce n'est pas la première fois que le Général vient à Belfort. Il y a séjourné à trois reprises en 1912 comme sous-lieutenant au 33ᵉ RI d'Arras à l'occasion d'un voyage d'études, en décembre 1940, lorsqu'il inspecta le secteur de la Iʳᵉ Armée et en janvier 1950, comme président du RPF.

– Dans l'année qui se termine, commence-t-il, nous avons eu quelques raisons de nous inquiéter de ce qui pouvait arriver. Il s'agissait de savoir, après avoir pris, par le référendum, la voie de l'espérance, du courage et de la foi, si notre pays n'allait pas retourner aux troubles et à la division. Il n'en a rien été. En 1959, la France a assuré son sort pour de longues générations.

« On pouvait craindre une crise économique. On se demandait si nous n'allions pas entrer dans une ère de marasme, de chômage. Il y avait des signes alarmants (...).

« (...) Nous sommes au début d'une période d'expansion, de prospérité.

Puis il évoque la voie de la paix en Algérie et enchaîne après une longue ovation :

« Nous allons à la paix et au rétablissement des rapports fraternels entre les hommes.

Avant de chanter *la Marseillaise*, il ajoute une dernière affirmation :

« Je crois que l'année 1960 sera favorable à la France, à cause de vous tous, des Français, de leur raison, de leur foi, de leur espérance et de leur travail.

Le programme chargé l'oblige alors à déjeuner hâtivement et à n'avoir à sa table qu'un nombre restreint de convives : le préfet, le maire de la localité et les ministres qui l'accompagnent.

Dans le cortège qui quitte Belfort à 13 heures, figurent en effet trois ministres : MM. Chatenet (Intérieur), Frey (Information) et Malraux (Affaires culturelles). Mais ce dernier est moins ce jour-là le ministre d'État que le « colonel Berger », ancien commandant de la brigade « Alsace-Lorraine » ayant participé, il y a quinze ans, à la libération de l'Alsace.

A Saint-Germain-Chatenay, le maire déclare :

– Comme en juin 1940, mon Général, nous vous disions « présents », avec vous mon Général, nous sommes prêts à refaire une grande France.

On lui présente M. Léon Bailly, ancien de la première DFL :

– J'étais au 507e chars à Metz quand vous étiez colonel, dit Léon Bailly, puis, en rentrant de Narvik, le 21 juin 1940, je me suis engagé auprès de vous. Et ainsi, il y a quinze ans, j'ai eu le grand honneur de pénétrer le premier dans mon petit village natal et de le libérer.

Le maire de Félon est ému :

– Le plus petit maire du plus petit village de France vous demande, mon Général, de signer le livre des délibérations :

– Mais oui, volontiers, répond de Gaulle.

Mais le vieux maire tend maintenant une photo :

– Ici aussi une signature, demande-t-il.

Ce que fait le Général.

A peine a-t-il terminé que le maire tend le troisième tome des *Mémoires.*

– Je m'excuse de cette pluie de dédicaces, mais ce livre sera aussi celui de notre commune.

Enfin, voici l'Alsace avec Chavannes-sur-l'Étang et les premiers groupes folkloriques des jeunes filles aux larges jupes rouges, tabliers à fleurs, petits boléros de velours noir sur blouses de dentelles, coiffes de ruban avec cocarde tricolore qui lui remettent plusieurs gerbes de fleurs.

Avec solennité le maire déclare :

– Vous nous avez sauvés. Vous nous avez rendu la liberté!

Et c'est tout de suite Retzwiller près Dannemarie qui fut libérée par la brigade « Alsace-Lorraine ». Malraux regarde autour de lui les petites maisons aux parois de tuiles vernissées. Il se souvient des durs accrochages nécessaires pour libérer ce bourg, lorsqu'il partit avec ses hommes de Ballersdorf.

Le général de Gaulle met pied à terre et de tous côtés fusent les cris de « Vive Malraux ». Le chef de l'État sourit en présentant à la population rassemblée le citoyen d'honneur de la commune.

– Je suis ému de me trouver à Dannemarie à cette date, car c'est très exactement l'anniversaire du jour où la ville fut libérée. Si je me trouve là, je tiens à souligner que j'y suis en compagnie du colonel Berger – André Malraux – qui s'y est battu on sait comment et qui peut témoigner des épreuves que Dannemarie a subies.

A Ballersdorf, village martyr, qu'a également libéré la brigade Alsace-Lorraine, le cortège s'arrête un instant et le Général dit aux conseillers municipaux :

– Je sais que M. André Malraux est citoyen d'honneur de cette ville et je l'invite à apposer après moi sa signature sur le livre d'or.

A toutes les fenêtres d'Altkirch les drapeaux flottent au vent léger et les banderoles de bienvenue confèrent à la cité un air de fête digne de Hansi, avec ses Alsaciennes en costumes folkloriques et les enfants des écoles qui agitent de petits drapeaux tricolores.

Dans son allocution de bienvenue, le maire, M. Holstein, fait remarquer que, depuis le 7 août 1914, date de la première libération d'Altkirch, « la ville n'avait plus brillé au firmament de la patrie comme en ce jour », puis il rappelle le lourd tribut payé pendant l'annexion par les populations de l'arrondissement.

Le général de Gaulle rappelle alors aux conseillers municipaux qu'il est déjà venu dans leur Hôtel de Ville – bâti par Kléber alors que celui-ci était architecte avant d'être général – le 26 décembre 1944 et le 1er août 1948.

A Walheim les enfants des écoles chantent sur son passage : « Le plus beau pays du monde, c'est celui où je suis né, la langue de la France est toujours un chant nouveau », et de Gaulle s'oppose à ce que l'on interrompe le refrain avant la fin.

Ainsi, avant de gagner Mulhouse, le chef de l'État s'arrête dans une multitude de petits villages. Presque partout, en effet, les enfants, groupés, obligent le cortège à stopper. Le Président descend et, dès qu'il a pied à terre, les enfants entonnent des hymnes à la gloire de la France.

A Mulhouse, où un détachement du 10e génie rend les honneurs, M. Émile Muller, député-maire, est le premier à saluer son illustre visiteur. Le Général découvre l'imposante stèle dédiée à la première division blindée et sur laquelle ont été gravées les dates du 22 novembre 1944 et du 9 février 1945, avec les différentes étapes glorieuses de cette armée qui combattit d'Algérie au Tyrol.

La maréchale de Lattre de Tassigny, en manteau gris foncé bordé de fourrure noire, est à la droite du Président qui aperçoit derrière le monument les anciens combattants et leurs drapeaux. Vers eux, il tend la main : « Bonjour, les anciens », leur crie-t-il.

Et, alors que l'allégresse est générale dans toute la ville, il prend la parole au milieu d'une immense ovation, disant :

– Nous avons beaucoup à faire sur cette terre, nous la France et, en particulier, à l'époque où nous vivons. Nous sommes sortis d'un drame, nous aurions pu en périr, vous le savez bien. Nous en sommes sortis avec notre vie et avec notre honneur. Je vous en donne le témoignage au nom de la France tout entière.

Outre l'Algérie, le thème évoqué est encore la Communauté « qui peut subir quelque évolution, c'est infiniment naturel, ajoute-t-il, surtout au temps où nous sommes », et après avoir reconnu à nouveau « le risque de la guerre, c'est-à-dire de ce qui serait une catastrophe mondiale, une destruction profonde de notre espèce humaine (...) », il ajoute :

– La France aidera la paix du monde à se frayer son chemin.

Le lendemain, vendredi 20 novembre à 8 heures, Mulhouse interrompt toute activité pour saluer le président de la République à son départ vers les autres villes d'Alsace.

A Pfastatt, l'une des premières localités visitées, il s'arrête à une usine de traitement chimique des textiles.

Dans les ateliers, d'immenses rouleaux de coton d'un seul coloris deviennent multicolores et chargés de figurines de toutes sortes. Le chef de l'État peut ainsi apercevoir des foulards qui s'embobinent et dont l'ornement central est son portrait. Plus loin, sur d'autres tissus ou étendards, il peut se reconnaître en tenue militaire. Il n'est pas le seul à jouir de ce privilège puisque, dans d'autres ateliers, s'impriment les portraits de M. Félix Houphouët-Boigny et de Mlle Denise Coulibaly, première femme de Haute-Volta à accéder à la fonction de pilote de ligne.

Huit cents kilomètres de tissus sont ainsi imprégnés chaque jour dans cette usine qui compte parmi les plus importantes d'Europe pour la fabrication des pagnes et voiles de camouflage.

Quatre mille ouvriers apportent au général de Gaulle leur enthousiasme et leur foi en lui. Celui-ci tient, en retour, à les féliciter de leur travail et à les remercier de cet accueil si chaleureux.

A son arrivée dans la ville de Thann qui s'étire tout en longueur, les locomotives le saluent à coups de sifflet prolongés.

A l'Hôtel de Ville, il ne manque pas d'être ému en lisant la déclaration manuscrite du maréchal Joffre qui délivra la ville au début de la grande guerre, dès novembre 1914.

« Vous êtes Français pour toujours, écrivait-il alors aux habitants de Thann. Je suis la France, vous êtes l'Alsace, je vous apporte le baiser de la France. »

Sur la place qui porte précisément le nom de Joffre, de Gaulle s'exprime aussi à l'image du « généralissime » :

– Ce qui s'est passé ici dans les moments historiques qu'a traversés la France, vous l'avez signé par votre courage, par votre patriotisme. Et aujourd'hui il me semble que, dans le renouveau qui commence pour notre pays, vous êtes sur le point de devenir, une fois de plus, une ville exemplaire.

« Quand je vous regarde, vous toutes et vous tous qui m'entourez, je vous reconnais comme des Français de choix, comme des hommes, des femmes, des jeunes filles et des jeunes gens qui sont destinés à marcher, en quelque sorte, en tête.

Le pays minier prend le relais de la campagne. On entre aussi dans l'Alsace de certains particularismes comme à Wittelsheim où un groupe de jeunes gens arbore des costumes folkloriques qui évoquent une tradition locale venue des Habsbourg : jupes brodées, tabliers et blouses de dentelle serrés à la taille par un ruban scintillant d'or et d'argent, ainsi qu'une coiffe brodée.

Une fillette de quatre ans offre au Général une poupée vêtue de ces atours avec l'inscription : « Je m'appelle Odile comme la patronne de l'Alsace et j'ai été adoptée par M. Charles de Gaulle, président de la République. »

– Je vous remercie bien, lui confie le Général se penchant vers elle. Je vais jouer avec cette poupée.

Les mines de potasse domaniales d'Alsace, à Staffelfelden, reçoivent aussi sa visite, au puits « Marie-Louise ». Aucune descente à la mine n'a été prévue au programme et de Gaulle se concentre surtout sur les formes de traitement de la potasse. Ce puits constitue un exemple en matière d'équipement moderne, produisant par an près de deux millions de tonnes de sel brut dont il est extrait trois cent soixante-dix mille tonnes de potasse pure. Les conditions de travail restent difficiles, voire dangereuses, de Gaulle en est conscient lorsque, rassemblant les mille cinq cents mineurs, il les félicite de leur dur labeur. Il apprécie également la candeur enfantine à Pulversheim où la petite Martine Bourgeois, fille du député-maire et président du conseil général du Haut-Rhin, lui récite un compliment :

« Monsieur le Président, j'ai le très grand honneur de vous accueillir à Pulversheim. Je ne suis qu'une petite Alsacienne, mais tous les enfants et moi-même avons tant entendu parler du général de Gaulle qui a sauvé la France et notre Alsace, que nous vous disons merci d'être venu chez nous. Nous sommes tous très heureux de vous voir et de vous entendre. Nous n'avons qu'un désir : devenir de bons Français et de bonnes Françaises. »

De Gaulle, très ému, prenant la petite fille par la main, s'approche à son tour du micro et déclare à l'assistance :

– Partout où je vais depuis deux jours en Alsace, je suis impressionné par votre accueil émouvant. Alsace, vous tenez dans notre vie nationale et peut-être sans très bien le savoir un rôle capital, pour des raisons historiques d'abord, et aussi pour des raisons humaines. Vous êtes une population laborieuse et active. Tout ce que j'ai vu partout est profondément réconfortant. Je vous en remercie au nom de la France tout entière.

Cent quarante jeunes de l'école technique des Mines, qui fourniront plus tard le contingent des cadres du bassin minier, lui offrent ensuite un vase en potasse pure d'Alsace.

Le cortège pénètre à Guebwiller par la localité de Soultz. Les villageois ont tendu les drapeaux des premiers conscrits libérés et installé un portrait géant du Général avec la complicité de M. Throo, maire de la ville, qui l'accueille dans l'Hôtel de Ville qui date de 1514.

Quelques minutes plus tard, après avoir traversé la cité à pied, il prend la parole face à la massive église de grès rouge dédiée à saint Léger. Comme à l'occasion de plusieurs de ses allocutions, la libération de l'Alsace tient une place prépondérante :

– En Alsace, dit-il entre autres, je sais quelles cruautés, quelles blessures, ce drame de la guerre a suscité dans tous les foyers.

« Depuis, la France a eu à se surmonter elle-même, à refaire son unité; elle a eu à se rassembler pour une grande tâche nationale et internationale. C'est fait maintenant. Alors, en avant! s'écrie-t-il en levant les deux bras.

Puis en conclusion :

« Je vous remercie de ce que vous avez donné de confiance à ma confiance, de courage à mon courage.

C'est à l'issue du déjeuner à la sous-préfecture de Guebwiller qu'il prend connaissance du communiqué que le GPRA a publié la veille à Tunis, en réponse à sa conférence de presse du 10 novembre. De Gaulle, ce jour-là, avait proposé aux chefs de l'insurrection de venir s'asseoir autour d'une table de conférence soit en secret, soit publiquement « pour discuter des conditions de la fin des combats ».

Aux termes de ce communiqué, Ben Bella et ses quatre codétenus [1] de l'Ile d'Aix se voient confier par « le gouvernement provisoire de la République algérienne la mission de discuter avec le Gouvernement français (...) »

« Si le gouvernement français retient le principe de cette rencontre, poursuit le communiqué, le gouvernement algérien enverrait immédiatement un mandat à ses délégués et les instructions nécessaires à l'accomplissement de leur mission (...) »

Aussitôt interrogé par un journaliste au sujet de cette proposition pour le moins étrange, de Gaulle répond avec ce geste large du bras qu'il affectionne et par lequel il semble vouloir se placer au-dessus de ces contingences :

– Il y a une déclaration, il y en aura d'autres. Il y a un gouvernement et des ministres pour s'occuper de ces affaires.

Au départ de Guebwiller, on remarque l'absence d'André Malraux, ministre d'État, et de Roger Frey, ministre de l'Intérieur, dans le cortège officiel. Ils sont restés à la sous-préfecture pour entrer en communication téléphonique avec Paris et ne rejoindront de Gaulle que trois quarts d'heure plus tard à Pfaffenheim. Il y aura là un bref

1. Ils avaient été arrêtés le 22 octobre 1956 alors qu'ils se rendaient en avion à une conférence nord-africaine à Tunis. L'avion qui était piloté par un équipage français fut détourné et se posa sur le terrain militaire d'Alger où des inspecteurs armés mirent aussitôt les chefs du FLN en état d'arrestation.

conciliabule au cours duquel on convient que l'on ne peut donner à Ferhat Abbas – fût-ce pour quelques jours ou même quelques heures – l'avantage diplomatique d'une proposition restée sans réponse.

A Rouffach, où selon une vieille légende, les femmes prirent les armes pour se venger d'une injustice et réussirent à chasser l'empereur d'Autriche, les pompiers font une haie d'honneur et aux fenêtres des maisons basses, ce ne sont que des têtes et des bras qui s'agitent.

Dans la cité colmarienne, l'illustre visiteur est accueilli à l'Hôtel des Douanes, par le maire, M. Joseph Rey, dans cette vieille construction médiévale aux pignons de dentelle, orgueil de la ville.

Sur la grand-place, noire de monde, tournant le dos à la statue du général Rapp, de Gaulle évoque « la grande et cruelle victoire de Colmar », salue la mémoire du maréchal de Lattre, rend hommage aux forces américaines qui « nous ont donné un bon coup de main pour la prise de Colmar ».

Abordant l'avenir, il précise :

– Il s'ouvre devant nous. Nous sommes à sa hauteur. Nous avons trouvé la capacité de renaître après être presque tombés au fond d'un abîme. En le faisant, nous avons signé notre droit à être grands, puissants et forts. Il est indispensable que la France soit rassemblée. Cette unité française, je l'ai éprouvée d'une façon presque physique plus particulièrement depuis que je suis en Alsace.

Le président de la République traite, bien entendu, du problème de l'Algérie et fait allusion à la déclaration des leaders du FLN.

– Nous aurions pu voir pour toujours se détruire toute possibilité de paix réelle en Algérie. Nous en voyons maintenant se présenter – oh ! je ne peux pas dire à quel moment, mais un jour certainement – la perspective et la possibilité.

« Nous avons dit à ceux qui combattent ce qu'il fallait faire s'ils voulaient la paix comme nous la voulons. Il ne tient qu'à eux de prendre le chemin que nous les avons invités à prendre. Je parle, bien entendu, de ceux qui combattent, je ne parle pas de ceux qui sont hors de combat.

Le Général apparaît de fort bonne humeur. Le soir, dans les salons de la préfecture, conversant avec les maires des arrondissements du nord du Haut-Rhin, il reçoit de la façon la plus inattendue les vœux d'anniversaire de M. Émile Floranc, maire de Wettolsheim.

– Mon Général, déclare le vétéran des maires locaux, je dois vous féliciter, pour votre anniversaire. Nous vous souhaitons la meilleure santé. Que le Bon Dieu vous protège pendant de nombreuses années. Nous avons bien besoin de vous.

Le Général, souriant, le remercie, ajoutant :

– L'avenir me paraît réconfortant, même quand, comme moi, on a soixante-neuf ans.

Il en administre la preuve chaque jour. La fatigue n'a aucune prise sur lui. Le samedi 20 novembre, dès 7 h 50 du matin, par un épais brouillard, il donne le ton de la troisième journée. Ingersheim est le premier village à l'accueillir tandis qu'à 9 heures Ribeauvillé constitue la dernière sous-préfecture du Haut-Rhin. Le thermomètre marque zéro degré mais la cité des ménétriers offre le seul moment ensoleillé de la journée.

Les religieuses de la Divine Providence se sont mêlées à la foule en rangs serrés. De Gaulle s'entretient quelques instants avec la Mère supérieure. Sous la domination allemande, elles ont continué à enseigner le français et avec une persévérance digne d'éloges ont lutté contre la germanisation de l'Alsace.

Accueilli par le maire, M. Robert Faller, le président de la République fait référence au passé encore présent dans les mémoires.

– Ce n'est pas ici que j'ai à rappeler les grandes épreuves que nous avons traversées au long d'une vie d'homme, par exemple au long de la mienne. Je n'ai pas oublié et je cite le nom de l'abbé Wetterlé qui était votre représentant dans les moments les plus graves de notre histoire. Je sais quelle contribution vous avez apportée de toutes les manières aux moments sombres de la dernière guerre... Je sais aussi ce que vous avez pensé pendant les années récentes quand nous nous trouvions dans une certaine confusion... Ribeauvillé était avec la France et avec moi.

Les séquelles de la guerre, que le général de Gaulle évoque à chacun de ses discours, demeurent ici une réalité. Toutes les cités incluses dans la pointe de la poche de Colmar ont été sinistrées à cent pour cent.

A Mittelwihr, par exemple, de Gaulle reconnaît :

– Quand je suis venu ici, il ne restait qu'un mur.

Route du souvenir, mais aussi route du vignoble. Il faut bientôt faire appel à la camionnette des bagages car le chef de l'État a déjà reçu en cadeau près de deux cents bouteilles.

L'horizon reste bouché par le brouillard. La visibilité redevient normale dans le centre de la ville de Sélestat.

Une petite Alsacienne de quinze ans accueille de Gaulle à la mairie, Ginette Mutscher aux longues nattes blondes. Elle commence son compliment :

– Aujourd'hui notre ville est en fête...

Et puis, troublée, émue, elle ne sait plus.
De Gaulle vient à son aide.
– C'est bien mon enfant.
Mais à cet instant précis, Ginette retrouve sa mémoire.
– Votre nom est synonyme de libérateur...
Passant sous un dais écarlate, de Gaulle s'entretient dans les salons de la mairie avec les notabilités. Sélestat, la ville qui a donné vingt-six généraux à la France, offre au Président la reconstitution d'un manuscrit du XIIe siècle détruit en 1870 au siège de Strasbourg : « Les jardins des délices. »

On doit balayer et faire fondre la glace qui couvre les marches du podium où le chef de l'État évoque, devant une foule attentive, le problème algérien, notamment :

– Nous avons trouvé, montré, déterminé la route qui doit conduire à la paix, à l'apaisement et à la réconciliation. Nous avons invité à la trouver, à la suivre avec tous ceux qui, de l'autre côté, nous combattent. Nous l'avons fait avec la meilleure foi et nous continuons à leur dire : « Venez ! » Et certainement nous pouvons cesser les combats. Ensuite les Algériens disposeront eux-mêmes de leur destin. Il n'est pas permis pour des raisons d'ambition, de prétention, de prolonger le combat un jour de trop.

Après Ebersheim, Kogenheim, voici Huttenheim où les voitures roulent sur un tapis de chrysanthèmes; les enfants des écoles font encore pleuvoir des pétales sur la DS présidentielle quand celle-ci s'arrête.

« Bon Anniversaire ! » crient-ils et de Gaulle va de l'un à l'autre en remerciant.

A Benfeld, le maire, M. Andlauer, le prie de bien vouloir apposer sa signature sur le livre d'or et lui offre, en signe de reconnaissance, un ouvrage qui relate le passage à Benfeld, en l'an 1828, du roi de France, Charles X.

Voici Sand où les vieilles femmes se précipitent vers le chef de l'État pour lui crier : « Merci, notre sauveur ! »

– Nous prions Dieu, monsieur le Président, lui dit M. Émile Loos, maire de la commune, pour qu'il vous prête longue vie afin que vous puissiez terminer la tâche gigantesque que vous avez entreprise pour la France.

Et de Gaulle lui répond en faisant allusion à la paix en Algérie :

– Nous avons choisi le chemin qui y mène, et même si quelqu'un dresse encore des obstacles, je suis sûr que nous y parviendrons.

Le cortège atteint Erstein à 11 h 55. Le maire, M. Jean-Philippe

Bapst, le conduit vers le podium pour rappeler des souvenirs de guerre, ceux, en particulier, qui le virent assister à la veillée de Noël 1944, au milieu des troupes au combat :

– Voilà une magnifique assemblée, profondément émouvante pour moi, comme, je le crois, pour toutes celles et tous ceux qui sont ici.

« Je dis émouvante pour moi, car vous n'ignorez pas que des souvenirs personnels très vivants m'attachent à Erstein. Je m'y suis trouvé au moment de la bataille et à une époque où le sort de l'Alsace n'était pas fixé. Il le fut ensuite, grâce à l'effort de notre armée et de nos alliés, et maintenant tout est bien à cet égard, non sans qu'on ait traversé beaucoup d'épreuves. Je sais en particulier celles qui ont marqué chaque foyer alsacien.

Dans un autorail spécial, à l'intérieur duquel est servi le repas : homard mayonnaise, cœurs de Charolais Périgueux, fonds d'artichauts Clamart, fruits... le voyage dure une heure et c'est l'arrivée à Wissembourg qui depuis quarante ans n'avait plus reçu de président de la République dans ses murs [1].

Du quartier de la gare à la place de l'Hôtel-de-Ville, la foule est compacte et ne ménage pas son enthousiasme. Aux côtés du député François Grussenmeyer et du Dr Ritter, conseiller général, le maire de la ville, M. Charles Arbogast, accompagné du sous-préfet, M. Camille Michel, accueille le chef de l'État à sa descente de l'autorail, tandis qu'un détachement du camp d'aviation de Drachenbronn rend les honneurs militaires.

Devant les habitants, il rappelle la situation de cette cité martyre empoisonnée entre la ligne Maginot et la frontière.

Soudain, le voici secoué de quintes de toux. Son entourage s'inquiète. Il reste imperturbable.

Le cortège présidentiel gagne ensuite le verger expérimental de la « Fruit-Légal ». Le chef de l'État y est accueilli par M. Georges Rupp, maire de Steinseltz, qui lui donne un aperçu très détaillé des travaux de remembrement, ainsi que de la reconversion dans l'agriculture, entreprise il y a quelques années pour sauver les petites et moyennes exploitations de la région.

M. Frédéric Schiellein, président de la Confédération générale agricole, parle :

– Vous verrez tout à l'heure, d'un côté le Palatinat et, en face, la plaine d'Alsace, avec le magnifique vignoble remembré des quatre

1. De Gaulle a rendu une première visite à Wissembourg le 4 octobre 1945, mais il ne sera président du Gouvernement provisoire que le 13 novembre 1945.

communes de Cleebourg, Rott, Oberhoffen et Steinseltz qui produisent le vin réputé de la cave coopérative de Cleebourg.

« Vous apercevrez les vergers pilotes et vergers collectifs produisant des fruits de grande qualité. Deux cents hectares ont été implantés dans cet arrondissement avec des arbres à basses tiges qui devraient garantir un revenu certain pour ces petites exploitations.

« A Schoenenbourg vous verrez les installations de la coopérative nouvellement aménagée dans des anciennes casernes. Elle permet aux producteurs de cette région de raccourcir le circuit de distribution et, par là même, de mieux valoriser leurs produits...

« Vous constaterez le travail en profondeur qui a été fait au cours des dernières années pour assurer à ces petites exploitations et à leurs familles un minimum vital, mais aussi les efforts faits par les agriculteurs eux-mêmes dans ce domaine.

« Il reste encore beaucoup à faire, mais les agriculteurs ont toute confiance en votre personne et en votre autorité pour régler ces problèmes difficiles.

Un crochet ici, c'est Riedseltz puis Ingolsheim, un crochet là, c'est l'étonnant village de Hunspach, îlot typique où chaque maison est de style alsacien et où les costumes traditionnels ne sont pas seulement portés lors des cérémonies, mais fort souvent dans l'année. Les hommes sont coiffés de toques de Louhé, les femmes sont toutes vêtues de noir.

Ce village, dit-on, fut créé par une famille suédoise calviniste. Le maire, M. Niess, salue le chef de l'État et le reçoit dans sa maison.

Puis, après quelques petites cités, c'est la traversée de la forêt de Haguenau que guette le crépuscule d'une journée sans lumière.

Il est 16 heures lorsque M. Ernest Strasser, maire de la ville, qui est accompagné de M. François Lechner, sous-préfet, et de M. Pierre Pflimlin, venu en ses qualités de conseiller général et de député de Haguenau, se porte au-devant du président de la République.

Le général de Gaulle s'adresse à l'Hôtel de Ville à chacune des personnalités présentes, et rend hommage sans ambiguïté à l'ancien président du Conseil, Pierre Pflimlin.

– Je suis heureux, dit-il, de rencontrer ici M. Pflimlin, pour la première fois, depuis le début de mon voyage en Alsace. Il fut mon collaborateur et il le sera à nouveau un jour [1]. M. Pflimlin a su sacrifier au bien public tout ce qu'il était possible de sacrifier. Il est grand Alsacien et Français de tout premier plan.

1. Il refera appel à lui en avril 1962, comme ministre d'État chargé de la Coopération.

Au pied du perron de l'Hôtel de Ville, il adresse à la foule une vibrante allocution dont nous pouvons extraire ce passage sur la France du futur :

– Oui, la France est devant l'avenir. Qu'est-ce que c'est que l'effort de la France dans l'avenir? Si on voulait le résumer d'un mot, on dirait que le but de la France, l'effort de la France, tendent à la paix. Non pas à la paix dans la faiblesse, non pas à la paix dans le laisser-aller, la paix sans aucun doute, dans la lucidité et dans la fermeté, mais la paix dans la fraternité. Dans la fraternité au-dedans de la nation, entre tous les citoyens, entre toutes les citoyennes du pays...

La nuit et le brouillard s'appesantissent sur la ville. Le voyage se poursuit alors en direction de Niederschaeffolsheim où les habitants de la commune et ceux des localités voisines sont accourus par tous les moyens de transport. C'est là qu'il lance à son tour et devant sa suite admirative, un puissant : « Merci Niederschaeffolsheim » sans accrocher une seule syllabe.

Kriegsheim, Brumath, Vendenheim, Schiltigheim sont ensuite traversées.

L'entrée dans Strasbourg s'effectue à 17 h 40, avec quinze minutes de retard sur l'horaire prévu, retard imputable au brouillard.

Il y a quinze ans, le canon grondait encore au-delà du Rhin. Mais dans Strasbourg aux maisons en ruine les cloches carillonnaient à toute volée. L'Alsace sortait de son long cauchemar. Il avait fallu l'audace de Leclerc pour traverser dans la boue et sous les rafales de neige trente-cinq kilomètres de plaine avant de lancer l'assaut pour délivrer la cité si souvent martyre. La France, dans l'allégresse, salua cette libération.

En ce dimande 21 novembre 1959, Strasbourg n'oublie pas que sans l'intervention extrêmement énergique de De Gaulle auprès des Alliés, elle risquait de tomber une seconde fois aux mains des Allemands.

Dès son arrivée, il célèbre la réconciliation franco-allemande.

A l'Hôtel de Ville, répondant à M. Pflimlin, il déclare :

– Il est conforme à la nature des choses, au sens de l'histoire, au bon sens que les rapports de ces deux grands pays voisins qui s'appellent la France et l'Allemagne deviennent fraternels. Quand on le dit à Strasbourg si peu de temps après le dernier drame, il semble que l'on se trouve devant un miracle.

Un souhait et une promesse apportent la conclusion au discours :

– Nous savons bien que la route où vous êtes engagé demeure

semée d'obstacles et de périls. Mais nous savons aussi que vous l'avez choisie dans une vision lucide du monde d'aujourd'hui et du monde de demain où la France doit inscrire son destin. Dieu veuille que vous puissiez conduire l'effort de la Nation jusqu'à la réalisation des grands desseins que vous avez conçus. Nous sommes, pour notre part, prêts à vous suivre. Vous pouvez compter sur l'Alsace. Vous pouvez compter sur Strasbourg.

Après la réception à la mairie, le président de la République reçoit à l'hôtel de la préfecture les représentants des institutions européennes et cette première journée de la visite présidentielle dans le Bas-Rhin s'achève par un dîner à la préfecture.

Le Général, le lendemain dimanche 21 novembre, s'est encore levé tôt. A la sortie de ses appartements, un petit garçon l'attend. C'est Michel Auzaneau-Cuttoli, trois ans, petit-fils du préfet. L'enfant s'approche pour parler. Dans son émotion, il a oublié son compliment.

De Gaulle lui tapote la joue et Michel trouve assez de courage pour dire :

– Bon anniversaire!

C'est ce jour en effet que le président de la République fête ses soixante-neuf ans.

Après s'être entretenu à la préfecture puis à la chambre de Commerce des problèmes économiques et du développement du Port rhénan, de Gaulle, pour la première fois en uniforme depuis le début de son voyage, se rend place de Broglie, au monument Leclerc où la maréchale Leclerc, accompagnée de ses enfants, Jeanne, Charles et Herbert, l'accueille, tandis qu'il va bientôt saluer les anciens combattants et ceux de la 2ᵉ DB, leur confiant : « On se croirait en famille! »

L'Université, en grand apparat, le reçoit solennellement : recteurs et doyens en toge écarlate jaune ou violette selon leur faculté, le saluent sur les marches du gigantesque perron.

Alors, commence une cérémonie grandiose. Le recteur évoque l'importance de l'université de Strasbourg dont on fête en ce jour le quarantième anniversaire de la réouverture. Il souligne le caractère de ces lieux, « véritable Europe universitaire qui se crée et à laquelle nous ne saurions assigner aucune limite car l'esprit n'en a pas ».

Des diplômes de docteur « honoris causa » et l'épitoge à trois bandes d'hermine remis à sept professeurs étrangers dont le Prix Nobel de chimie, Staundinger, premier Allemand élevé à cet honneur par l'université de Strasbourg, la cérémonie s'achève par une brève allocution du Général qui, en ouvrant l'année universitaire, fixe la mission de Strasbourg.

– Je crois, dit-il, qu'il s'agit, pour l'université de Strasbourg, avant tout, de la coopération du monde linguistique français et germanique, coopération dans laquelle je vois, pour ma part, la grandeur et peut-être la gloire de la civilisation de demain... La conviction que j'ai du rôle éminent de l'université de Strasbourg, de sa mission, telle qu'elle se la fixe à elle-même, est entièrement conforme à la vocation et aux intentions de la France.

Le président de la République se rend ensuite à la cathédrale où il est accueilli par Mgr Jean-Julien Weber, archevêque de Strasbourg, et par le chant de l'oracle du prophète Isaïe.

De là, il va gagner la place Kléber pour parler aux Strasbourgeois.

– Au moment de l'occupation, leur dit-il, lorsque je pensais à Strasbourg, c'était avec des sentiments profonds. Et quand il y aura quinze ans demain, par une sorte de prodige, de courage et de génie militaire, la deuxième armée, avec Leclerc à sa tête, libérait Strasbourg, c'est une joie immense qui se répandait parmi les Français.

Il souligne ensuite que la responsabilité de l'Europe étant plus grande que jamais, son équilibre est nécessaire : il faut donc que l'Europe occidentale existe, qu'elle se tienne debout, qu'elle soit elle-même.

– Voilà pourquoi l'Alsace se trouve, une fois de plus dans l'histoire de France, avoir un rôle exemplaire à jouer. Car elle est placée tout juste là où peuvent se rencontrer, s'entendre, les deux grands peuples qui vivent de part et d'autre du Rhin. Le Rhin, votre Rhin, ne doit plus être un fossé. Il doit être une rue où affluent les richesses, les idées, les ardeurs. Nous allons à une coopération de plus en plus étroite, entre deux peuples qui se sont si souvent battus, déchirés, et qui sont tenus aujourd'hui par leur devoir humain de marcher côte à côte sur la même route.

La France, en ce 22 novembre 1959, a donc les yeux fixés sur Strasbourg; le Général le souligne, et les thèmes maintes fois exposés à propos de l'Algérie, de l'Allemagne, de l'Europe « de l'Atlantique à l'Oural » suscitent des commentaires abondants et passionnés.

Serge Bromberger évoque dans *le Figaro* les idées que lui suggère la présence, aux côtés de De Gaulle, d'hommes tels que Pflimlin et Massu. Ce dernier entra, comme lieutenant de Leclerc, avec les premiers chars dans la ville le 23 novembre 1944.

« Ainsi, se trouvent réunis ceux à qui l'histoire avait assigné les trois principaux rôles au rendez-vous du 13 mai 1958.

« Ce Charles de Gaulle, habité du souci de ne gouverner qu'avec l'accord des Français, et qui apparaissait alors à beaucoup comme un candidat dictateur, portant d'ailleurs les espoirs de ceux qui en souhaitaient un.

« Ce Pflimlin, de nature autoritaire, né pour être le commis d'un État fort et que les circonstances habillaient en champion du régime de faiblesse.

« Ce Massu, soldat sans ambition politique en qui la métropole voyait le général factieux, organisateur du complot.

« On imagine volontiers le colloque à trois qui conclurait que c'est au prix de ces injustices de la renommée que l'aventure du 13 mai a eu son heureux dénouement.

« Car, que serait-il arrivé si ces personnages avaient été ceux du masque dont on les avait affublés?

« Le moins que l'on puisse annoncer, à ce jeu si osé de refaire l'Histoire, c'est qu'ils ne se seraient pas retrouvés tous trois avec des responsabilités inégales, mais toutes importantes, dans la tribune de la place Kléber. »

La cortège présidentiel, quelques instants plus tard, s'installe dans l'autorail pour gagner Saverne. Une surprise y attend le Général. Les maîtres d'hôtel de la compagnie des Wagons-Lits ont décidé de lui offrir un moka glacé, sur lequel est écrit : « Bon anniversaire. »

Le Général sourit et dit simplement :

– Eh bien, merci; à mes soixante-neuf ans!

Saverne, petite ville de la trouée des Vosges, d'où partit Leclerc pour son raid historique sur Strasbourg, est noire de monde. Par une rue étroite, entre deux haies de drapeaux accrochés à chaque fenêtre, le cortège arrive au célèbre château de Rohan, immense palais construit à la fin du XVIIIe siècle. C'est là que le cardinal de Rohan reçut Marie-Antoinette, fiancée de Louis XVI qui arrivait d'Autriche. Le Général consacre l'essentiel de ses propos à l'Algérie et à la paix, et entame ensuite la dernière partie de son voyage à travers les petits villages de l'Alsace du Nord, rendant visite notamment à quelques propriétaires d'exploitations familiales.

Le point final du séjour est constitué par une véritable cérémonie protocolaire organisée par un petit village, Duppigheim. Le maître de cérémonie est une fillette de neuf ans qui, s'adressant à de Gaulle, demande au micro :

– Monsieur le président de la République, voulez-vous certifier votre passage ici?

Elle lui tend un parchemin que le Général signe. Alors la fillette annonce solennellement :

– Le Président a signé...

Le Général complimente la fillette, et souriant s'en va serrer les mains dont les dernières seront celles du village d'Entzheim. Auparavant, il se sera arrêté à Altoy, Dorbsheim, Avolsheim, Soultz-les-Bains, et surtout Molsheim où six mille personnes l'ont accueilli. Beaucoup viennent de la vallée de la Bruche où de Gaulle n'est encore jamais allé.

A Entzheim sur les quais de la gare où les honneurs militaires lui sont rendus, le Général monte dans l'autorail spécial qui doit le ramener à Paris. Mais avant que le convoi ne s'ébranle, il dresse en quelques mots le bilan de ce voyage de quatre jours dans l'Est de la France.

– Ce peuple, d'un bout à l'autre, a été réconfortant. Il m'a prouvé l'unité française.

Les dernières Nouvelles d'Alsace aboutissent à la même conclusion :

« Aucune note discordante au cours de ces journées : l'enthousiasme des foules, les acclamations et les témoignages de gratitude qui ont jalonné ce voyage triomphal ont chaleureusement souligné les paroles du chef de l'État, ces paroles qui ont su faire jaillir dans les cœurs cet espoir sans lequel rien de solide et de durable ne peut être construit.

« On savait que la visite du président de la République serait la bienvenue dans la vallée du Rhin, cette vaste rue par laquelle passent les grands courants de l'Histoire. Mais l'adhésion des foules et l'approbation réfléchie qu'elles donnent aux objectifs définis par le chef de l'État ont dépassé toutes les espérances. C'est une magnifique leçon de confiance et d'espoir que nos populations, si éprouvées par l'Histoire, viennent de donner au monde. »

Il s'agit là du dernier voyage en province pour cette année 1959.

X

LE LANGUEDOC EN OUVERTURE

Peu à peu, les États de la Communauté française demandent leur accession à l'indépendance. Le Cameroun accède à la souveraineté le 1er janvier 1960.

M. Baumgartner succède à M. Pinay à la tête du ministère des Finances, le 13 janvier.

Le 24 janvier, une émeute déclenchée à Alger par des partisans de « l'Algérie française » aboutit, après une fusillade qui fait vingt-deux morts, à la constitution d'un « camp retranché » à l'université où se sont barricadés les insurgés.

Le 29 janvier, dans un discours télévisé, de Gaulle condamne le « mauvais coup porté à la France » par les émeutiers et donne l'ordre de rétablir l'ordre public. Le « camp retranché » se rend le 1er février tandis que, le lendemain, l'Assemblée nationale accorde au gouvernement la délégation de pouvoirs demandée à 'a suite des événements d'Alger, vote ratifié par le Sénat, le lendemain.

Enfin, le 13 février, la première bombe atomique française explose près de Reggane au Sahara.

Le général de Gaulle inaugure les voyages de l'année les 25, 26, 27 et 28 février en traversant le Languedoc.

En vérité, ce sont les « hauteurs » de la province languedocienne qui sont d'abord visitées – « l'Est-Sud-Ouest » pourrait-on dire –, car tout commence dans le Tarn-et-Garonne par la première grande escale : Albi. Avec une profonde conviction, il parle d'entrée du problème algérien aux habitants qui l'accueillent et l'acclament, massés sur la vaste promenade du Vigan qui donne accès au centre ville. Ce thème, on s'y attend, sera abordé à chaque étape, tout comme celui de la Communauté et de la bombe atomique.

Sur le problème de l'autodétermination en Algérie, il dit, entre autres :

– Notre empire se transforme en une communauté de pays qui en font partie librement, pour leur sécurité commune et leur développement. Dans le même ordre d'idées, la France voit devant elle la question de l'Algérie qui s'est transformée en guerre civile et dont la France veut sortir dès qu'elle le pourra, par la seule issue digne d'elle, la seule issue qui puisse aboutir à une solution : le libre choix des Algériens en ce qui concerne leur destin. Bien entendu, il n'y aura aucune discussion politique sur l'avenir de l'Algérie avant que le feu n'ait cessé, tant que l'on égorge et assassine. Alors la France fera en sorte que toutes les tendances algériennes soient consultées. Tous les Algériens diront alors ce qu'ils pensent, ce qu'ils veulent et la France n'a rien à y perdre, au contraire : tout à gagner.

Dans les salons de la préfecture, après avoir écouté les doléances des maires, il aborde le thème de l'agriculture que l'on retrouvera également plus loin. Il leur dit :

– Je ne suis pas fâché d'entendre ce que sont vos soucis. Mais je veux que vous sachiez que l'agriculture doit marcher, qu'elle ne doit pas se décourager et qu'elle doit jouer son rôle national. Je vous en parle en ma qualité de chef de l'État. On ne peut rester dans la forme, la division, l'incertitude actuelles, des propriétés. Il faut un effort de réorganisation, de modernisation. Il faut que cela vienne de vous-mêmes, il faut que pousse une génération d'hommes d'initiative et de culot.

Le général de Gaulle, avant cette première grande halte, s'est arrêté à Gaillac et à Carmaux. Dans cette dernière ville où il a été accueilli par M. Joseph Paul-Boncour, ancien président du Conseil [1], il évoque surtout le souvenir de Jean Jaurès et se recueille devant sa statue.

Carmaux vit du travail de la mine, aussi, sans tarder, le cortège gagne la cokerie des Houillères du bassin d'Aquitaine. Au milieu des installations – énormes fours à coke, tuyaux d'acheminement du gaz, cheminées, passerelles – le général de Gaulle entend un exposé de M. Lagabrielle, directeur général des Houillères, qui lui fait part de certaines difficultés rencontrées dans l'exploitation et qui entraînent un chômage partiel. Le Président assiste ensuite à une opération de défournement de coke.

1. Du 31 janvier au 18 octobre 1933, succédant à Édouard Herriot.

Les ouvriers – un millier environ – sont là, en tenue de travail, ainsi que des délégations de mineurs. Le chef de l'État s'adresse à eux : « Votre tâche, votre avenir, dit-il notamment, sont liés au travail, à l'avenir de la France. C'est pourquoi, je vous salue de tout mon cœur. »

Un temps printanier règne dans la campagne. Les amandiers connaissent une floraison précoce.

A Labastide, un arc de triomphe arrête le cortège. Le Général ne compte s'arrêter que quelques instants, lorsqu'une religieuse s'approche de lui :

– Monsieur le Président, il y a Mme Léonie Leauzeral qui est là.

– Qui ça? demande le Général qui n'a pas très bien compris.

– Léonie Leauzeral, mon Général. Elle n'est pas sortie depuis six ans.

– Eh bien! allons la voir.

Et de Gaulle fend la foule pour gagner une petit coin d'herbes sauvages où, à l'abri des regards, se trouve une Citroën aux portes largement ouvertes. A l'intérieur, une grand-mère de quatre-vingt-six ans.

– Bonjour, madame, lui dit le Président.

– Merci d'être venu, réplique la vieille dame.

– C'est bien normal, madame, conclut le Général avant de la quitter.

Parfois, le chef de l'État se surprend à céder à une impulsion comme à Réalmont, entre Albi et Castres, où une jeune fille blonde aux cheveux longs lui tend un carnet d'autographes.

– Ce n'est pas dans mes habitudes, a beau protester le Général; la jeune fille est opiniâtre. Elle parvient à glisser le stylo entre ses doigts... De Gaulle accepte et signe, laissant tomber toutefois :

– Si on me voit, je suis perdu.

A Castres, il s'attarde longuement, bavardant avec les notabilités de la cité, et se laisse conduire vers le musée Jean-Jaurès où sont exposés différents souvenirs du célèbre tribun : photos, manuscrits, illustrations prises à la Chambre des députés. Il s'arrête aussi devant les galons qui furent arrachés au capitaine Dreyfus lors de sa dégradation et qui suscitent chez lui une question toute d'étonnement :

– Pourquoi, ces galons, ne les a-t-il pas réclamés par la suite?...

Sur la grand-place, sous un dais tricolore, voici venue l'heure de s'adresser à la foule. Dix mille personnes sont rassemblées là, peut-être davantage.

Faisant allusion à la bombe atomique, il dit :

– La France a, le cas échéant, le moyen de se défendre sans être sous la dépendance de personne. Il lui faut des alliés mais elle n'a pas besoin de protecteurs.

Puis le tour de France des régions continue par les Causses arides où paissent quelques moutons. Le cortège longe la Montagne Noire avant de déboucher sur Mazamet, capitale mondiale des lainages. C'est la dernière ville visitée dans le Tarn. L'on y traite des peaux de mouton venues de toutes les parties du monde.

Par les gorges sauvages de l'Arnette, on accède au pays de l'Aude. Le cortège marque ici et là quelques pauses : Cuxac-Cabardès, Villemoustraussou... avant Carcassonne, la célèbre cité.

Ici le problème numéro un se situe au niveau du vignoble, préoccupation que ne manque pas de souligner le maire de la ville, M. Jules Fil :

– Notre viticulture souffre gravement d'une fiscalité excessive, dit-il. Puis, il déplore la propagande antialcoolique lorsqu'elle se transforme en campagne antivin.

Un nouveau nom a fait son apparition au menu des banquets officiels : la tangerine. Le préfet du Tarn, à Albi, l'a fait servir en l'incluant dans un menu « Communauté » comportant également des cœurs de palmier et des avocats. La tangerine ressemble étrangement à la mandarine. Et pour cause : il s'agit de l'appellation anglo-saxonne de ce fruit appelé ainsi parce qu'il provenait à l'origine de Tanger. Il s'agit, en fait, d'un greffage d'orange et de clémentine. Sa culture se fait principalement en Algérie.

Le cortège présidentiel poursuit, pendant ce temps-là, son séjour dans l'Aude au cours de la deuxième journée qui commence très tôt.

A Preixan, le maire accorde un satisfecit total au général de Gaulle :

– Monsieur le Président, vous faites tout votre possible pour que l'unité de la France existe, vous faites votre possible pour que s'achève la guerre d'Algérie, vous faites votre possible pour que nos enfants connaissent un avenir sans nuages. Pour tout cela, merci!

Limoux, pays de la célèbre « blanquette », n'est pas en reste pour demander au chef de l'État : « Pensez au vin, Monsieur le Président! » Dans toutes les villes et les villages du Languedoc ce sera le même leitmotiv. On remarque, au demeurant, l'absence aux manifestations officielles des membres de la Confédération générale des vignerons. Des consignes d'abstention ont été données. Cela ne tempère pas l'enthousiasme très méridional des villageois. Le thème du discours du général de Gaulle reste toujours centré sur l'Algérie, la rénovation économique – et spécialement agricole –, la bombe atomique française. La réaffirmation de la politique d'autodétermination en Algérie suscite, jusque-là, les acclamations les plus nourries.

De Gaulle ne cesse de mettre l'accent sur l'évolution nécessaire de la France : évolution politique avec la transformation de l'ancien empire colonial en un ensemble fondé sur le libre consentement des parties en cause; évolution économique et sociale par une modernisation des structures traditionnelles destinées à adapter notre industrie et notre agriculture aux conditions du monde actuel.

La ville de Limoux en liesse reste sur place après le départ du général de Gaulle comme si elle voulait poursuivre la fête.

Le maire, M. François Clamens, exulte :

– De Gaulle a parlé plus longtemps chez nous qu'à Carcassonne!

Avant de visiter la centrale de Malvézy, le général de Gaulle évoque la bombe atomique. Pour la première fois, il emploie le mot « explosion » et dit :

– Ces moyens de défense révèlent notre volonté d'être la France, notre résolution d'apporter, s'il le fallait, notre contribution à la liberté du monde. Si quelque État, dans un mouvement que je qualifie d'hystérique, nous accuse aujourd'hui de vouloir détruire la race des hommes, nous n'avons qu'à le considérer avec l'ironie qui convient.

Le circuit présidentiel décrit une série de méandres à travers le département de l'Aude et des coteaux des Corbières puis apparaît Malvézy, aux portes de Narbonne.

Il s'agit de la première usine française d'uranium.

Après la réussite de Reggane, cette visite prend un caractère symbolique car elle est une preuve des possibilités de la France en matière atomique.

Mise en service en septembre 1959, cette usine de raffinage offre une production de deux tonnes d'uranium pur par jour et bientôt atteindra le chiffre des mille tonnes par an. La raffinerie traite le minerai extrait en France. L'uranium pur est ensuite destiné à l'alimentation des piles de Marcoule et de la centrale nucléaire de Chinon qui produit de l'électricité. Le président de la République se permet de manipuler l'uranium en lingots. Sous cette forme, pas de danger de radioactivité.

A Narbonne, à 12 heures précises, il apparaît à la tribune dressée devant l'Hôtel de Ville. Les problèmes de la vigne seront abordés plus tard par le maire, M. Francis Vals, qui lui dira :

– Nous sommes condamnés à produire du vin. La population se demande quel sera son avenir.

De Gaulle lui répond calmement :

– C'est un grand souci pour moi de faire en sorte que cette région vouée à la vigne puisse vivre, se développer et prospérer comme il le faut.

Le maire de Lézignan, lui, se laissera aller dans ce même domaine à un lyrisme débordant :

– Les coteaux baignés de soleil où s'accrochent les pampres brillants qui constituent notre seule richesse.

Il faut maintenant gagner le département du Gard où les problèmes de la mine apparaissent après ceux du vignoble. Le voyage qui s'effectue en autorail permet au chef de l'État de se restaurer : œufs brouillés, suprême de turbotins ambassadeur figurent au menu.

La ville d'Alès n'a pas reçu de chef d'État depuis 1629. Louis XIII était entré dans cette localité, citadelle protestante, après un siège de quelques jours.

Avant de gagner le centre de la ville, le cortège officiel parcourt l'immense quartier des Prés-Saint-Jean où il y a quelques années s'étalaient d'horribles taudis. Aujourd'hui une véritable cité nouvelle sort de terre.

Dans son discours à la population, l'idée qui est tenue pour essentielle par le général de Gaulle et les ministres Guillaumat, Chatenet et Rochereau qui l'accompagnent, demeure la nécessité d'une modernisation et d'une transformation profonde des techniques et des conditions de travail et de la France rurale.

Et, tandis qu'il étend ses bras au-dessus de la tête selon son geste traditionnel, on peut apercevoir ses mains toutes blanches : la peinture de la tribune, trop fraîchement badigeonnée, n'a pas eu le temps de sécher.

Alès, c'est déjà la grande ville mais ici les extrêmes se touchent et le chef de l'État fait connaissance avec le maire de la plus petite commune de France, Méjannes-le-Cap, vingt-trois habitants – qui s'annonce, d'ailleurs, comme le maire du village le plus malheureux de France : ni eau, ni gaz, ni électricité, ni école.

– Mais y a-t-il des enfants? demande de Gaulle.

– Justement, il y a eu une naissance hier, répond le maire, cela ne nous était pas arrivé depuis deux ans.

Non loin d'Alès, se situe le Pont Trouer où se dresse un monument édifié en hommage au mouvement de Libération nationale : une simple croix de Lorraine. De Gaulle semble ému de se retrouver parmi les anciens combattants qu'on lui présente et qui répondent à chaque fois en citant leur nom de résistant. Un homme se met à pleurer.

C'est aussi avec une grande émotion qu'il traverse la plaine du Boucoiran, dévastée en octobre 1958 par les inondations du Gard...

A La Calmette, invité à signer le registre des délibérations du conseil municipal, le maire lui tend un sytlo en or :

– Nous vous offrons ce présent, lui dit-il, faites-nous l'honneur de vous en servir pour apposer votre signature.

Malheureusement, le stylo refuse tout service. De Gaulle sourit et sort le sien. Il oubliera d'emporter le cadeau.

La halte suivante a pour cadre Pichegu. Ce n'est ni une commune, ni même un lieu-dit, mais ce nom sera bientôt célèbre. On y attend, après le général de Gaulle, un autre hôte de marque : M. Khrouchtchev qui doit arriver le mois suivant.

Pichegu constitue essentiellement le point central d'un immense ensemble d'irrigation qui pompe les eaux du Rhône pour les déverser sur près de cent cinquante mille hectares jusqu'au-delà de Béziers à cent kilomètres. Cette irrigation intervient grâce à une gigantesque usine de pompage construite en vingt mois seulement. En quatre heures, les pompes de Pichegu font monter à soixante-sept mètres autant d'eau que Paris en consomme en une journée.

– J'aime cette idée. Elle est de dimension, s'exclame de Gaulle qui félicite M. Philippe Lamour, réalisateur de cette œuvre qui n'a d'égale qu'en Californie.

A Nîmes, il va tirer la conclusion de la journée devant les milliers de citadins qui l'acclament :

– A la base de tout, il y a le travail, l'effort de tous, de chaque Français là où il est. C'est ce travailleur-là que je salue aujourd'hui, en même temps que je salue Nîmes et la France tout entière.

Aux premières heures de sa troisième journée de voyage, consacrée aux Cévennes, le général de Gaulle va reprendre, en les résumant avec précision, les trois thèmes principaux qu'il a développés la veille dans ses discours à travers le Languedoc et qui ont recueilli partout la chaleureuse adhésion de ses auditeurs.

Il quitte Nîmes à 7 h 30.

A la sortie de la ville, les fermes méridionales aux murs blancs, entourées de cyprès, surgissent des garrigues. Les paysans des mas se groupent sur le bord de la route, autour des drapeaux. De Gaulle s'arrête.

Au petit village de Combas, le maire lui dit en lui tenant longuement la main :

– Monsieur le Président, réglez très vite cette affaire d'Algérie.

A mesure que l'on approche de la sous-préfecture du Vigan, le paysage baigné de soleil devient de plus en plus pittoresque. Aux forêts de pins, au vert vif des massifs, succèdent des gorges rocailleuses, des collines élevées.

Le Vigan apparaît à la sortie de la vallée encaissée de l'Hérault. La foule est dans la rue. C'est jour de fête. Longuement, de Gaulle s'attarde parmi elle, tandis qu'à l'Hôtel de Ville, le chef de l'État est accueilli, en ces termes, par le maire, M. André Bastide :

– Notre gratitude ne va pas seulement au premier magistrat de la République mais au chef prestigieux, symbole de la Résistance et de la Libération, défenseur de l'unité de la patrie et restaurateur des libertés républicaines.

Sur le perron de la mairie où se trouve une statue du sergent Triaire qui, par sa mort héroïque à El Arich en 1799, a rejoint dans la gloire le chevalier d'Assas, autre fils de la cité, le chef de l'État reprend donc les thèmes développés la veille.

A propos de la Communauté :

– Chacun y est librement. Si on ne veut pas y être, on n'y est pas.

Au sujet de l'Algérie :

– Nous devons conduire l'Algérie à un destin nouveau. Nous devons lui donner la possibilité d'exprimer ce qu'elle veut.

Enfin, en ce qui concerne la bombe atomique :

– Nous nous en débarrasserions bien volontiers et avec une joie profonde, si ceux qui la possèdent déjà y renonçaient également.

Le cortège se dirige vers l'usine de l'Union cévenole de bonneterie édifiée à la sortie de la ville. M. Castanier, président-directeur général, présente au chef de l'État cette vaste entreprise réalisée avec l'aide du Fonds de développement par les sept industries de bonneterie de la région, qui, en groupant leurs moyens, ont constitué une usine pourvue d'un matériel ultra-moderne comprenant plus de cent métiers.

En passant dans le département voisin, l'Hérault, le président de la République retrouve un autre genre d'artisanat : le bas de luxe. La localité de Ganges en fabrique vingt-cinq millions de paires par an dans les quarante entreprises qui font vivre les cinq mille habitants de la ville. La réputation des bas de Ganges remonte au XVIIe siècle, époque où ont été tissés les merveilleux bas de soie naturelle qui étaient les plus appréciés des élégantes du monde entier. Reines et princesses des cours d'Angleterre, de Suède, de Belgique, d'Italie portaient des bas de Ganges dont les revers se trouvaient frappés des armoiries royales.

– Il faut dix-huit kilomètres de fils de nylon pour faire une paire, explique le directeur d'une usine au président de la République qui s'en étonne.

« En cas de panne de voiture, poursuit-il, il est possible de se faire remorquer en utilisant comme câble de remorque des bas de nylon attachés les uns aux autres. C'est déjà arrivé.

Et de Gaulle sourit tout en faisant remarquer :

– Je n'aurais jamais pensé que les bas puissent servir à tant de choses.

Deux coffrets de bas sont alors offerts en cadeau à Mme de Gaulle. Le premier contient d'anciens bas de soie datant de 1842, l'autre, un assortiment de trois tailles de bas nylon, car les petits fabricants n'ont pas osé s'informer de la pointure de la première dame de France.

Notons, également, que, parmi les cadeaux offerts, le Président a reçu au Vigan un manuscrit sur le chevalier d'Assas.

Le cortège arrivera à la sous-préfecture de Lodève avec un important retard. Partout où les gens l'acclament, le Général a voulu s'arrêter. Il a même trouvé – vision insolite – un homme seul sur la route, la poitrine drapée de tricolore. Il s'agit du maire de Viols-en-Laval, petit village situé à plusieurs kilomètres de là, qui a tenu à se trouver sur le chemin des voitures officielles. De Gaulle s'est arrêté et lui a serré la main avec chaleur. Il a aussi fait connaissance des mariés du petit village de Viols-le-Fort, André et Pierrette Chalier avec qui il a posé pour la photo traditionnelle.

Enfin à Aniane, les élèves d'une école professionnelle ont contraint la voiture du chef de l'État à s'arrêter, en envahissant la chaussée. Le Général, magnanime, pardonne leur effronterie et leur lance :

– Je vous salue magnifique jeunesse, espoir de la France!...

Dans son discours, à Lodève, il fait pour la première fois allusion aux événements du 24 janvier [1] :

– Si notre pays n'est pas divisé, relève-t-il, c'est parce qu'au bon moment nous savons nous rassembler. Peut-être venons-nous de le prouver encore tout récemment dans une conjoncture qui n'était pas dramatique mais qui aurait pu devenir sérieuse. On a senti, d'un bout à l'autre du pays, battre un seul cœur et s'exprimer une seule volonté...

Dans cette petite ville d'origine gauloise primitivement appelée LUTEVA et située au confluent de la Lergue et de la Soulombre, sur les contreforts des Cévennes méridionales, de Gaulle déjeune dans

1. Début de la semaine des barricades à Alger.

l'intimité avant de poursuivre vers Clermont-l'Hérault où il retrouve son ancien secrétaire des manœuvres de Champagne, le capitaine Léon Sicard, tandis qu'une religieuse s'évanouit dans les bras du député Paul Coste-Floret.

A Aspiran, où deux Chevaliers du taste-vin en uniforme du temps de Rabelais montent la garde au travers de la route, le maire dit, d'une voix forte :

– Vous êtes au centre de la clairette du Languedoc. Nous la vendons mal. Bientôt ces coteaux vont disparaître : il n'y aura plus que des déserts. Monsieur le Président, nous vous prions de prendre des mesures.

De Gaulle, d'une voix calme, répond :

– Votre clairette, je la connais. J'en ai reçu quelques bouteilles et je vous prie de croire que je les boirai à la santé de la France qui ne se porte pas mal, et à la viticulture du Languedoc qui ne se portera pas mal non plus.

Dans la traversée d'un village, on joue *la Marseillaise,* mais ce n'est pas un haut-parleur spécial : ce sont les postes de radio qui diffusent le début de la rencontre de rugby à Colombes : France-Angleterre.

Il est bientôt 16 heures lorsque de Gaulle pénètre à Béziers sous les vivats.

A la sous-préfecture, son dialogue avec les élus des communes commence par un charmant lapsus :

– Je suis heureux de me retrouver parmi les maires du diocèse de Béziers.

Le problème de la vigne, une nouvelle fois, est placé en avant. De Gaulle demande :

– Et l'irrigation?

– On n'y croit pas.

– Mais comment? répond le Général.

– Beaucoup craignent qu'on force les viticulteurs à arracher les vignes.

– Vous devez pourtant avoir deux cordes à votre arc. A côté de vos vignes, vous devez pouvoir faire des fruits et des légumes.

– Le vin est plus imposé qu'un manteau de vison. Il coûte quarante-cinq francs le litre et on doit payer vingt-huit francs de taxe.

– Évidemment, je sais, conclut d'un geste de la main le chef de l'État qui, avant de quitter la ville, va se recueillir devant le monument élevé à la mémoire de Jean Moulin, natif de Béziers.

A Sète, on vit dans un délire digne du meilleur film de la série des *Dom Camillo.*

Un cas de conscience s'est posé au deuxième port de la Méditerranée et, en particulier, à son maire communiste, M. Arraut, qui a publié un communiqué annonçant que la mairie de Sète ne participerait pas à la réception du président de la République, le samedi 27 février.

Le mardi précédent, tout est remis en question : le général de Gaulle sera reçu à la mairie par le maire et ses adjoints. On va même jusqu'à préciser le plus petit détail : il y aura des drapeaux et des plantes vertes.

Pourquoi ce retournement?

Dans les milieux non communistes, on met en avant un certain Bartolosi qui aurait fait échouer l'opération du maire. Il s'agit, en effet, du seul conseiller municipal non communiste. Agent d'assurances, soixante-cinq ans, mutilé de guerre, conseiller municipal depuis de très longues années, il est le seul à représenter à la mairie l'UDSR. Lorsqu'il apprend par la presse les tractations des communistes, il frappe du poing sur la table.

– Si c'est comme cela, affirme-t-il, je le recevrai seul et en mon nom personnel, à l'Hôtel de Ville.

La confusion est à son comble.

Le mardi soir, 23 février, le conseil municipal est brusquement convoqué. Il y a foule dans la salle des délibérations, sympathisants communistes et autres. Ils seront déçus, il n'y aura ni lutte homérique ni mise à mort : le maire propose un projet de délibération tendant à recevoir le président de la République à la mairie. Projet adopté à l'unanimité... presque sans délibérations.

Il y aura tout de même un dernier incident. Le lendemain, mercredi, les Sétois, en même temps qu'ils apprennent la nouvelle décision de leur municipalité par les journaux, lisent avec stupeur un numéro spécial de l'hebdomadaire communiste local, distribué dans toutes les boîtes aux lettres, qui explique pourquoi le maire ne recevra pas le Général, arguant d'un désaccord avec sa politique.

En ville, on n'y comprend plus rien.

Bien vite, cependant, l'équivoque est levée : la guerre de Sète n'aura pas lieu.

Il n'est que de voir l'enthousiasme grandissant des Sétois pour s'en apercevoir. C'est une atmosphère de délire que tente de tempérer le maire par ces mots :

– Monsieur le président de la République, les devoirs de ma charge font qu'il m'échoit de vous recevoir dans cet Hôtel de Ville. Je crains de le faire dans un sens imparfaitement protocolaire ou encore d'une façon ne répondant pas à vos désirs. S'il en est ainsi, je vous prie de bien vouloir m'en excuser (...).

Puis, d'une voix forte, il dresse le bilan de ce que sont, selon lui, la ville et le port de Sète avec leurs difficultés réelles de travail, de logement, de jeunesse. Puis, il termine en disant :

« Je tiens à formuler un souhait : celui que Sète connaisse dans un proche avenir un développement satisfaisant et que, n'étant pas égoïste, les autres communes de notre pays connaissent un même essor.

– Monsieur le Maire, répond le Général, je me joins à votre souhait final. La France sera plus belle grâce à l'unité de tous les Français... Je ne suis pas étonné que votre ville ait des besoins. Je les note. Il y a dans notre pays un effort de transformation à faire, de jour en jour. Cela se fait, vous le savez bien... Je suis très heureux d'avoir pris contact avec vous, monsieur le Maire, et vous, mesdames et messieurs.

Sur la place, la foule le réclame à grands cris.

Il monte à la tribune dans une ovation interminable. Des milliers de bras s'agitent. Contrairement à la coutume, le maire n'est pas à ses côtés. Le silence, enfin revenu, de Gaulle, d'une voix plus énergique, dit :

– Si l'accueil amical et généreux d'une ville m'a profondément touché et a donné témoignage à la France, l'accueil de Sète est, par excellence, cet accueil-là.

« (...) Oui, vous donnez à la patrie une preuve de l'unité française. Vous montrez que, quelles que puissent être entre nous les différences de nos origines, de nos traditions, même de nos espérances, quand il s'agit de la patrie, du bien commun et de celui qui les représente, tous les Français sont unis.

Changeant de ton, le président de la République reprend les thèmes des discours qu'il a déjà prononcés au cours de son voyage, mais, après l'évocation du problème algérien, la foule demeure silencieuse. C'est la première fois que cela se produit depuis le départ de Paris.

Concluant, après avoir évoqué les raisons qui ont amené la France à fabriquer la bombe atomique, il déclare :

– Nous allons chanter *la Marseillaise*, ici, devant la mairie, la maison commune qui est aussi la mienne.

Le général de Gaulle a insisté sur ces derniers mots. La foule, à grands cris, l'approuve. Tandis que des milliers de voix entonnent l'hymne national, M. Arraut, le maire, est resté dans son bureau, fenêtres fermées.

Le lendemain, il consacre, à Montpellier, chef-lieu de l'Hérault, une grande partie de sa dernière journée, rendant visite à l'université et à l'école d'Agriculture.

Tous les professeurs, en robe, et les délégations d'étudiants accueillent le Président dans la faculté de Médecine où il fait allusion à son fier passé.

– Elle remonte à sept cents ans. C'est beaucoup et ce n'est pas grand-chose, dit-il. Cela fait la vie de huit vieillards mise bout à bout, c'est peu.

Félicitant le recteur, M. Richard, pour les importants aménagements de l'université – qui accueille neuf mille élèves – il met en relief l'importance de l'enseignement supérieur et de son orientation vers la science. Aux jeunes gens, il demande :

– Les jeunes filles sont-elles plus nombreuses ou moins nombreuses que vous?

L'un d'eux répond, effrontément :

– Moins nombreuses, mais plus envahissantes!

A l'École d'agriculture, aux portes de Montpellier, dans un parc où les arbres sont déjà en fleurs, le Président passe une heure avec les élèves et les professeurs. Le voyage, d'un bout à l'autre du Languedoc, a été placé sous le signe de l'agriculture et de la viticulture. Il incite le Général à en tirer des conclusions devant les futurs exploitants réunis autour de lui.

– Il y a, dit-il, dans l'agriculture française, une sorte de capital national et de valeur morale dont la France ne peut se passer.

Il rappelle tout l'effort qui est à faire et qui est en route dans la transformation et la modernisation de l'agriculture. Et il ajoute :

« Il y a aussi un effort à faire de la part de l'État. C'est difficile pour lui, du fait que ses moyens ne sont pas illimités, mais aussi à cause des agriculteurs eux-mêmes. Ce sont des gens fiers, attachés aux méthodes qui furent celles de leurs pères et cela se comprend étant donné les aléas auxquels ils sont soumis. Cependant, cette aide de l'État, ils la réclament à grands cris.

Pour le général de Gaulle, la solution du problème agricole est une question d'organisation, d'équipement et de coopération.

– Mais je suis frappé, dit-il, par la manière aussi peu rationnelle et aussi peu avantageuse pour les agriculteurs dont sont organisées les ventes agricoles.

Et il termine en souriant :

« Je ne suis pas pessimiste pour l'agriculture.

Place de la Comédie, le discours public réunira tous les thèmes du moment avec une référence particulière à l'armée française « qui là-bas, en Algérie, fait en sorte que le désordre, le chaos, la haine, ne triomphent pas ».

A pied, il parcourt les trois cents mètres qui le séparent de la préfecture où, sous les acclamations, il se retournera, une dernière fois, vers la foule, disant :

– Au revoir et merci Montpellier!

Une visite à l'École de l'Air de Salon-de-Provence clôture ce septième voyage en province d'où le général de Gaulle rapporte une certitude renforcée qui ne pourra que l'aider dans la poursuite de sa politique nord-africaine au moment où il s'apprête à effectuer un nouveau voyage en Algérie.

Ce séjour en Languedoc confirme les résultats de récents sondages et tend à prouver que sa popularité au lendemain des événements d'Algérie se trouve encore accrue dans l'opinion publique française.

XI
REVOIR LA NORMANDIE

Les 3 et 4 mars, au cours d'un voyage en Algérie, de Gaulle a pris contact avec les cadres des unités militaires chargées de la pacification. Il effectue également de nombreux voyages à l'étranger : Grande-Bretagne (5 avril), Canada (18 avril), États-Unis (22 avril), alors que le premier jour de ce mois d'avril vient d'exploser la deuxième bombe atomique française.

Parmi les autres événements qu'il convient de noter dans l'affaire algérienne : l'appel, radiotélévisé, du 14 juin, aux dirigeants de la rébellion algérienne en vue de trouver avec eux une fin honorable aux combats. A la fin de ce même mois, prendront fin, à Melun, des entretiens sans résultat entre représentants du gouvernement français et du GPRA.

Enfin, des pays africains continuent à accéder à l'indépendance : Togo, Mali, Sénégal, Soudan, Madagascar.

Au début du mois de juillet 1960, le général de Gaulle, en Normandie, effectue une sorte de pèlerinage. La terre de France qu'il avait quittée pour prendre la tête de la Résistance, c'est en Normandie, en effet, qu'il la retrouvera en juin 1944, une semaine après le début de l'offensive libératrice des Alliés.

Il convient de commencer par le point le plus avancé vers la mer : Cherbourg. Ce n'est pas un hasard. Lorsqu'il y arrive, le mercredi 6 juillet, il est accueilli par l'un des premiers engagés volontaires des Forces Françaises Libres, M. Jacques Hébert, médecin de trente-neuf ans, maire de la ville.

M. Hébert quitta la France par l'un des derniers cargos à

destination de l'Angleterre. Cette aventure devait le mener comme officier de blindés en Afrique noire, en Libye, en Grande-Bretagne, en France et jusqu'à Berchtesgaden avec l'avant-garde de la division Leclerc. Fait compagnon de la Libération et démobilisé, M. Hébert dut reprendre ses études de médecine interrompues en 1940. Il est aujourd'hui un cardiologue réputé.

Le président de la République signe le livre d'or dans le grand salon de l'Hôtel de Ville puis traverse le musée permanent de peinture installé dans trois salles de la mairie.

En ville, la foule attend le général de Gaulle place... du Général-de-Gaulle. Celui-ci rappelle qu'il s'est trouvé dans Cherbourg en ruine quelques jours avant la libération de l'ensemble du pays. Après avoir salué la ville nouvelle, il ajoute :

– Notre pays a pris sa marche vers de grandes et nouvelles destinées. Sans doute, il a fallu d'abord lui donner des institutions nouvelles, rétablir sa stabilité. Cela n'a pas été sans de grands sacrifices. Je le sais. Mais nous sommes maintenant en marche vers le progrès économique et vers le progrès social sans lequel il n'y a pas de progrès économique. Nous réglons, en même temps – non sans discuter, certes –, mais nous réglons des obstacles qui se trouvaient sur notre route. Je pense aux relations nouvelles et fraternelles que nous établissons avec les peuples d'Afrique noire.

Il aborde ensuite le problème algérien et ses paroles, notamment celles qui concernent le futur destin de l'Algérie, sont longuement acclamées.

– Pas à pas, dit-il, nous avançons sur la route d'une Algérie liée à la France par la nature des choses. Son avenir sera décidé par les Algériens eux-mêmes et tout ce qui retarde cette grande décision n'est pas une bonne action à l'égard du monde entier.

Soulignant du geste ses propos, il enchaîne :

« Il n'y a pour nous qu'une seule espèce humaine et tout homme quelle que soit sa couleur, quelle que soit son origine, a droit à une part égale de bonheur et de bien-être.

Le pèlerinage continue par Valognes, entièrement reconstruite après les bombardements et les combats de 1944, puis par Saint-Lô, dernière étape de la journée où devant les maires ruraux du département de la Manche, il donne assez sèchement son opinion sur l'alcool.

– Faites-en du jus de fruit. Le plus tôt sera le mieux.

Le plus tôt se situe le lendemain à 7 h 25 où il effectue son entrée dans Torigny-sur-Vire. Dans cette localité, après les présentations d'usage par le maire, M. Gustave Lebreton, il a pris rendez-vous, dans une petite maison basse, avec une vieille dame presque cassée en deux mais au regard d'une limpidité extraordinaire. C'est Mlle Potel qui, de 1933 à 1947, fut gouvernante des enfants de Gaulle. Mme de Gaulle a tenu, également, à venir la saluer.

Deux voitures officielles arrivent, escortées seulement par trois motocyclistes. Mlle Potel, tremblante d'émotion, s'avance au-devant du Général qui lui serre longuement les mains. Mme de Gaulle, elle, lui donne l'accolade et entre avec elle dans son petit logement de deux pièces aux poutres apparentes.

A la place d'honneur, dans la salle à manger, une petite vitrine à l'intérieur de laquelle se trouvent enfermés le képi que portait le général de Gaulle à Londres et que celui-ci donna en souvenir à la gouvernante de ses enfants et une montre de gousset qui possède, elle aussi, son histoire : durant la guerre de 1914-18, Charles de Gaulle fut atteint par une balle qui heurta la montre, fit sauter la moitié du cadran, mais fut détournée. Le Général lui doit la vie.

Après cette halte émouvante, d'autres arrêts ont lieu à Condé-sur-Vire où le chef de l'État visite une coopérative laitière puis à Coutances, Granville où une pluie fine noie le paysage et Avranches.

La Normandie représente un vaste territoire, aussi le concours de l'autorail est nécessaire pour gagner Argentan, Laigle et Alençon.

A Laigle où le cortège a du mal à se frayer un chemin à travers la foule accourue des environs, un artisan de la région présenté par le maire, M. Ernest Voyer, offre au chef de l'État un bas-relief de bois sculpté.

Plus modeste, mais aussi touchant, le cadeau des enfants des écoles de la commune de Tourouvre : trois scoubidous en forme de croix de Lorraine qu'ils ont eux-mêmes tressés.

Dans son discours de bienvenue, le maire rappelle que trois frères Gagnon, enfants du pays, partis au Canada, ont actuellement une descendance de cent mille personnes.

Dans sa réponse, le chef de l'État rapporte que, lors de son récent voyage au Canada, Onésime Gagnon, gouverneur de la province de Québec, lui a beaucoup parlé de Tourouvre :

– Ce que vous dites sur la descendance des Gagnon, ajoute-t-il, m'impressionne beaucoup, car il suffirait que toutes les familles Gagnon en fassent autant pour que, dans trois cents ans, elles aient submergé la terre.

Le jour suivant, vendredi 8 juillet, il parle de l'Algérie à Alençon après avoir été accueilli par le maire de la ville, M. Hubert Mutricy. Du problème algérien, il est vrai, il en parle d'une ville à l'autre, avec, à chaque fois, quelques nouvelles précisions, avec à chaque fois plus de force dans l'expression.

Les journalistes qui accompagnent le cortège notent que l'on rencontre davantage de fantaisie que la veille dans la décoration des villes et des villages; il en est ainsi à Ciral où les habitants ont barré la route nationale, drapeaux en tête, par crainte que le Général ne s'arrête pas, tandis qu'à la Ferté-Macé trois énormes banderoles obstruent la rue principale; on y lit successivement : « En 1940, la France a perdu une bataille... elle n'a pas perdu la guerre... En 1960, la France gagnera la paix... »

A Flers, le maire, M. Jacques Vallée, au cours d'une petite cérémonie, montre au général de Gaulle des documents qui établissent que la ville fut défendue pendant la guerre de Cent Ans, en 1417, contre les Anglais, par un certain Jean de Gaulle qui fut, ensuite, après la victoire anglaise (provisoire), exilé en Bourgogne pour avoir refusé de collaborer avec les occupants.

Le général de Gaulle est au courant : ce Jean de Gaulle est un ancêtre lointain de la famille.

Et alors qu'il se mêle à la foule, un ancien déporté, M. Nicolas, s'approche de lui et lui tend une enveloppe.

– J'ai été déporté à Buchenwald avec le général Vernaud, lui dit-il. C'était un de vos camarades. C'était un grand résistant. Avant de mourir au camp, le général m'a confié cette enveloppe en me disant : « C'est mon dernier message. Peut-être, t'en sortiras-tu vivant toi. Et si jamais tu revois de Gaulle, remets-lui cette lettre et dis-lui que jusqu'au bout je lui ai été fidèle. »

Le miracle s'est produit. L'ancien déporté, perdu dans la foule anonyme, a revu de Gaulle.

Après un déjeuner à la sous-préfecture de Vire, le chef de l'État passe dans un certain nombre de villages sinistrés durant la guerre. Après Montamy où il reçoit comme présent sa première bouteille de Calvados, Villers-Bocage, détruit totalement durant les combats de la Libération, a, aujourd'hui, pansé ses plaies. Il ne restait pas une seule maison debout en 1944 et, en ce jour de juillet 1960, le chef de l'État inaugure la nouvelle mairie.

Le maire lui rappelle à cette occasion que c'est le pape Jean XXIII, alors nonce apostolique, qui a béni la première pierre de l'église qui fait face à la mairie.

Tilly-sur-Seulles : le village a été pris et repris vingt-trois fois en 1944. Et le drapeau tricolore frappé de la croix de Lorraine qui flotte aujourd'hui sur la mairie toute neuve a été à cette époque dérobé par l'ennemi et emporté en Allemagne d'où un officier anglais le ramena.

Le cortège reprend la route de Bayeux où le Général est reçu à l'Hôtel de Ville, celui-là même qui l'avait accueilli en juin 1944. Il rappelle le discours qu'il prononça à l'époque :

– Je n'oublie pas, dit-il, que c'est à Bayeux que fut formulé ce que devaient être et ce que sont aujourd'hui les institutions de la République. Je le répète, de la République, avec les modifications qui s'imposaient compte tenu des circonstances.

« La République a pu changer de forme mais elle fut toujours la République, n'ayant de valeur et d'efficacité que dans la mesure où elle servait l'intérêt national.

Après avoir admiré le monument en forme de croix de Lorraine qui commémore la Libération de la « première sous-préfecture de la France Libre », le Président parle de l'Algérie et conclut :

– Un pays, comme un homme, peut se tromper, peut commettre des erreurs, mais l'essentiel est que ce pays ou cet homme reste fidèle à soi-même, à son devoir, à sa vocation.

Le général de Gaulle prononce son dernier discours de la journée à Caen.

Au moment où il prend la parole, une dame, modestement vêtue, s'approche du podium autour duquel se pressent quelque vingt-cinq mille personnes. Ses trois petits enfants, vêtus de blanc, l'entourent. L'aînée, Christiane Martin, neuf ans, s'avance et lui offre un bouquet en spécifiant qu'il est destiné à Mme de Gaulle. Le Président, très touché, la soulève de terre et l'embrasse.

Mme Martin assiste à la scène, tremblante d'émotion. Elle a failli mourir, sa fille aussi. Toutes deux ont été sauvées grâce à Mme de Gaulle. Mme Martin devait subir une double opération et sa fille était atteinte de leucémie. Désemparée, la pauvre femme écrivit à Mme de Gaulle pour lui faire part de ses malheurs. L'épouse du chef de l'État s'intéressa à ce cas douloureux et grâce à son aide, Mme Martin est aujourd'hui dans une maison de repos et sa fille est sauvée...

Malgré l'accueil surprenant de chaleur des Caennais, le général de Gaulle doit, toutefois, entendre quelques plaintes.

Lorsqu'il est reçu par le conseil municipal, tout près de la majestueuse et sévère abbaye des Hommes où reposent les cendres de Guillaume le Conquérant, M. Jean-Marie Louvel, ancien ministre et maire de la ville, après avoir retracé la résurrection de la cité qu'il administre, en vient à des propos plus critiques. Il déclare qu'il n'a pas le droit de dissimuler les inquiétudes de ses concitoyens « devant des dispositions administratives ou réglementaires prises depuis un certain nombre de mois et qui ont pour effet de compromettre le résultat de notre effort, risquant, si elles doivent être maintenues, d'entraîner rapidement la stagnation, sinon le déclin, de notre économie régionale ».

Le propos est très inhabituel. Le chef de l'État l'ignore à peu près, répondant, simplement :

– Quant aux pouvoirs publics qui sont responsables, vous pensez bien qu'ils ne méconnaissent pas ce qui se passe ici.

De même, à l'université, le recteur se plaint quelque peu du ministre des Finances, chiche en crédits. Et, là, le Général lui répond en exprimant son optimisme :

– En tout cas, ne vous plaignez pas!

A la « Région économique » qui gère toute la Basse-Normandie, le directeur, M. Spriet, expose que le revenu agricole ne suit pas dans cette province, comme dans d'autres, la progression industrielle et que la Région devrait créer quarante mille emplois nouveaux en cinq ans : qu'il faut établir une politique de reconversion, les actuelles mesures n'ayant pas donné de résultats satisfaisants. Pratiquement, il demande que la Basse-Normandie soit incluse dans les zones critiques. Mais, là encore, le président de la République se contente de répliquer :

– J'emporte de votre région une impression optimiste. Le mouvement de déconcentration gagne peu à peu...

Et il se garde d'aller plus loin dans le détail, se bornant à répondre à un auditeur qui a tenté de l'intéresser aux problèmes agricoles :

– On mangera toujours de la viande et on boira toujours du lait.

Le chef de l'État passe donc sa troisième nuit normande à la préfecture de Caen. Un dîner intime de trente couverts y est servi. Au dessert, on apporte deux grandes brioches en forme de croix de Lorraine sur lesquelles on a inscrit en lettres de sucre : « Honneur au général de Gaulle. » Ce supplément imprévu a été offert par le Syndicat de la boulangerie de Caen.

Pour l'avant-dernière journée du voyage en Normandie, il prend à 7 h 45 un train spécial pour gagner Lisieux. Du mauvais temps on est passé au beau fixe. Un immense V en toile tricolore de près de quinze mètres de haut décore toute l'avenue Victor-Hugo où le chef de l'État doit prononcer le premier discours de la journée.

Par coïncidence, c'est exactement le même jour et le même mois que la ville de Lisieux a reçu un précédent chef d'État. Le samedi 9 juillet 1932, en effet, la ville accueillait M. Albert Lebrun. M. Robert Brisson, député-maire, le rappelle et de Gaulle répond entre autres :

– Vous tous et vous toutes, retenez, je vous en prie, que celui qui vous parle est plus sûr de l'avenir de la France dans les jours où nous sommes qu'il ne le fut jamais.

Le chef de l'État a quelque peu modifié la structure de son discours. Il développe désormais beaucoup moins la « partie algérienne » de ses exposés, mais s'étend davantage sur le redressement de la France, le progrès social, le rôle que doit jouer la France dans le monde où règne la menace de la guerre nucléaire.

A Bernay, il ne quitte pratiquement pas la gare de la ville et c'est à l'intérieur de celle-ci qu'il signe le livre d'or. Il s'y fait présenter les personnalités locales par le maire, président du conseil général, M. Gaston Héon. Parmi elles, un vieux colonel en retraite, âgé de quatre-vingt-douze ans : M. Mesnil, l'oncle du général Massu.

L'autorail s'arrête ensuite en gare d'Évreux, au moment précis où une brave paysanne portant d'une main son parapluie énorme et de l'autre un panier de victuailles se présente devant la gare et foule sans complexe le tapis rouge que l'on vient de dérouler.

Le Général s'entretient avec les maires des problèmes qui les touchent de très près.

– Et la production? Et les prés?... demande-t-il soudain.

– Euh! les prés? C'est pas ce qui manque ici, répond un maire.

Sur la place de l'Hôtel-de-Ville, alors qu'il reprend le thème algérien et parle « d'Algérie algérienne », un cri s'élève de l'assistance et l'on peut entendre :

– Bravo patron. Vas-y, tous les anciens sont avec toi!

Après Évreux, Les Andelys que dominent les ruines imposantes du château Gaillard, l'un des plus beaux sites de la vallée de la Seine construit à la fin du XIIe siècle par le roi d'Angleterre Richard Cœur de Lion afin d'interdire au roi de France l'accès de Rouen par la vallée. Le maire, M. Gabriel Cheneaux-de-Leyritz, déclare :

– Derrière vous, monsieur le Président, et selon votre vœu, la France, unique et diverse, sera grande.

Parlant de la décolonisation réalisée par la France, de Gaulle fait, pour la première fois, une allusion claire au Congo belge, disant :

– Certains événements qui se passent au cœur de l'Afrique noire nous prouvent tous les jours que nous avons bien fait d'agir comme nous l'avons fait.

La ville des Andelys annonce le département de la Seine-Maritime. En vérité, le cortège n'a qu'à suivre les boucles de la Seine pour atteindre Rouen. C'est par le port que tout commence. Le Général monte sur un baliseur que suivent une vedette et deux remorqueurs et la visite des installations portuaires commence, guidée par leur directeur, M. Jean Baudelaire.

Revenu sur la terre ferme, il apporte, dans son discours à la population, un peu plus de clarté à la solution qu'il propose au problème algérien.

Il évoque ainsi trois phases : cessez le feu, période d'apaisement (« dont je ne peux absolument prévoir la durée »), puis vote libre. Il parle aussi d'un « gouvernement dans lequel la communauté européenne aurait sa place ».

Le dimanche 10 juillet, la dernière journée normande commence par une messe en la cathédrale de Rouen avant un départ vers Dieppe, en autorail, d'où il repart, à travers le pays de Caux vers Fécamp avec une succession d'arrêts dans de petits villages.

Au cours de l'un d'eux, on remarque au premier rang de l'assistance un ancien combattant décoré de vingt-sept médailles, d'innombrables palmes et de l'insigne des Forces Françaises Libres.

Il a une petite tête burinée de vieux marin, et une ressemblance assez profonde avec Churchill. De Gaulle s'arrête et lui serre la main. Il s'agit de Charles Coruble, ancien combattant des deux guerres et qui fut, à Londres, le planton du général à Carlton Gardens.

L'arrivée à Fécamp a lieu, comme à Rouen, dans le mugissement de toutes les sirènes des navires ancrés dans le port et qui couvrent les ovations. C'est l'heure du déjeuner; la foule brave un temps exécrable.

Il reçoit comme présent, entre autres, une grande bouteille de bénédictine, liqueur fabriquée à Fécamp.

C'est là qu'il prononce l'une de ses phrases restées célèbres :

– Je suis honoré de me trouver dans votre ville qui est une ville de courage, une ville du lointain, une ville de la mer qui veut le rester et le reste.

Puis il prend la direction du Havre et traverse une région qu'il connaît bien puisqu'il y connut les joies émerveillées de l'enfance.

Il s'arrête tout d'abord à Épreville, village où son grand-père avait effectué sa première communion solennelle. La note cocasse se situe à Saint-Sauveur d'Émalleville où le porte-drapeau à qui de Gaulle serre la main se trouve si ému qu'il crie au président de la République :

– Bonjour, mon adjudant!

A Harfleur, la municipalité vit sous l'effet d'un double événement : le passage du premier personnage de l'État et la fête du village. De Gaulle l'apprend et « la leur souhaite bonne et heureuse! »

A 15 h 30, il fait son entrée dans la ville du Havre où, à la mairie, le premier magistrat, M. Monguillon, lui affirme qu'il reste « trop de foyers dans la misère », que « le chômage frappe de trop nombreux ouvriers », soulignant « la courbe dégressive du pouvoir d'achat ».

Le président de la République, dans sa réponse, déclare « mesurer l'importance des problèmes posés » mais affirme que « quoi qu'on dise, les conditions moyennes de la vie ne cessent de s'améliorer ».

Dans le courant de l'après-midi, de Gaulle quitte la sous-préfecture pour aller saluer son prédécesseur à l'Élysée : M. René Coty. Cette entrevue privée n'excédera pas dix minutes, le protocole imposant au chef de l'État d'être à 16 h 40 à l'embarcadère pour visiter les installations portuaires du Havre.

Après le discours public accueilli dans l'enthousiasme par des milliers de Havrais, bravant la pluie, il ne reste plus qu'une étape avant de reprendre l'autorail à la gare de Notre-Dame-de-Gravenchon-Port-Jérôme : Tancarville. Le pont, chef-d'œuvre impressionnant, qui relie les deux bras de la Seine, de Gaulle le regarde, admiratif. A l'entrée, il peut lire que l'ouvrage fut édifié du 15 novembre 1955 au 3 juillet 1959.

C'est là que s'achève le périple normand :

« Un voyage, écrit Georges Mamy [1], qui a gardé jusqu'au bout ce caractère d'opération " d'action psychologique " qu'il a revêtu dès le premier jour. Martelant inlassablement les mêmes thèmes, modelant insensiblement, mais à chaque occasion, son expression, dosant son propos selon ses auditoires, le chef de l'État a sans cesse tiré parti de la réceptivité des foules enthousiastes, dociles, proches de la dévotion. »

1. *Le Monde* du 12 juillet 1960.

XII

L'HOMMAGE DE LA BRETAGNE

La proclamation d'indépendance des territoires de la Communauté française se déroule à un rythme accéléré. Dahomey, Niger, Haute-Volta, Côte-d'Ivoire, Tchad, Centrafrique, Congo et Gabon accèdent à la souveraineté dans la première partie du mois de juillet.

Les problèmes de l'Europe font l'objet de multiples entretiens à Paris; le 28 juillet, entre le général de Gaulle et le chancelier Adenauer, le 31 août avec le Premier ministre de Belgique, M. Quay, et son ministre des Affaires étrangères, M. Luns, et, à Rambouillet, les 3 et 4 septembre, avec M. Fanfani, chef de la diplomatie italienne.

Enfin, le chef de l'État expose, dans une conférence de presse, ses vues sur l'organisation politique de l'Europe. Évoquant le problème algérien, il affirme : « Tant que l'on donne la parole au couteau, on ne peut parler politique. »

Une mauvaise légende affirme qu'il pleut en permanence sur la Bretagne.

Le général de Gaulle, en personne, est en mesure de la démentir le mercredi 7 septembre dès son arrivée à la gare de Brest. Et pourtant! Le voyage en avion a été écarté en raison... du mauvais temps.

Il fait un soleil radieux et la foule apporte d'entrée sa note de chaleur et d'enthousiasme lorsque apparaît le chef de l'État tandis que les fusiliers marins rendent les honneurs. Au sein du cortège présidentiel, on remarque, entre autres, MM. Chatenet, Messmer et Triboulet, ministres de l'Intérieur, des Armées et des Anciens Combattants. Ce dernier est immédiatement dans le vif du sujet car le chef de l'État fait référence au passé glorieux de la cité, sinistrée durant la guerre à quatre-vingt-dix pour cent, subissant plus de cent soixante bombardements. Il remet d'ailleurs à la ville par l'intermédiaire de son maire, M. Lombard, la médaille de la Résistance, tout en évoquant l'avenir :

– Brest, aujourd'hui, est une ville nouvelle. Je comprends et partage ses ambitions. Brest est une ville importante et je sais ce qu'elle représente sur mer. Dans cette ville doivent apparaître et apparaîtront de grands foyers d'activités nouvelles. Il est inévitable, certes, qu'il y ait quelques problèmes, quelques rides à la surface, en particulier pour ce que j'appellerai le malaise social. Mais ce problème trouvera sa solution. Et je vois ici l'avenir de la France s'élever au-dessus de son passé en gardant la flamme de nos aïeux mais sans en garder la cendre.

Il tient ensuite à effectuer une longue promenade en voiture, à travers les quartiers reconstruits de la ville, promenade qui le voit, debout dans sa voiture, répondre inlassablement aux interminables ovations d'une foule chaleureuse et qui trouve son épilogue sur la place du château où le président de la République prononce son premier discours. Il reprend, en fait, les principaux thèmes de sa récente conférence de presse :

– Comment, disent certains, est-il possible pour l'Algérie que la France ne cède ni aux complots ni aux menaces de certains qui voudraient l'annexer à leurs intérêts, ou, à l'opposé, qu'elle ne cède pas aux mises en demeure de ceux qui voudraient qu'on leur livrât en toute propriété l'Algérie; et pour quoi faire?

« La France dit aux Algériens : l'Algérie est à vous. Discutons ensemble. Tout ce qu'elle demande, c'est que, avant d'entrer dans la salle, on ait déposé son couteau.

« On s'étonne aussi que la France veuille être elle-même à l'extérieur, qu'elle ne renonce pas à la France... même en Europe, même dans le monde! Eh bien! oui, la France a choisi une fois pour toutes d'être la France, et j'invite tout le monde à s'en accommoder.

Auparavant, le président de la République, après avoir rendu hommage à la magnifique résistance de la ville de Brest, pendant la guerre, déclare :

– Je sais qu'ici on ne se laisse pas prendre aux lamentations de ceux qui regrettent ce qui fut. Car voilà la France dans la situation où le chef de l'État dirige l'État, où le gouvernement gouverne, où le Parlement délibère et légifère, où la justice rend la justice, sans qu'il y ait des crises ruineuses et scandaleuses et où se battaient tant de notables représentants d'intérêts ou de maîtres de la presse.

Brest et sa ville neuve, certes, mais aussi Brest et son arsenal font l'objet d'une visite particulière de la part du chef de l'État qui prend place, ensuite, à bord d'une vedette de la Marine nationale pour passer en revue les bâtiments rangés dans la rade. Tous ont hissé le grand pavois et les officiers dès l'apparition du visiteur crient sept fois consécutivement : « Vive la République! »

Celui-ci déjeune à bord du *Clemenceau* dans la petite salle à manger de couleur, marron et vert, de l'amiral. Sur la table, dressée pour huit personnes, deux petits bouquets de fleurs apportent une touche décorative.

Bientôt le *Clemenceau* appareille pour l'une des grandes étapes de ce voyage : l'île de Sein. Le général de Gaulle a voulu, en effet, inclure cette visite dans le programme de son séjour armoricain afin de marquer par un hommage solennel le sacrifice des enfants de l'île, inscrits maritimes, qui, à l'Appel du 18 juin 1940, rejoignirent la France combattante.

A 14 heures, un hélicoptère venant du navire dépose le président de la République sur l'île où il est aussitôt accueilli par le maire, Mme Marguerite Kerloc'h.

Des pavillons multicolores claquent au vent du large. Une procession serrée s'étend du bourg à la place où est érigé le monument des FFL que le président de la République va inaugurer sur la seule route de l'île. Des femmes en coiffes noires, à pans relevés en forme de nœud ou baissés en signe de deuil, attendent depuis plus d'une heure assises sur les rochers à la pointe ouest de l'île au bout de la chaussée d'Ar-Men. Les visières des casquettes des marins, en veston de drap sombre où est épinglé l'insigne de la France Libre, luisent au soleil.

L'enthousiasme est délirant. Gendarmes et fusiliers marins tentent bien de mettre de l'ordre, mais de façon débonnaire : c'est une fête bretonne, une fête du souvenir, une fête de famille.

Les hommes de l'île sont rassemblés autour du mémorial de granit qui commémore le départ, il y a vingt ans, de toute la population mâle de l'île vers les côtes anglaises. Une croix de Lorraine où s'adosse, le visage tourné vers le large un Sénant en costume de pêcheur, porte ces deux devises empruntées l'une à un ancien officier de la Marine Libre : « Kentoc'h mervel » (plutôt mourir), l'autre à Charles Péguy : « Le soldat qui ne se reconnaît pas vaincu a toujours raison »; mémorial qui est l'œuvre du sculpteur Quillivic et qui a été édifié à l'initiative d'un comité présidé par le Dr Vourc'h.

C'est la deuxième visite que le général de Gaulle rend à l'île de Sein dont il disait à Londres, en juin 1940 : « Sein, c'est le quart de la

France. » La plupart des rescapés de l'odyssée sont là : François Sollic, François Fouquet, Martin Guilcher... Le plus âgé avait alors cinquante et un ans, le plus jeune quatorze ans. Tous quittèrent l'île dans leurs frêles embarcations qui s'appelaient : *Rouanez – ar Mor, Velleda, Corbeau des Mers, Maris-Stella.* L'abbé Guillerm leur avait donné la bénédiction avant leur départ. Ils étaient cent trois. Vingt-cinq ne revinrent pas.

De Gaulle s'avance à pied sous un soleil éclatant vers le mémorial où il retrouve d'anciens combattants et des compagnons de la Libération : le général Ingold, Grand Chancelier, le général de Larminat, l'amiral Auboyneau.

Les hommes de l'île chantent avec leur recteur le cantique des défunts : *Libera me.* Toute la population le reprend et même le chef de l'État accompagne le chant auquel succède l'absoute célébrée par Mgr Favé, évêque auxiliaire de Quimper et de Léon.

Le général de Gaulle prend ensuite la parole.

– Voici la mer, toujours mobile, voilà le ciel sans cesse changeant. Et voilà – dit le Général montrant du doigt le mémorial – le granit de la Bretagne qui, lui, ne change jamais.

« L'île de Sein a su, au moment où il le fallait, donner l'exemple. Le mouvement, à cette époque, fut naturel et spontané parce qu'il s'agissait de l'île, de ses enfants et parce que, à travers les siècles, vous êtes confrontés avec les combats, puisqu'il s'agissait de vous-mêmes et de votre courage.

« J'ai compris avec le *Libera* que vous chantiez tout à l'heure ce que fut votre sacrifice de 1940. Cela demeure à Sein et cela demeure dans l'esprit de la France tout entière. La France a eu bien des malheurs, mais, grâce à ses efforts, grâce aux vôtres, elle renaît. La France est dans nos rêves ce que nous avons voulu qu'elle fût : grande, prospère et fraternelle. C'est au nom de la France que je suis venu rendre hommage à l'île de Sein : à cette terre de courage et d'exemple, à mon compagnon, l'île de Sein. Dans les jours qui me restent à vivre, j'emporterai de cette belle cérémonie un souvenir inoubliable.

La foule, longuement, frénétiquement, applaudit. C'est ensuite le mouvement de toute cette foule où éclatent les acclamations qui le pousse vers le bourg : maisons blanches et grises entourées de murettes de pierres sèches, étroites ruelles pavoisées de drapeaux, coupées d'étranges reposoirs où sur une table deux verres remplis de fleurs entourent une photo du chef de la France Libre.

Puis, il inaugure la mairie avant de regagner en hélicoptère le *Clemenceau* et débarque à 16 h 45 à Douarnenez.

Le cinquième port de pêche de France, le chef de l'État l'atteint, ainsi, par mer. La flotte locale est au grand complet, l'équipage en bleu de chauffe à la bordée ou sur la dunette. Toutes les embarcations ont, bien sûr, hissé le grand pavois mais leurs instruments de travail sont aussi à l'honneur : filets bleus des sardiniers, filets carrés des langoustiers, tangons des thoniers se détachent sur les voiles bleues, blanches ou rouges, illustrant l'activité maritime de Douarnenez.

Roger Montaron, envoyé spécial d'*Ouest-France*, décrit le tableau :

« Le soleil créait un décor haut en couleur, vert émeraude de la mer et vert clair des prés couchés sur les falaises, le tout dominé par des nuages d'un gris pastel.

« Sur le quai de la criée, des drapeaux et oriflammes flottent au vent. La foule, très dense, où les coiffes blanches jettent une note claire, avait pris place sur les quais environnants, tandis que de nombreuses embarcations légères tournoyaient en rade. »

Accueilli par le maire, M. Henri Mottier, le Général se fait présenter les notables; le maire lui remet la maquette de l'insigne FFL-Bretagne – conçue et réalisée à Douarnenez – et il gagne tout de suite le podium où il prononce une nouvelle allocution et déclare notamment :

– Je vous dis : plus que jamais de Gaulle a confiance en la France. On en a vu beaucoup, vous en avez vu beaucoup; si nous avions dû périr, ce serait déjà fait.

« La France est un pays qui remonte, je vous en donne la garantie. L'avenir est à nous et nous sommes en train de le faire jour après jour.

Par la route sinueuse qui traverse les plateaux verdoyants de Cornouaille, de Gaulle observe un arrêt à mi-chemin à Plonéïs où la population s'est massée devant la vieille église du XVIe siècle qu'entoure un cimetière. Dans la foule circulent quelques tracts rappelant les impérieux besoins des populations bretonnes.

Une foule nombreuse et enthousiaste l'attend au chef-lieu du Finistère où il arrive à 18 heures par les quais de l'Odet. La place de la Résistance est noire de monde.

Après avoir été reçu par le maire, M. Yves Thépot, et avoir passé en revue un détachement du 131e RI de Rennes, de Gaulle gagne, entre une double haie de groupes folkloriques en habit bleu et jaune, l'estrade d'où il prononce son dernier discours de la journée.

Il reprend la plupart des thèmes déjà développés le matin dans son discours de Brest, entre autres, celui de la stabilité politique « qui a fait disparaître les crises scandaleuses ».

On retient, par ailleurs, le problème de la position de la France dans le monde, lorsqu'il affirme :

– Quand la France parle, je ne dis pas que tout le monde est d'accord, ce serait trop beau, mais quand la France parle on l'écoute et on en tient compte, quelles que soient les invectives qui s'échangent à travers le monde. La France garde sa lucidité, sa sérénité, c'est le meilleur service que nous pouvons aujourd'hui rendre à tous nos semblables. De Gaulle est venu vous dire quelle confiance il a dans notre pays, une confiance plus grande et plus justifiée que jamais.

A l'Hôtel de Ville, il peut enregistrer « avec compréhension », répète-t-il à plusieurs reprises, les doléances des Bretons du Finistère. Les représentants des organisations paysannes lui décrivent le malaise agricole breton qui tient à l'éloignement géographique, à la concurrence étrangère, à la mauvaise organisation juridique et commerciale des exploitations agricoles.

Le remède qu'ils proposent – classement de la Bretagne tout entière en « zone de conversion » – et non seulement en « zone critique » – reprend la proposition faite en vain lors du dernier voyage en Bretagne de M. Michel Debré.

Ainsi le Président peut s'informer concrètement des réalités nationales et régionales, ce qui donne une conclusion pratique à cette journée.

Le Finistère est traversé de part en part, le jeudi 8 novembre. Dans *France-Soir*, on peut lire :

« Et la ronde continue, ronde échevelée de clochers de dentelle, de calvaires, dans le tourbillon vert et pourpre des pommiers trapus, dans une ambiance de fête, par un ciel éclatant. »

Le cap est mis d'abord sur Concarneau, deuxième port de pêche de France, « en pêche fraîche », comme on dit malicieusement là-bas.

Entre Quimper et le grand port thonier, la route serpente entre des bois de noisetiers et d'acacias et, au détour des virages, le chef de l'État aperçoit des vieilles paysannes en coiffes de dentelle, des hommes en bleus de travail, des femmes en tabliers avec des enfants dans les bras sur le pas de leur porte.

A 8 heures, le cortège présidentiel s'engage à Concarneau par l'avenue de la Gare. Il fait déjà très chaud. Les cornes de brume des chalutiers, qui ont hissé le grand pavois, se mettent à mugir.

Comme à l'occasion de la plus grande fête locale, celle des « Filets Bleus », la sardinière et les pêcheurs traditionnels, en effigie géante, ont été placés à l'entrée de la ville; les jeunes du groupe folklorique, en coiffe de Fouesnant – l'une des plus belles de Bretagne – mais aussi la reine des « Filets Bleus » et ses demoiselles d'honneur, en costume de sardinière, entourent le général de Gaulle.

Devant l'Hôtel de Ville, drapé du filet bleu constellé de sardines d'argent, la foule endimanchée où les coiffes des vieilles Bretonnes côtoient le short des derniers touristes de l'été, est présente. On compte quatre personnes au mètre carré.

S'adressant à la foule, le chef de l'État déclare à propos de l'influence de la France dans le monde :

– La France doit jouer un rôle humain, elle doit prêter son concours. Du moment qu'on vit, on a des difficultés à vaincre, mais, peu à peu, tout le monde sait que la France a des moyens et qu'elle reprend sa place. Et puis, la France tend la main sans aucune malveillance aux autres peuples, quels qu'ils soient, avec dignité.

Ici, comme ailleurs, il tient à donner son point de vue sur le problème de l'Algérie, répétant, avec quelques variantes, ce qu'il a dit à Brest et à Quimper :

– C'est par des moyens humains que la France veut résoudre ce problème. Je veux dire par là qu'elle veut le résoudre avec les Algériens de telle manière que cette Algérie reste unie à la France. C'est ce que veut le bon sens. La France propose qu'on cesse de se tuer en Algérie et que toutes les tendances viennent discuter. Elle demande simplement qu'avant d'entamer le débat, avant d'entrer dans la salle, personne n'apporte son couteau.

Puis, tandis qu'une salve de canon s'égrène, faisant flotter ses fumées bleues sur les eaux tranquilles du port, et que les sirènes des chalutiers reprennent leur mugissement, le cortège gagne les quais et le marché à la criée : là, le Président se promène longuement entre les caissettes de poisson frais, interrogeant pêcheurs et vendeurs sur les perspectives de la pêche... et l'on voit des marins juchés au haut des chalutiers amarrés au quai voisin filmer le Président penché sur les poissons et discutant avec leurs camarades de travail.

Tout Concarneau est dans la rue. Seule note discordante : malgré la demande pressante du maire de la ville, M. Charles Linement, le bagad de l'Amicale laïque a refusé d'accueillir de Gaulle en musique.

Cet incident, le premier magistrat de la ville ne l'oubliera pas. Deux mois plus tard, lorsque viendra le moment pour le conseil municipal de voter les subventions, il sera décidé, sous son impulsion, de priver l'Amicale laïque durant un an de la manne communale.

A Rosporden, quelques minutes plus tard, le maire dit au chef de l'État :

– Nous pensons que nous verrons bientôt la fin de la guerre d'Algérie. Nous vous sommes reconnaissants de la manière dont vous avez réglé le problème des colonies.

A 9 heures, à la gare de Rosporden, c'est le départ en autorail pour Châteaulin où le podium a été installé devant la porte de la gare.

M. Hervé Mao, maire socialiste, qui était déjà le premier magistrat de la ville en 1945, remet au général de Gaulle une photo de la visite qu'il avait faite à ce moment-là. A cette époque, M. Mao venait d'abandonner son pittoresque surnom de la Résistance « Charles-Léon », choisi en raison de son admiration vouée à la fois au général de Gaulle et à Léon Blum. Il rappelle les difficultés économiques de la Bretagne et insiste sur les vœux formulés par ses administrés en faveur de la paix.

Le général de Gaulle dans sa réponse met l'accent sur l'unité de la patrie qui « seule permet de vaincre tous les obstacles qui se dressent devant elle ».

Après Châteaulin, Landerneau, limite de la Cornouaille et du Léon. Les dix mille habitants sont là entourant leur maire, M. Jean-Louis Rolland. Dans cette ville, le Général prononce, au sujet de l'Algérie, cette phrase, particulièrement remarquée :

– L'Algérie reprendra en main son destin sans aucune réserve dès que la paix sera établie.

La ville est littéralement couverte de drapeaux et de banderoles pour accueillir son visiteur. Celui-ci, d'ailleurs, à la fin du discours prononcé, place de la Mairie, ne manque pas de souligner cet effort extraordinaire de décoration qui a fait surgir des drapeaux tricolores et des croix de Lorraine à chaque balcon et à chaque pan de toit en ardoise grise.

Et il rend hommage à la Bretagne en ces termes :

– J'ai confiance en les Bretons. Je les connais. Dans les années les plus cruelles, c'est entre eux et moi que s'étaient noués les liens les plus directs et les plus agissants. Il y a, bien sûr, des devoirs de la Bretagne vis-à-vis de la France mais aussi, réciproquement, des devoirs de la France vis-à-vis de la Bretagne, et ce sont des choses dont je réponds.

Le cortège officiel reprend sa route sous le soleil, sur des routes tout en virages dans le paysage verdoyant du Léon pour faire une nouvelle halte à Landivisiau, son ancienne capitale, blanche et claire. Les bagads sont de sortie, et c'est au son de la musique que le député-maire, M. Joseph Pinvidic, accueille le Général avant qu'on ne fasse un lâcher de pigeons en son honneur.

Peu après les douze coups de midi, il fait son entrée à Morlaix devant une marée humaine qui se tient tout au long des rues et sur la place de l'Hôtel-de-Ville dominée par les arches géantes du célèbre viaduc.

La situation internationale, notamment, fait l'objet de son intervention publique :

– Le monde est partagé en deux camps. Du moment qu'on ne fait pas la guerre – heureusement – il faut faire la paix.

« La France n'a pas d'ambitions. Elle ne veut ni opprimer les autres ni imposer ses idées.

« Il faut qu'on se détende avant que l'on s'entende. Il faut oser dire qu'on veut la paix et c'est ce que la France veut de toute son âme.

« La France est pour la détente, comme on dit.

Puis, c'est le départ vers les Côtes-du-Nord et sa préfecture, Saint-Brieuc. Le cortège a prévu de s'arrêter à Lannion et à Guingamp. L'enthousiasme des habitants des Côtes-du-Nord n'a rien à envier à celui des habitants du Finistère. Sur la route, à Plestin-les-Grèves, de Gaulle est accueilli par M. René Pleven, ancien président du Conseil, député des Côtes-du-Nord et l'un des premiers compagnons.

En revanche, le cortège traverse en trombe la localité de Lanmeur où le maire, M. Moal, solidaire de M. François Tanguy-Prigent, ancien ministre et homme politique influent de la région, s'est refusé à être présent.

Il s'arrête, cependant, à Saint-Michel-en-Grève, d'où il repart pour Lannion qui s'élève en étage au-dessus de la rivière : le Légué. Il y trouve la ville la plus pavoisée depuis le début de son voyage.

Il visite le Centre national d'études des télécommunications. Il y fait connaissance avec le télectron qui sera le transistor français de demain et s'arrête quelques instants devant Antinéa, calculateur électronique capable de faire quatre cent mille opérations à la seconde.

Après une brève allocution, place du Général-Leclerc, il repart pour Guingamp où les huit mille habitants l'accueillent sur la place du Centre. C'est l'avant-dernière étape. Le porte-drapeau est un conscrit du Général (soixante-dix ans) mais mesure deux centimètres de plus.

Le chef de l'État s'entretient avec plusieurs personnalités parmi lesquelles Mme Bohec qui, membre d'un réseau de résistance, fut parachutée en février 44 près d'Alençon, et M. Salaün qui, commandant un navire de commerce, rejoignit le chef de la France Libre, le 22 juin 1940, quatre jours après l'Appel.

Sur la place, autour de la fontaine, qui contient mal le flot agité et coloré des Guingampais, de Gaulle déclare, notamment, à propos de l'unité nationale :

– Nous déchirer, ce n'est plus de mode et le monde ne le permet pas; passons au-dessus de tout quand il s'agit de l'intérêt national.

A Saint-Brieuc, la place du Martray, devenue place du Général-de-Gaulle à la Libération, se révèle trop petite. Hélas, le Champ de Mars est occupé par la foire-exposition. Cela n'empêche pas le chef de l'État de reprendre avec force :

– Une France qui se déchirerait serait condamnée. Unie, elle est inébranlable. Sans doute la France a des alliés et des amis mais au milieu d'eux, elle veut, debout, être d'abord la France.

Depuis une demi-heure, le Général a achevé son allocution et reçoit dans les salons de l'Hôtel de Ville les maires du département. Mais, la foule continue à le réclamer criant avec force :

– De Gaulle au balcon, de Gaulle au balcon!

Les cris s'amplifient sur la place encaissée, fermée d'un côté par l'Hôtel de Ville et la cathédrale, et de l'autre par la préfecture et de vieilles maisons.

Enfin, de Gaulle apparaît au balcon fleuri.

Une fois de plus, les applaudissements crépitent, enthousiastes.

Les habitants sont encore nombreux à assister à son départ, le lendemain matin, à 7 h 40, en direction de Dinan.

A la sortie de Langueux, une Bretonne, seule au bord de la route, tend son bouquet et le cortège doit s'immobiliser. La localité d'Yffiniac, de son côté, a piqué dans des jardinières en forme de cœur des drapeaux innombrables.

A Lamballe, petite cité de cinq mille âmes, les palefreniers des haras réputés de la région, en uniforme noir à parements rouges et casquette à gros grain-rouge, forment un groupe compact et sombre.

Répondant au maire qui lui demande de « prononcer le renouveau économique de la Bretagne, pays pauvre des provinces françaises », le président de la République déclare :

– La Bretagne, région essentielle dans l'ensemble français, a dans les mains beaucoup de cartes, en particulier ses habitants travailleurs et courageux. La Bretagne doit avancer et la France doit l'y aider.

A Jugon, dans son allocution, le maire de la localité bouleverse l'histoire de France en mariant Napoléon III à Joséphine de Beauharnais et en sacrant empereur celui qui n'était que le prisonnier du fort de Ham. Il rappelle en effet :

– Jugon a eu l'honneur, en 1838, de recevoir l'empereur Napoléon III et Joséphine. Cent ans plus tard, ajoute-t-il, en 1938, nous avons reçu le président Lebrun et, en 1960, c'est vous, mon Général.

Cette approximation provoque une remarque un peu amère de M. Chatenet, ministre de l'Intérieur : « Je voudrais bien savoir qui est instituteur ici. »

A Dinan, c'est M. René Pleven qui le reçoit, cette fois dans « sa » ville. De Gaulle rappelle alors que ce dernier fut « son compagnon durant des années noires, années où la cause de la France fut particulièrement bien servie par les Bretons ».

L'escale suivante reste l'une des plus importantes. Il s'agit de Lorient qui l'accueille en la personne de son maire, M. Glotin.

Le général de Gaulle se rend tout d'abord au port de pêche où tous les navires ont hissé le grand pavois et où il peut s'entretenir avec les pêcheurs.

Il monte ensuite sur le dragueur de mines *Cantho* pour traverser le bassin de l'arsenal et gagner la « Grande-Borne », gigantesque cathédrale mi-souterraine, mi-aérienne et deux cent trente mètres de long sur trente-six mètres de large et vingt-cinq mètres de haut : le chantier de construction des navires.

Tous les bateaux de la rade sont alignés comme pour la parade : des escorteurs rapides comme le *Vendéen* et le *Provençal*, des sous-marins comme le *Marsouin*, des bateaux de débarquement comme le *Blavet*, des remorqueurs comme *l'Obstiné* et le magnifique croiseur porte-engins *La Galissonnière*.

Quelque mille cinq cents des quatre mille ouvriers ont tenu à être là pour applaudir le chef de l'État qui déclare, notamment :

– Je trouve l'arsenal de Lorient en pleine activité et en plein essor. Cette activité, cet essor ne se ralentiront pas. Il y a à cela un intérêt national. Je dis d'ailleurs ici comme partout quelle confiance j'ai dans votre destin collectif, dans le destin de notre pays... Je vous remercie d'abord de vos efforts et de votre labeur, de la qualité de votre travail et ensuite de l'aide que vous me donnez par votre présence ici.

Le cortège officiel repart en voiture et, après avoir quitté l'arsenal à la porte duquel des scouts marins forment une haie d'honneur aux couleurs vives, gagne à travers une foule énorme la place de l'Hôtel-de-Ville. Là, sous une chaleur torride, des milliers de personnes stationnent depuis des heures.

Une ovation prolongée accueille le Général qui, dans un nouveau discours, parle notamment du renouveau de la France :

– La France devient moderne. C'est une France qui se développe dans tous les domaines et qui a un courant indiscutable et considérable d'un bout à l'autre du pays, pour la prospérité, pour la puissance et pour la grandeur.

Puis, tandis qu'il se fait présenter dans les salons de la mairie les membres du conseil municipal, la foule, imitant celle de Saint-Brieuc, la veille au soir, se met à scander inlassablement : « Au balcon... Au balcon... » jusqu'à ce que le général de Gaulle vienne, enfin, la saluer de son geste familier des deux bras levés.

Pendant ce temps, un cas de conscience s'est posé à dix kilomètres de là, à Hennebont. Le maire communiste, répondant aux consignes nationales, a pris la décision de ne pas accueillir officiellement le président de la République. Dix autres conseillers radicaux et socialistes, majoritaires, désirent adopter l'attitude inverse et ont fait appel à l'ancien maire, le Dr Thomas, vice-président du conseil général pour former un comité de réception de sa composition qui accueille le chef de l'État à l'extrémité du pont Jeanne-la-Flamme.

Les habitants, de leur côté, n'ont nullement tenu compte des états d'âme du maire. Plus de la moitié de la ville est dehors réservant au chef de l'État une ovation fantastique. Ce dernier s'avance à pied dans la rue centrale serrant chaleureusement les mains qui se tendent.

A Languidic où les cloches sonnent à toute volée, c'est sur le parvis que la municipalité et le clergé accueillent leur hôte quelques instants. Après le cérémonial d'usage, le Président regagne précipitamment sa voiture tandis que la suite a peine à se dégager de la foule qui s'est introduite dans le cortège. Heureusement, la fanfare attaque *la Marseillaise* et le Général se met au garde-à-vous, ce qui donne aux choses le temps de rentrer dans l'ordre.

Après une courte escale à Baud où le chef de l'État est accueilli par l'abbé Laudrin, député, le cortège s'arrête devant le monument élevé à la mémoire du colonel Donnard, l'un des chefs de la résistance bretonne, et de ses compagnons. L'arrêt n'était pas prévu au programme mais la tradition est stricte : dès que le chef de l'État aperçoit dans un groupe les couleurs d'une écharpe de maire, et seulement dans ce cas, le cortège s'immobilise.

A 16 heures, ce dernier se présente à l'entrée de Pontivy d'où est originaire M. Joxe, ministre de l'Éducation nationale, présent au sein de la suite présidentielle. Cette ville, au tracé géométrique, doit son existence à Napoléon qui, pendant les guerres de l'Empire, avait fait d'une bourgade paisible le centre militaire et stratégique de la Bretagne et lui avait confié la mission de protéger la navigation entre Brest et Nantes menacée à l'époque par les incursions anglaises. Sous l'Empire, d'ailleurs, Pontivy s'appelait Napoléonville.

C'est ce cadre historique que de Gaulle choisit pour rappeler que la France « entend être respectée au-dehors ».

Autres arrêts, toujours pittoresques, au Moustoir – où c'est le vicaire qui tient le clairon de la fanfare –, à Remungol et à Locminé.

Sur la place bordée de maisons anciennes, devant l'église accolée à une chapelle flamboyante [1] deux milles personnes sont là.

De Gaulle remercie ses hôtes de leur « accueil charmant, magnifique ». La foule entonne avec ferveur *la Marseillaise.* Pour ne pas être en reste et prouver la qualité de leur système de sonorisation, les organisateurs passent un disque : c'est une deuxième *Marseillaise*... entre les couplets de laquelle se glissent, on ne sait trop par quel miracle « technique », les premières mesures de *la Brabançonne.*

Puis, à Vannes, préfecture du Morbihan où il doit passer la nuit, le Président se taille le plus grand succès personnel. Accueilli devant la poste par M. Francis Decker, le chef de l'État entame à pied l'ascension de la rue Thiers qui conduit à l'Hôtel de Ville. Auparavant, il a admiré les remparts et les douves profondes où l'on a installé de merveilleux parterres de fleurs.

Aux Vannetais, descendants de Nominoë, duc de Bretagne, fondateur au IXe siècle de l'unité bretonne, le général de Gaulle déclare que leur seule présence, devant lui, suffit à « démontrer l'unité française » qui sait dans les grandes circonstances faire taire certaines divergences.

Pour la première fois depuis le début de son voyage, il fait allusion au rôle de l'armée en Algérie :

– Si l'armée française n'avait pas été là, c'est dans un océan de misère et de sang que le pays aurait sombré.

La popularité du chef de l'État est intacte. Un détail le démontre le lendemain. M. Blancho, maire de Saint-Nazaire depuis vingt-cinq ans, a prévu deux mille cinq cents personnes devant l'Hôtel de Ville, la direction des services officiels : quatre mille. Un recensement opéré de façon assez rigoureuse permet d'évaluer la foule à onze mille personnes. C'est dire que même dans la ville que l'on considérait comme la moins enthousiaste les participants sont nombreux.

C'est un autorail qui a conduit le Général à Saint-Nazaire. Dans le port, le paquebot *France*, lancé au mois de mai de cette même année, en présence du chef de l'État, a hissé le grand pavois.

Lorsque le Général prend la parole, il évoque les problèmes économiques et sociaux de la région :

– Sachez bien que l'État n'ignore rien de ce qui concerne

1. M. Chatenet baptise aussitôt la localité : Locminé-les-Deux-Églises.

aujourd'hui Saint-Nazaire, ni de ce qui concerne son travail de demain. A cet égard, je vous le dis tout simplement, la solidarité nationale fera son devoir.

Au Temple-de-Bretagne, sur la route de Nantes, le cortège présidentiel rencontre la traditionnelle mariée du samedi qui se prépare à entrer à l'église.

– Je ne peux encore vous appeler madame, déclare le Général, donc mademoiselle, je vous présente tous mes vœux de bonheur.

Claude Fortin, une petite paysanne brune de vingt-deux ans, répond par un sourire et tend son bouquet au chef de l'État.

A Nantes, outre la question de l'Algérie, celui-ci reprend le thème de la paix, de l'unité :

– La tâche de la France dans le monde entier sera difficile, car le monde entier est dur, il est divisé en deux clans. On ne fait pas la guerre, on ne la fait pas maintenant.

« La France, par-dessus tous les régimes, demeure car ces régimes n'ont qu'un temps, tandis que les peuples persistent, et entre eux, doivent s'opérer le rapprochement, l'entente et la coopération.

« La France veut avoir les moyens de se défendre. C'est un peuple libre qui est allié au monde libre, et qui veut demeurer libre. Je le répète, la France tend la main aux autres peuples et les invite encore une fois à faire la paix. Notre cohésion nationale, notre unité française sont nécessaires pour que demeure intacte la paix. C'est pour moi une grande tâche et votre adhésion d'aujourd'hui, votre masse ici présente, me sont utiles et sont utiles à la France.

Après avoir rendu hommage à M. Michel Debré, présent à Nantes, le chef de l'État conclut :

– Encore une fois, je vous dis un grand merci. Si j'avais un doute sur l'avenir, il serait levé par cette belle jeunesse bretonne que je vois rassemblée devant moi et qui se souviendra du 10 septembre où de Gaulle lui parla de la France.

« Vive Nantes! Vive la Bretagne! Vive la France!

L'allocution prononcée, l'autorail emmène de Gaulle en direction de Châteaubriant où il va s'incliner devant le monument élevé à la Sablière à la mémoire des otages fusillés par les Allemands, le 22 octobre 1941.

Le cortège repart ensuite vers Rennes. Peu avant d'arriver dans la capitale de la Bretagne, le général de Gaulle et sa suite font une brève halte sur le chantier d'une usine Citroën en cours de construction.

Dans l'un des immenses ateliers d'emboutissage, il doit actionner une presse de deux cents tonnes pour « sortir » officiellement la pièce initiale destinée à la première des « 3 CV ».

Le chef de l'État ne peut malheureusement remplir sa mission. Une panne de secteur intervient au moment même où il va déclencher le mécanisme de mise en marche.

C'est dimanche. Le Général et Mme de Gaulle assistent à la messe à la cathédrale Saint-Pierre, célébrée par Mgr Riopel, évêque auxiliaire.

A la sortie de l'office, on voit voler au-dessus de la voiture présidentielle des tracts rappelant les problèmes économiques de la Bretagne.

« Du travail en Bretagne pour les Bretons », y lit-on.

« L'ère des déportations est révolue. »

Il fait beau sur Rennes, mais les habitants ne se sont pas laissé tenter par la chasse, la pêche ou les forêts environnantes. La place de l'Hôtel-de-Ville est noire de monde.

Dans son discours, il rend un nouvel hommage à l'armée, et invite toutes les tendances algériennes à entrer en contact avec la France en vue de discuter de l'avenir de l'Algérie.

A 12 h 15, de Gaulle quitte Rennes par autorail pour se rendre à Fougères et à Saint-Malo.

De la ville de la chaussure à la cité corsaire, le cortège traverse plusieurs villages.

– Bonjour conscrit! lui crie un vieux à Saint-Étienne-en-Coglès.

– Comment ça? demande le Général.

– Dame oui... 1870.

– Alors, honneur aux anciens.

De Saint-Malo, le Général gagnera l'aérodrome de Dinard-Pleurtuit pour s'envoler vers Paris. Auparavant, il terminera son dernier discours par cette note :

– Ah! Je vais quitter la Bretagne, pas pour longtemps, mais qui sait? Je tiens à vous dire quelle moisson d'informations et aussi d'espérances vous m'avez apportée. La France a confiance en la Bretagne et la Bretagne peut avoir confiance en la France.

Abandonnant Saint-Malo et ses vieilles pierres chargées d'histoire, le chef de l'État prend place dans une vedette blanche qui le conduit, traversant l'estuaire de la Rance, jusqu'à Dinard. Cette promenade sur des eaux tranquilles apporte à la fin de ce voyage présidentiel une note de vacances.

Sur la mer immobile, toute une flottille de voiliers chargés de vacanciers acclame le Président, tente de lutter de vitesse avec les vedettes.

Le Président, de sa vedette, ne peut voir les bulldozers et les pelleteuses qui se sont installées depuis quelques jours sur les bords de l'estuaire pour entamer les premiers travaux de l'usine marémotrice de la Rance, mais à Dinard où l'accueillent dix mille personnes, il a l'occasion de souligner les bouleversements que l'usine va apporter dans la région.

« Dinard a son avenir assuré », conclut-il.

Cet avenir et celui de la Bretagne auront été l'un des grands sujets abordés au cours de ce voyage.

XIII

LA « RÉSERVE » DE GRENOBLE

Depuis le dernier voyage en province du chef de l'État, ce dernier, une nouvelle fois, se préoccupe beaucoup de l'organisation politique de l'Europe. Il s'entretient du problème, le 13 septembre avec M. Eyskens, Premier ministre de Belgique, et M. Wigny, ministre des Affaires étrangères, réunion qui est suivie, le 17 septembre, d'une réunion de même nature avec M. Werner, président du Conseil du Grand Duché du Luxembourg et son chef de la diplomatie.

Les départements de l'Isère, de la Savoie et de la Haute-Savoie font l'objet de la visite présidentielle suivante, les 7, 8 et 9 octobre. Par une halte impromptue à la Tour du Pin commence la tournée. Il s'agit d'une sous-préfecture et le général de Gaulle a tenu à s'y arrêter, même si celle-ci ne dépasse pas les cinq mille habitants. La population a appris la nouvelle avec joie; en revanche, le maire de la ville, M. Georges Mériau, a plissé le front. En un temps record – une trentaine d'heures – il a fallu effectuer la toilette complète de la ville. La gare, elle-même, où doit s'arrêter l'autorail présidentiel, connaît un certain nombre d'aménagements. Les employés municipaux sont à l'ouvrage quelques heures encore avant l'arrivée du cortège. Ils prêtent main-forte à ceux de la SNCF qui doivent remettre en service une porte condamnée. Les portes constituent au demeurant la hantise du conseil municipal puisque à la mairie – un ancien couvent datant de 1630 – il a fallu enlever la porte d'entrée du salon d'honneur, jugée trop basse, et la remplacer par une autre plus grande afin que le chef de l'État n'ait pas à courber la tête pour pénétrer dans la pièce...

Tout s'enchaîne parfaitement lorsque le président de la République arrive dans la localité. En quelques secondes, sur le podium, face à l'hôtel où Stendhal vint jadis passer une nuit, il prononce quelques-uns des mots clés de sa politique.

Ainsi, évoquant les heures glorieuses de la Résistance, il poursuit : « Mais la France vit aujourd'hui et elle vit pour agir. »

Coopérer avec les autres nations, c'est aussi l'un de ses soucis dominants, coopération au sein de l'Europe, par exemple, « l'Europe, ajoute-t-il, dont nous voulons faire l'unité mais tout en restant nous-mêmes », cette remarque étant également valable pour l'Alliance Atlantique : « Nous la voulons; mais là aussi nous voulons rester la France. Nous n'accepterons pas qu'un groupe d'excités nous donne des leçons et nous dicte ce que nous devons faire. »

Le Président passe sa première nuit au château de Vizille, jadis Castra Vigilae, relais sur la voie romaine de Milan à Vienne par l'Oisans [1]. La nuit est déjà tombée lorsqu'il arrive au château pour un dîner très intime réunissant autour de lui et de son épouse les deux ministres qui l'accompagnent, MM. Chatenet, ministre de l'Intérieur et Jeanneney, ministre de l'Industrie et du Commerce, M. Raoul, préfet de l'Isère et sa femme, le maire de Vizille, et enfin Mme Xavier de Gaulle, belle-sœur du Général, dont le mari fut consul de France à Genève.

Le Dauphiné a fourni à la France, durant la guerre, des maquis d'une solidité étonnante. De Gaulle le sait plus que tout autre. Aussi, au matin du vendredi 7 octobre, tient-il à aller se recueillir à Saint-Nizier-du-Moucherotte, porte du Vercors, « balcon des Alpes françaises », situé au-dessus de Grenoble. C'est là qu'à l'issue des combats de la Résistance, les 13 et 15 août 1944, Saint-Nizier fut brûlée par les Allemands. Seules l'église et quelques maisons restèrent debout.

Après s'être recueilli et avoir remis la cravate de grand officier de la Légion d'honneur au général d'armée Descour, gouverneur militaire de Lyon, le président de la République quitte le massif du Vercors afin de rendre visite à la ville de Grenoble.

Accueilli par le Dr Albert Michalon, maire, sur la grande place Gustave-Rivet, de Gaulle peut apercevoir une population quelque peu clairsemée. Quelques sifflets se font entendre çà et là, dans la foule, mais se trouvent assez vite noyés par les cris de « vive

1. Bâti au XVIIe siècle par le connétable de Lesdiguières, le château fut le théâtre, le 14 juin 1788, de la réunion de l'Assemblée de Vizille où les États du Dauphiné réclamèrent pour la première fois la réunion des États Généraux. Ce vœu, repris par le pays entier, permit de dire que Vizille fut le berceau de la Révolution.

de Gaulle ». L'hostilité émane de petits groupes épars car la plupart des opposants à la politique du chef de l'État sont absents, de nombreuses associations syndicales ou groupements politiques ayant lancé depuis quelques jours des consignes de boycottage de la visite présidentielle.

De plus, il pleut abondamment et sans discontinuer sur la ville.

Avant même son discours public, il prend contact, dans les salons de la préfecture, avec les parlementaires de la région évoquant des dossiers divers dont le problème algérien à propos duquel il tient à souligner qu'il condamne aussi bien les participants de l'indépendance algérienne à tout prix que ceux de l'Algérie française.

Peu après midi, il s'adresse aux Grenoblois devant l'entrée de la préfecture. La foule est loin d'être cette fois, clairsemée, comme on s'y attendait. Si les consignes d'abstention ont touché certaines couches sociales, on peut constater qu'elles n'ont pas été respectées partout. On remarque, entre autres, beaucoup de jeunes gens et de jeunes filles des lycées et facultés.

Alors que les applaudissements crépitent, quatre petits ballons s'élèvent dans le ciel, entraînant une banderole sur laquelle on peut lire : « Négociations. »

Cela n'affecte guère le général de Gaulle qui, précisément, évoque la question algérienne :

– En ce moment, autant que jamais, affirme-t-il, nous promettons et nous garantissons aux Algériens leur autodétermination.

« Nous adoptons le principe de leur émancipation convaincus, par avance, que l'Algérie algérienne voudra rester unie avec la France.

« Pour en arriver là, aujourd'hui plus que jamais, nous proposons la paix à ceux qui veulent, jusqu'à ce jour, poursuivre le meurtre.

« C'est notre décision. C'est notre action, mais nous n'avons pas besoin d'un assemblage d'États totalitaires et de spécialistes de l'oppression des peuples pour nous fixer notre ligne de conduite.

Outre la question algérienne, il apparaît judicieux au chef de l'État de se pencher sur les problèmes de l'énergie. A Grenoble, en effet, des usines ultra-modernes concentrent leurs efforts sur l'énergie nucléaire ce qui fait dire au Général :

– Du point de vue nucléaire, il faut que la France ait son instrument à elle. Et si, par hasard, une bombe atomique partait un jour du côté du monde libre, il ne faut pas qu'elle puisse être lancée sans que la France l'ait accepté, il ne faut pas qu'elle soit lancée de notre territoire si la France ne l'a pas elle-même désignée.

Dans l'après-midi, l'électronique de pointe est sur la sellette. De

Gaulle est reçu à l'école des ingénieurs électroniciens de l'université de la ville puis rend visite au laboratoire d'études des marées. Il se montre particulièrement intéressé par une gigantesque plaque tournante sur laquelle est reproduit, à petite échelle, le fond marin de la Manche qui permettra des études précises sur les mouvements de la mer entre la France et l'Angleterre.

Après une visite – ultra-secrète, celle-là – au Centre d'études nucléaires, on passe sans transition au domaine industriel avec l'usine Merlin et Gérin, énorme entreprise française spécialisée dans l'appareillage d'équipements électriques à haute, moyenne et basse tension qui trouvent leur débouché dans les centrales thermiques, hydrauliques, atomiques ainsi que dans les lignes véhiculant l'énergie en France et dans de nombreux pays étrangers.

Une opération spéciale a été réservée au chef de l'État. Celui-ci, parvenu au laboratoire d'essai à grande puissance, va, d'un seul doigt, maîtriser une force d'un million de CV. Devant un grand pupitre muni de cadrans et de boutons, le chef du laboratoire de puissance, M. Bouvier, lui communique la marche à suivre :

– Vous allez appuyer sur ce bouton et vous allez déclencher un court-circuit sur un disjoncteur, essai destiné à la grosse industrie sidérurgique.

– Et que m'arrivera-t-il? demande le Général, quelque peu inquiet.

– Il ne vous arrivera rien. Si l'expérience réussit, il y aura un peu plus de bruit et une forte étincelle, c'est tout.

Et le chef de l'État s'exécute, en appuyant fortement sur un gros bouton noir.

Un claquement sec retentit aussitôt, et une sorte de grande flamme éclatante apparaît derrière une vitre.

– Tout s'est bien passé, intervient l'ingénieur. Vous avez interrompu une puissance électrique de l'ordre d'un million de CV.

Autre visite que prévoit le programme officiel, l'immense complexe industriel des établissements Neyrpic spécialisés dans l'aménagement des installations portuaires et l'équipement hydro-mécanique des barrages, le matériel pétrolier, les téléphériques, etc.

La visite de Grenoble et de ses réalisations va donc s'achever et il convient d'en tirer une sorte de bilan dont il ressort d'entrée que l'accueil s'est avéré moins enthousiaste qu'ailleurs. Analysant la situation politique de la ville on peut trouver cela normal. Grenoble détient un certain nombre de bastions dans le domaine de l'extrême gauche communiste et de la gauche hostile au régime. Ajoutez à cela les syndicats... Ceux-ci ont donné dans les entreprises relevant de la grosse industrie métallurgique et à l'université par le canal de la CGT, appuyée dans certaines entreprises par la CFTC, des consignes de débrayage et d'abstention.

En ce qui concerne plus spécifiquement l'université, l'Association générale des étudiants, le Comité d'action laïque, les sections syndicales d'enseignement ont lancé des mots d'ordre afin que personne ne fasse acte de présence aux manifestations organisées en l'honneur du président de la République. Les consignes ont été, dans ce secteur, assez largement suivies.

Dans les entreprises, il est difficile d'établir un bilan. Dans une usine visitée par le chef de l'État, par exemple, l'ordre de débrayage syndical a été neutralisé par une journée de congé offerte par la direction. En revanche, aux établissements Neyrpic, deux mille ouvriers sur trois mille ont débrayé avant l'arrivée du cortège présidentiel.

Néanmoins, le bilan est loin d'être négatif. Des milliers de personnes se sont déplacées pour applaudir le chef de l'État.

Avant de mettre le point final à la visite grenobloise, le rayon des faits divers a rempli les colonnes de la presse. La pluie, en effet, n'a pas empêché une dizaine de personnes de se livrer à des activités marginales dans les rues de la ville. Le groupe, composé en majorité de femmes, s'affiche dans tous les voyages du général de Gaulle depuis près de deux ans. Il arrive de Paris à bord d'un autocar et propose aux passants – moyennant un prix élevé – des portraits du président de la République et des croix de Lorraine. L'affaire se double d'un autre méfait. Ces gens – dont le commerce est fort prospère – affirment agir en faveur des œuvres sociales du général de Gaulle. La police intervient. Les « vendeurs » sont tous appréhendés. Ils ne verront pas la Haute-Savoie où arrive le chef de l'État le lendemain.

Annecy lui fait oublier la « réserve » rencontrée à Grenoble. Le temps est déjà remarquablement ensoleillé. La foule l'acclame follement, mais un incident intervient. Un haut-parleur récalcitrant n'a pas permis à une partie des spectateurs d'entendre le discours public. De Gaulle, comme pour la dédommager, s'avance vers elle et, sans protocole, gagne la préfecture à pied. C'est la bousculade.

Sur la route de Saint-Julien-en-Genevois, plusieurs arrêts sont prévus. On retient celui de Morette, au petit cimetière où reposent les martyrs de la Résistance tombés au combat, sur le plateau des Glières et celui de Chable où il s'arrête au poste des douanes françaises. Les douaniers le saluent au garde-à-vous tandis qu'il leur dit, souriant :

– Je n'ai rien à déclarer!

Saint-Julien-en-Genevois, Annemasse sont vite passés puis il fait halte à Thonon-les-Bains en saluant les moniteurs de l'école de ski de Morzine. Dans un discours, il évoque ensuite et entre autres le rattachement de la Savoie à la France, dû à l'action « très lucide de Napoléon III et de Cavour ».

En conclusion de son intervention, la question algérienne est résumée en ces quelques mots déjà prononcés à Grenoble :

– Tous les jours, et nous recommençons aujourd'hui même, nous offrons la paix à ceux qui recommandent le meurtre.

Un seul « incident » se déroule à la gare de Thonon. Les services de sécurité s'y trouvent confrontés peu avant que l'autorail présidentiel ne s'ébranle vers Bonneville : un paquet suspect est découvert par les policiers de la sécurité de l'Élysée, derrière les plantes grasses disposées dans le hall de la gare. Ce colis mystérieux est examiné à la fois avec dédain et avec suspicion. Un inspecteur donne un coup de pied dans ce sac recouvert de papier puis l'officier de police principal Grillot de la sécurité de l'Élysée s'en saisit afin de l'examiner. Lorsqu'il s'apprête à quitter la gare, un gendarme épouvanté se rue à sa poursuite, en criant :

– Eh là! rendez-moi le paquet, c'est mon casse-croûte!

A Bonneville, le maire, M. Fallion, accueille son visiteur entouré des grognards de l'Empire. Ce sont des habitants du village de Cordon, petite cité accrochée à la montagne, au-dessus de Sallanches et dont les citoyens s'étaient engagés dans l'armée de Bonaparte pour franchir les Alpes et envahir l'Italie. D'autres groupes folkloriques de la région se sont mêlés à eux : ceux de Saint-Gervais, Megève, Chamonix...

A l'Hôtel de Ville, le chef de l'État reste attentif à un exposé sur l'état d'avancement des travaux de percement du tunnel sous le Mont-Blanc. Les ouvriers, en ce samedi 8 octobre 1960, ont atteint le point « deux mille quatre-vingts mètres » sous la montagne. La jonction avec les ouvriers italiens est espérée pour le printemps de l'année 1962.

La ville de Chambéry est atteinte dans la soirée. Là aussi, l'accueil est des plus chaleureux, aussi descend-il à pied la rue principale qui mène au château des ducs de Savoie. Devant l'imposante demeure, la féerie de lumières exceptionnelle permet de mettre en relief les arbres du parc. Sur les marches du château, une centaine de jeunes filles vêtues du costume traditionnel aux couleurs chatoyantes sont venues de toutes les vallées de la Savoie et entonnent le chant des Allobroges, tandis que de Gaulle gagne son appartement à la préfecture. Quelque temps auparavant, il a reçu un accueil tout aussi émouvant à Aix-les-Bains.

Le mauvais temps est de retour, le lendemain, sur la ville de Chambéry, et le chef de l'État, accompagné d'un personnage plus haut que lui de trois centimètres : M. Pierre Dumas, député-maire, s'apprête à y prononcer un discours public. On retient toujours les propos qu'il égrène quant à la question algérienne :

– Nous avons, en Algérie, choisi notre route. L'issue en vue, ce sont les Algériens qui, librement, devront choisir leur destin. Quoi qu'ils choisissent pour leur malheur ou pour leur bonheur, la France l'accepte d'avance (...).

« Je vous remercie de votre accueil, dit-il en concluant, je me rends compte à quel point vous êtes tout à la fois Savoyards et Français.

Albertville est la dernière étape du voyage. De Gaulle reçoit un énorme bouquet sur les marches de la mairie de deux enfants, garçon et fille; leur père, le lieutenant Jibello, a été tué il y a peu de temps dans une embuscade en Algérie.

S'entretenant avec les élus municipaux qui lui disent : « L'Algérie, mon Général, on voudrait bien en voir la fin » il répond : « A qui le dites-vous! Vous pensez bien que le pays le sait et moi surtout. Que voulez-vous, il y a deux solutions : ceux qui veulent " l'Algérie française "... Ce n'est pas possible au sens où ils l'entendent. Les Algériens ne sont pas comme les Savoyards ni les Bretons. L'Algérie française est une illusion? Alors, disent les autres, il n'y a qu'à livrer l'Algérie à la rébellion. Ce serait une catastrophe chez nous et en Algérie où le million de Français qui s'y trouve se sauverait. Ce serait l'abominable chaos. Cette espèce de reddition serait affreuse. Il faut une route qui soit raisonnable. Les gens de l'insurrection voudraient s'imposer. Ils voudraient que moi, je les reconnaisse comme un gouvernement, que je leur passe la main en Algérie. Cela je ne le ferai jamais. »

Le dernier acte du voyage est constitué par une série de performances. L'autorail présidentiel qui conduit à l'aérodrome de Lyon-Bron le chef de l'État à son retour bat tous les records de vitesse; il a couvert les cent cinquante-sept kilomètres qui séparent Albertville de Saint-Priest, près de Lyon, en une heure quarante-cinq minutes au lieu des quatre heures normales, c'est-à-dire qu'il a dû à travers plusieurs difficiles vallées alpestres, faire de nombreuses pointes à plus de cent vingt kilomètres/heure. Le convoi était composé de trois voitures dont la première, un automoteur diesel, avait été équipée en voiture-salon pour le Président.

XIV

LE RAPPEL A L'UNITÉ NATIONALE

Un peu plus d'un mois après son voyage en Bretagne, le chef de l'État entreprend une visite en choisissant à l'extrême sud-est du pays les départements alpins.

Le jeudi 21 octobre à 8 h 35, un train spécial le dépose au chef-lieu d'arrondissement des Hautes-Alpes : Briançon. Devant lui, se détache sur le ciel gris la statue de « La France » de Bourdelle dont une reproduction orne son bureau à l'Élysée.

Le froid particulièrement vif annonce un hiver précoce. Le site grandiose du Briançonnais est déjà couvert de neige. Dès 6 heures du matin, de nombreux villageois sont descendus des montagnes et la foule a pris place au sein de la vieille ville sur la place du Médecin-Général-Blanchard, au pied de la citadelle fortifiée par Vauban.

Le lieu où va s'exprimer en public le général de Gaulle constitue presque un symbole. A cet endroit un jeune résistant de vingt-trois ans a été tué le 6 septembre 1944, lors de la lutte pour la libération de la ville.

Les discours en province se succèdent, la guerre d'Algérie demeure avec son lot de drames et d'incertitude. A chaque fois, cependant, le président de la République apporte quelque élément nouveau porteur d'espoir, espoir également pour la France en elle-même :

– Nous avons pu, affirme-t-il, fonder des institutions stables dont nous voyons, en ce moment même, combien elles sont nécessaires pour éviter le renoncement et le déchirement. Nous avons pu établir notre stabilité économique et sur cette stabilité nous sommes en train de fonder une prospérité nationale qui doit profiter à tous les enfants de la France. Nous avons affranchi, émancipé un certain nombre de peuples africains et nous sommes en train de construire l'Algérie algérienne.

La visite à la cité briançonnaise aura duré un peu moins d'une heure et c'est une nouvelle fois l'autorail qu'il emprunte pour son escale suivante : Embrun où le maire, M. Alexandre Didier, le reçoit. C'est un autre Didier – son frère Émile – qui l'accueillera un peu plus tard à Gap dont il est le premier magistrat.

Les autorités religieuses tiennent ici une place importante en raison de l'admirable cathédrale du XIIe siècle. Le général de Gaulle doit sacrifier au rite que lui rappelle Mgr Bonnebel. Tout chef d'État qui vient ici se prosterner se voit attribuer par bulle du pape Sixte IV (1483) le titre de premier chanoine de Notre-Dame d'Embrun. Il reçoit à ce titre la médaille du Réal qui lui confère le droit d'assister aux offices religieux à la stalle correspondant à sa dignité ecclésiastique. Outre de nombreux rois de France, seul un président de la République : Albert Lebrun, en 1936, a reçu l'emblème du titre.

Cette période de recueillement et de faste achevée, les réalités politiques reprennent avec vigueur et les thèmes de l'unité continuent à être développés en priorité. La presse retient particulièrement dans le discours le passage dans lequel l'insistance est mise sur la responsabilité de ceux qui voudraient diviser la France et la phrase sur « le pays qui saurait juger comme il convient les gens qui prendraient cette responsabilité ». Beaucoup d'observateurs y voient une allusion à un référendum ou à une dissolution éventuelle de l'Assemblée nationale dans le cas où des difficultés graves s'élèveraient à propos de la force de frappe ou de l'Algérie.

C'est en d'autres termes qu'il évoque la cohésion nationale lors de l'étape suivante, à Gap, dans le discours prononcé place Duret. Retenons en particulier ce passage :

– Nous avons aussi à faire l'Europe, pour le bien de tous et, s'il le fallait, pour la défense commune. En même temps, nous voulons que l'Alliance atlantique s'élargisse à tous les points de la terre, sans cloisonnement et sans arrière-pensée.

« Il est nécessaire que celui que le pays a chargé de le conduire pour le temps où il en aura la force, trouve l'aide et la sympathie de ses concitoyens.

« Françaises, Français, aidez-moi!

Le département des Hautes-Alpes connaît des problèmes particulièrement épineux. Le chef de l'État s'en rend compte – tout en le sachant déjà – lors de la réception des parlementaires de la région ainsi que des maires et conseillers généraux, à tel point que même les anciens combattants ont dû délibérer très longuement avant de se décider à assister aux réceptions officielles. Dans le Dauphiné, en effet, le problème agricole se pose dans toute son acuité car le département est essentiellement rural. Le chômage a soudain éclaté de manière poignante à la fin des travaux du barrage de Serre-Ponçon qui a privé de labeur bien des ouvriers dont la rancœur est, au surplus, entretenue par la très active CGT.

Même le problème algérien trouve ici un certain nombre d'échos, le FLN se manifestant ouvertement auprès des ouvriers musulmans employés à Serre-Ponçon. De plus, l'action des mouvements de gauche en faveur de la reprise des négociations est bien accueillie et va même se développant en milieu rural.

Et pourtant, s'ouvre une voie triomphale : la route Napoléon, au sortir de Gap et l'on abandonne bientôt les cimes enneigées du massif du Dévoluy et du Champsaur. Place à la vallée de la Durance avec ses oliviers, ses champs de lavande, ses rangées de peupliers et de cyprès...

A Sisteron s'ouvre la porte de la Provence. La ville s'enorgueillit de sa Tour de la Médisance et des vestiges de ses remparts du XIVe siècle. L'accueil du préfet des Basses-Alpes, M. Félix Fauque, ainsi que du « quadrille sisteronnais » s'effectue dans une atmosphère de liesse. Le Général reçoit un coffret contenant deux kilos de nougat. Mais la halte est courte : une dizaine de minutes environ et, par la route, le cortège se dirige vers Digne qu'il atteint à 17 heures après un arrêt notamment à Volonne où le doyen du village, M. Gustave Chaud, ne voulait à aucun prix rater le passage du deuxième président de la République qu'il avait l'occasion d'apercevoir; le premier avait été Sadi-Carnot en 1890. M. Chaud avait alors vingt ans.

La vallée de la Bléone remonte vers Digne. Le soleil apporte de doux reflets et un ciel d'une grande limpidité dans la capitale des « Alpes de la lavande ».

Tout aurait donc concouru à créer une atmosphère paisible si la ville n'avait connu une effervescence politique peu avant la visite présidentielle. Des tracts, répandus en ville et alentour, ont invité la population à signer des pétitions « pour la paix négociée en Algérie ». L'agitation a pris racine au sein de l'encadrement scolaire. Ainsi, les professeurs du lycée de garçons et les syndicats d'instituteurs ont-ils fait connaître leur volonté de ne pas participer aux manifestations afin de « protester contre la prolongation de la guerre en Algérie ».

Pour toute réponse le général de Gaulle lance à la tribune :

– La France ne laissera pas l'Algérie aux insurgés simplement parce qu'ils ont des mitraillettes. Elle ne la livrera pas, non plus, à quelque organisation internationale qui n'aurait ni la capacité, ni la cohésion, ni la vocation nécessaires.

« Par le travail, l'ardeur, le progrès, encore une fois l'avenir est à nous. » (Toulouse, février 1959)

« Jeunes gens, vous avez de bien jolis costumes. » (Château de Pau, février 1959)

A Dijon, accueil par le chanoine Kir, maire de la ville. (avril 1959)

« Eleveurs, je suis fier de votre réussite. » (Saint-Pierre-le-Moutier, avril 1959)

« L'image de cette jeune fille venant combattre, dédaignant tous les artifices, et qui a rendu espoir à ses concitoyens alors qu'ils l'avaient perdu. » (Orléans, mai 1959)

Rencontre avec Mme Martin, sauvée de la maladie ainsi que sa fille grâce à l'aide de Mme de Gaulle. (Normandie, juillet 1960)

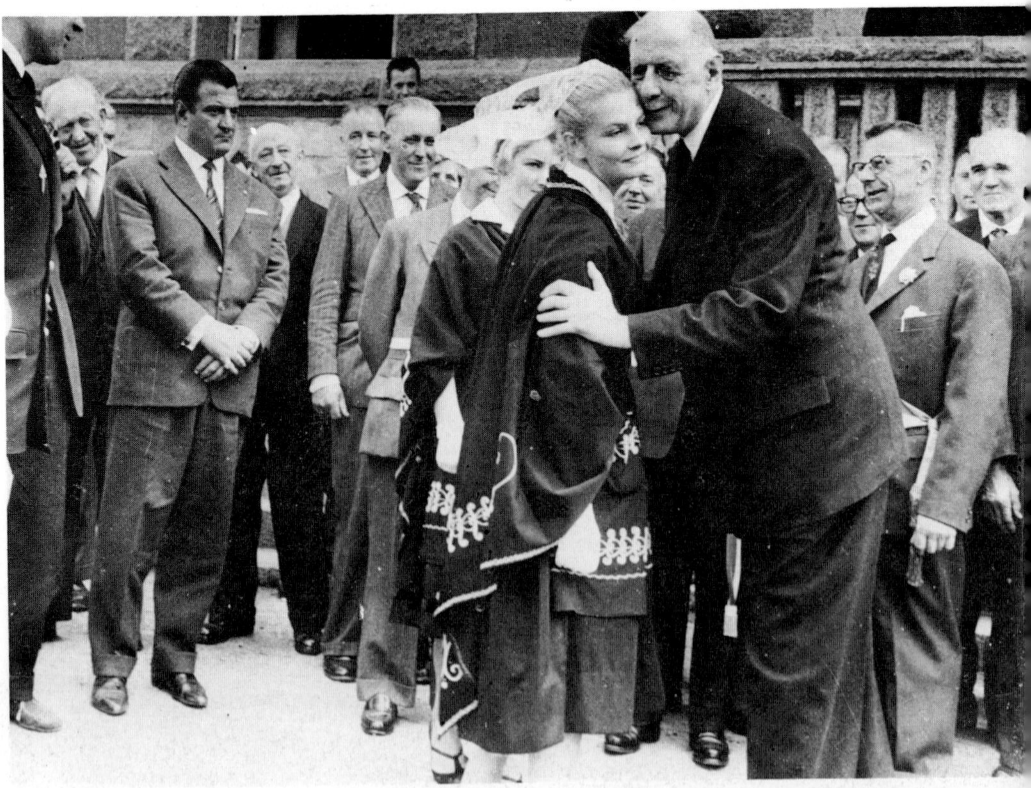

« J'ai confiance en les Bretons. Dans les années les plus cruelles, c'est entre eux et moi que s'étaient noués les liens les plus directs et les plus agissants. » (septembre 1960)

« C'est au nom de la France que je suis venu rendre hommage à l'île de Sein, à cette terre de courage et d'exemple. » (septembre 1960)

Folklore à Bergerac (avril 1961)...

...et sport à Flaviac. (septembre 1961)

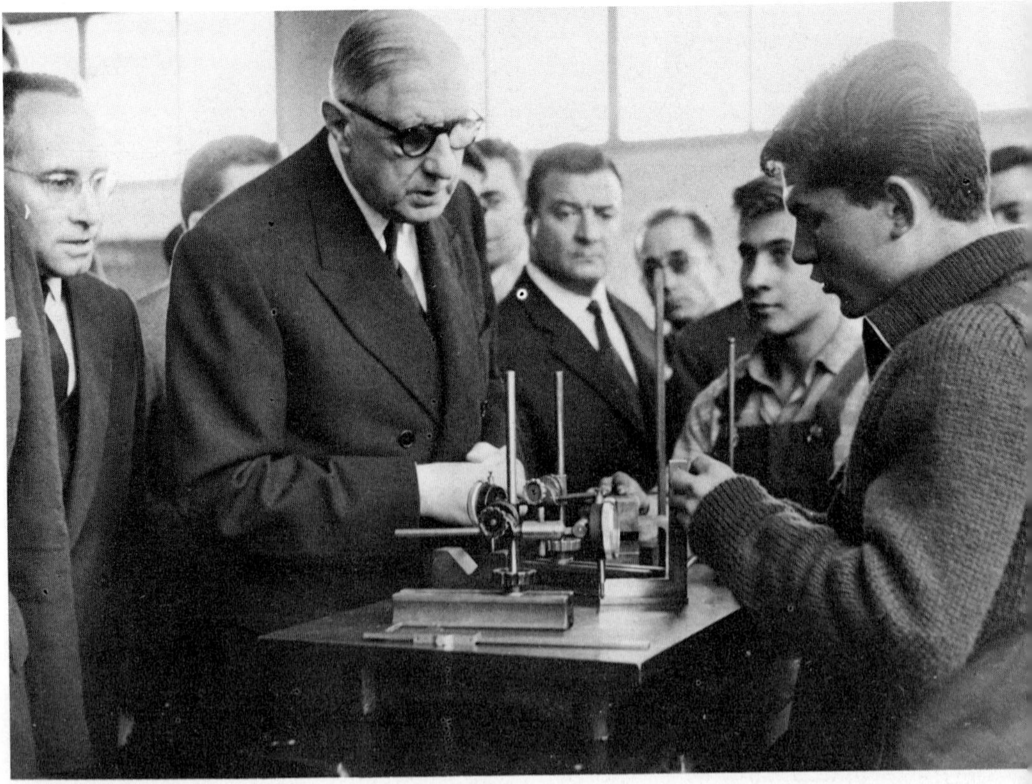

Au collège technique d'Ajaccio (novembre 1961)...

et à Brive. (mai 196

« Je suis content, très content d'être parmi vous. » (mine d'Haillicourt, septembre 1959)

« L'Alsace se trouve, une fois de plus, dans l'histoire de France avec un rôle exemplaire à jouer. » (Strasbourg, novembre 1959)

« Je vous remercie de ce que vous avez donné de confiance à ma confiance, de courage à mon courage. » (Guebwiller, novembre 1959)

Les petits Auvergnats de Saint-Flour. (juin 1959)

Osmoy (Cher) : halte à l'orphelinat de la police. (mai 1959)

Château-Gontier : M. Georges Pompidou, Premier ministre qui s'est marié dans cette ville, est venu rejoindre le Président de la République. (mai 1965)

Les mariés du samedi à Mamers. (mai 1965)

L'hommage à Clemenceau à Sainte-Hermine. (Vendée, 1965)

Aux installations atomiques de Cadarache. (septembre 1963)

Lorsque l'enfant paraît… en Vendée. (mai 1965)

Manifestations permanentes de sympathie à l'encontre de Mme de Gaulle.

« J'ai été élue pour la première fois dès que vous avez donné le droit de vote aux femmes. » (Laroque-des-Arcs, mai 1962)

« Vous avez choisi la vie pour vous et vos descendants. » (Oradour-sur-Glane, mai 1962)

L'huître, richesse des bassins charentais. (juin 1963)

Au pied de la statue de Denfert-Rochereau à Saint-Maixent-l'Ecole. (juin 1963)

L'Armée « féminine » salue « le plus illustre des Français. » (juin 1963)

Petit général deviendra grand. (Crécy-en-Brie, juin 1965)

Un voyage s'achève. (région parisienne, juin 1965)

Devant la foule languedocienne. (Béziers, février 1960)

« Et vous, mon Général, qui êtes aussi descendu du ciel. » (M. Faou, maire de Bénodet, février 1969)

L'annonce du référendum sur la régionalisation. (février 1969)

Ultime bain de foule à Quimper. (février 1969)

Les consignes d'abstention, la foule n'en a guère tenu compte. En revanche, sur deux cent quarante maires des Basses-Alpes conviés à la préfecture, la moitié environ ont répondu à l'invitation. Les quatre conseillers généraux SFIO se sont également abstenus de paraître.

De Gaulle reste imperturbable. Il est toujours difficile de percevoir chez lui la moindre sensation, le moindre signe d'agacement. Parfois, le matin ou en cours de journée, si l'ambiance est très sereine, on peut deviner dans son comportement un petit signe de détente...

Après une nuit passée à la préfecture des Basses-Alpes, le chef de l'État reprend la descente de la route Napoléon dès 8 heures et pénètre au cœur du massif du sud-est, l'un des bastions les plus solides du maquis français de la dernière guerre. Le premier village, Barrême, où il s'arrête, en témoigne. Ce fut l'une des premières localités à organiser le maquis tout comme Saint-André-des-Alpes bâti dans le fond de la vallée du Verdon au centre de l'un des départements les plus pauvres et les plus dépeuplés de France. La citation suivante lui valut la croix de guerre :

« Saint-André symbolise le courage et l'héroïsme de cette région qui a lutté avec une farouche énergie pour conserver sa liberté. »

Le maire, M. Honorat, tient à souligner que c'est la première fois qu'un chef d'État visite Saint-André :

– François Ier et Napoléon auraient pu y passer, regrette-t-il, mais le premier emprunta la vallée de l'Ubaye en revenant de Marignan et le second passa par Castellane, trois siècles plus tard.

Mais il faut revenir aux réalités bien plus préoccupantes :

– Notre ville se meurt, dit le maire. En deux siècles, nous avons perdu soixante-douze pour cent de notre population. Plus de huit cents ouvriers travaillaient autrefois dans des usines de drap de la région; aujourd'hui, ces usines ont disparu. Nous voulons espérer, monsieur le Président, que votre visite sera le prélude à un renouveau.

De la même manière, le maire du village de La Garde, M. Escarat, confie son tourment :

– La Garde se meurt, mon Général. Nous avions autrefois quatre cents habitants; il nous en reste quatre-vingts.

– Oh! fait le Président.

– Oui, c'est un désastre!

– Pourtant, reprend de Gaulle, il semble qu'après avoir touché le fond, le département des Basses-Alpes commence à remonter la pente.

– Nous essayons. Mais il faut aider La Garde. L'hydre administrative dévore tout. Elle vient de fermer notre école.

Et M. Escarat poursuit la voie étranglée d'émotion :

– Il y a cent trente ans que nous sommes maires ici, de père en fils. Mon père enregistra des naissances, célébra des mariages. Moi, jamais!

Après Castellane et le Logis-du-Pin, le chef de l'État rencontre à Escragnolles deux couples de mariés qui lui remettent leurs bouquets, mais le Général, tout en remerciant, leur rend leur présent, ne voulant pas les frustrer d'un souvenir.

Le maire d'Escragnolles en vient ensuite aux présentations. Au premier rang, de Gaulle salue les descendants de François Mireur à qui la France doit d'avoir adopté *la Marseillaise* pour hymne national. Les descendants présents sont aujourd'hui un médecin de Marseille, un notaire du Luc, un avoué de Grasse, la marquise Villeneuve de Bargemon et le facteur d'Escragnolles, Raymond Mireur.

Avant de quitter le village, le chef de l'État reçoit un cadeau sous forme d'un coffret contenant des flacons d'essence de lavande. Nous entrons en effet bientôt dans la ville des parfums, Grasse, où la foule enthousiaste rompt les barrages et un tonnerre d'applaudissements salue le passage de son discours concernant la paix en Algérie :

– Il faut que cela se réalise, affirme-t-il avec force, que les combats cessent. La France offre de tout son cœur la paix à tous y compris à ceux qui ont cru devoir prolonger le meurtre.

L'accueil des Alpes-Maritimes est partout délirant. A Mouans-Sartoux, submergé par la foule, il serre la main d'un jeune Guinéen qui crie sa joie :

– Ils ont dit « non » chez moi, au référendum, mais je m'en fiche! Il m'a quand même serré la main!

– J'emporte d'ici, confie le Général parlant au milieu de la rue, la preuve de notre unité nationale.

Ces quelques mots, il les répétera à plusieurs reprises, à Mougins, par exemple où la foule n'attend pas qu'on l'invite à chanter *la Marseillaise.* Elle l'entonne spontanément à l'arrivée du chef de l'État qui reçoit – c'est un symbole – un rameau d'olivier.

Par le boulevard Carnot, le cortège descend ensuite vers le centre de Cannes où l'illustre visiteur est accueilli par son ancien ministre : M. Bernard Cornut-Gentille. S'il évoque une nouvelle fois l'Algérie, il le fait pour fustiger vertement l'ingérence de l'URSS dans les affaires de la France au-delà de la Méditerranée :

– C'est un peuple, affirme-t-il, qui garde sous son joug des pays annexés, opprimés : la Pologne, la Tchécoslovaquie, la Roumanie, la Hongrie, la Bulgarie, l'Albanie, l'Estonie, la Lettonie, la Lituanie, la

Prusse, la Saxe, je ne sais si j'en oublie; c'est cet Empire qui maintenant prétend s'attribuer quelque chose comme une influence prépondérante en attendant sa domination sur les peuples d'Asie et d'Afrique que l'Occident, lui, a affranchis. C'est l'histoire de Tartuffe qui se faisait le champion de la vertu pour avoir accès auprès des femmes.

L'horaire n'est guère respecté. Retardé par une foule qui s'agglutine jusqu'à l'étouffer, le président de la République voit son retard s'accentuer à Nice, après s'être arrêté à Antibes.

Durant un quart d'heure, il va s'adresser aux habitants du chef-lieu des Alpes-Maritimes qui débordent sur toutes les avenues avoisinantes et menacent par leur pression de faire céder à chaque instant les barrières qui les contiennent.

Il se montre plus direct et plus mordant dans ses discours qu'il ne l'a jamais été, qu'il s'agisse du problème algérien et de l'attitude soviétique à ce sujet, de la force de frappe, de l'unité nationale et des « avertissements » lancés aux oppositions diverses qui, estime le Général, porteraient atteinte à cette unité.

La foule, toujours la foule, l'encense, le touche, s'accroche à lui. Une voix féminine crie :

– Mon Général, M. Pointier est là !

De Gaulle s'avance alors vers un habitant aux cheveux rares, au teint blême, assis sur une chaise d'infirme.

Le vieil homme, heureux d'avoir été reconnu, prend avec émotion la main qui lui est tendue et la serre longuement entre les siennes.

Le Président a reconnu là l'agent de liaison cycliste du... capitaine de Gaulle qui servit, en 1914, à la 10e compagnie du 33e régiment d'infanterie.

Ces souvenirs militaires sont empreints de recueillement, le lendemain matin, samedi 23 octobre, dans l'Escarène devant le mausolée où reposent quatre-vingt-six jeunes soldats de la 1re DFL tombés en avril 1945 au cours des combats de l'Authion dans l'arrière-pays niçois. Les ministres, MM. Chatenet, Sudreau, Baumgartner l'accompagnent tandis que l'on remarque parmi les autorités militaires présentes, les généraux de Larminat et Kœnig.

Monaco est tout proche. Le chef de l'État et Mme de Gaulle ont manifesté le désir de rendre visite au couple princier, Rainier et Grace. Cette dernière apparaît plus éblouissante que jamais dans un ample manteau de vison.

Au palais princier, la tenue « numéro 1 » des carabiniers de la principauté est de rigueur : guêtres, ceinture et gants blancs, pantalon bleu à bande rouge, vareuse noire, casque noir à plumet rouge et blanc.

Il est 12 h 30, un commandement retentit : le cortège entre au Palais.

Un valet de pied, superbe homme de couleur, se précipite vers la voiture du général de Gaulle et du prince Rainier pour ouvrir la portière. Cet Africain, en habit à la française, vert olive, culotte noisette et bas blancs, est l'un des plus vieux serviteurs du palais monégasque. Les journalistes notent son nom avec humour. Il s'appelle... Koty.

A l'issue du déjeuner de vingt-deux couverts servi dans la salle du trône, le prince prononce une courte allocution.

– Vous avez, dit-il, en venant dans ce Palais, aujourd'hui, tenu une promesse faite lors de la visite officielle que vous aviez accomplie l'année dernière et à laquelle je n'osais croire car, au milieu de vos graves préoccupations, de vos charges, il me paraissait impossible que vous puissiez vous soustraire pour vous rendre dans la principauté.

– Monaco et la France, répond de Gaulle, sont amis. C'est une amitié que la nature commande et que le cœur nous dicte.

Aussitôt, l'orchestre de l'Opéra de Monte-Carlo, qui joue dans la pièce voisine, remplace Lulli par *la Marche lorraine*.

Le prince Rainier et la princesse Grace conduisent ensuite le couple présidentiel au Musée océanographique où l'attend le commandant Jacques-Yves Cousteau, directeur, qui leur fait visiter l'exposition du cinquantenaire, retraçant l'histoire du musée.

Ici, le domaine scientifique prédomine : Cousteau expose à l'aide de maquettes, de statistiques et de dessins, le parc expérimental sous-marin ou biotron. Au passage, il ne manque pas de présenter la « soucoupe plongeante », engin de son invention pour l'exploration sous-marine.

Au retour de Monaco, où il était arrivé en autorail, et d'où il repart en voiture, le Président doit encore s'arrêter à Menton, où l'accueil chaleureux enregistré durant tout le voyage ne se dément pas, à Roquebrune, Cap d'Ail, Beaulieu, Villefranche. A Menton, il prononce son dernier discours officiel d'où l'on retire ces quelques affirmations :

– La conduite de la France appartient à ceux qu'elle en a chargés. Elle appartient donc par excellence à moi-même, je le dis sans ambages.

« L'État ne permettra pas que certaines ambitions, certains clans ou certaines personnes qui se taillent des situations personnelles politiques, syndicales, journalistiques, militaires ou autres, prétendent peser sur la conduite de la France.

Puis il s'arrête à Èze où le maire lui remet une gerbe de fleurs et une ravissante poupée ézasque :

– Ce sera pour madame de Gaulle, précise-t-il.

– Eh bien! Elle jouera avec, répond le Président.

– Ces Méridionaux ont vraiment le cœur généreux, confiera-t-il un peu plus tard en s'adressant à M. Jean Médecin, maire de Nice, au moment des adieux à la Côte d'Azur.

Une dernière rencontre aura eu pour cadre la préfecture de Nice, dans le courant de l'après-midi. Dans la bibliothèque Louis XVI le couple présidentiel a reçu la visite de Sir Winston Churchill et de Lady Churchill. De l'entretien entre les compagnons des heures difficiles rien ne filtrera. Les envoyés spéciaux de la presse devront se contenter de cette seule réponse de Lady Churchill à qui l'on demande si son époux et le président français ont été heureux de se revoir : « *Very very much* » (vraiment beaucoup).

C'est le dernier voyage en province du général de Gaulle en cette année 1960.

XV

UN ENTHOUSIASME RENOUVELÉ

Avant d'entamer le voyage suivant qui doit le conduire dans le Bassin aquitain au mois d'avril 1961 beaucoup d'événements se déroulent qui font avancer la solution du problème algérien et l'Europe notamment.

Le 4 novembre 1960, peu après son dernier voyage de l'année en province, le général de Gaulle, dans un discours radiotélévisé, parle de « la République algérienne qui existera un jour ».

Le 16 novembre, il annonce un référendum sur la politique d'autodétermination de l'Algérie, et nomme quelques jours plus tard M. Louis Joxe ministre d'État chargé des Affaires algériennes. Il se rend ensuite en Algérie du 10 au 13 décembre, voyage au cours duquel les partisans de « l'Algérie française » se heurtent violemment à des contre-manifestants musulmans.

Le 8 janvier 1961, le référendum sur la politique d'autodétermination est approuvé par près des trois quarts des suffrages exprimés.

Le 30 mars, le gouvernement français et le GPRA annoncent l'ouverture de négociations à Évian, le 7 avril, mais le lendemain, le GPRA revient sur cet accord.

Pendant ce temps, le 21 décembre 1960, un accord est intervenu à Bruxelles sur les principes d'une politique agricole commune permettant aux ministres des six États intéressés de décider d'accélérer, à partir du 1er janvier 1961, la réalisation du Marché commun. Le 10 février, les Six se réuniront afin d'évoquer le problème de l'organisation politique de l'Europe et créeront une commission d'études présidée par M. Christian Fouchet.

Le 17 décembre, enfin, a explosé la troisième bombe atomique française.

Le mercredi 13 avril, aussitôt après le conseil des ministres qui se tient exceptionnellement le matin, le général de Gaulle quitte l'Élysée pour l'aéroport d'Orly d'où une caravelle *Comté de Nice* battant pavillon tricolore, frappé de la croix de Lorraine, le conduit à la base aérienne de Mont-de-Marsan. Il est un peu plus de 14 heures.

Le chef-lieu des Landes recèle en son sein le centre d'expérimentation aérienne et le général de Gaulle s'y intéresse d'entrée. Il s'agit d'une visite ultra-secrète au cours de laquelle il se fait présenter les dernières réalisations françaises dans le domaine des fusées ainsi que les « Mirage 3 » et « Mirage 4 ».

Au cours de ce séjour dans le Sud-Ouest, les départements des Landes, du Tarn-et-Garonne, du Lot-et-Garonne, de la Dordogne et de la Gironde font l'objet de la visite qui commence effectivement sur la route de Dax par le village de Campagne et se poursuit par la petite localité de Meilhan où la première *Marseillaise* – approximative – est jouée par l'orphéon municipal.

A Tartas, le président de la Répulique est accueilli par M. Minvielle, sénateur-maire socialiste, qui lui présente ses souhaits de bienvenue et assure que « la population vit avec vous les grands problèmes qui marquent les inquiétudes de la France. Elle fait des vœux pour la réussite de votre entreprise quand celle-ci vise plus spécialement la recherche difficile de la paix, le maintien de la République et l'union des nations ».

Le Général, particulièrement touché par cet accueil, répond au maire :

– Je me sens plus confiant encore dans notre unité, maintenant que je vous ai entendu.

Les enfants des écoles donnent ici la note insolite. Ceux de l'école laïque applaudissent sur un trottoir, ceux de l'école libre sur le trottoir d'en face. Le général de Gaulle arrive bientôt jusqu'à eux, serre les mains des uns et des autres. Il n'y aura pas de jaloux.

Acclamé tout au long de la route, il s'arrête ensuite à Pontonx-sur-l'Adour où le maire, M. Labeyrie, malgré son appartenance au PSU, parti d'opposition, accueille fort courtoisement son visiteur en lui souhaitant « la plus cordiale bienvenue » et en rappelant son rôle à la tête de la Résistance puis son action pour l'émancipation des peuples colonisés; puis il ajoute :

– La France attend de vous le bien le plus précieux : la paix. Le peuple vous appuiera de toutes ses forces morales et s'il le faut, physiques.

Le cortège approche ensuite de Dax. Dès Saint-Paul-les-Dax, banlieue immédiate, la foule acclame le chef de l'État et jusqu'à son arrivée dans le centre de la cité dacquoise, les spectateurs sont massés, agglutinés sur plusieurs rangs.

Accueilli, place de l'Hôtel-de-Ville, par M. Max Moras, député-maire, de Gaulle aborde aussitôt le problème numéro un de l'heure : l'Algérie.

– Nous avons à achever l'entreprise de décolonisation où nous avons donné l'exemple et que nous avons entamée non pour nous affaiblir mais pour nous renforcer, non par la domination mais par la coopération. Il reste à terminer la longue et dure affaire de l'Algérie. Eh bien, là aussi, je le dis, et aujourd'hui avec plus de force que jamais, nous offrons la paix et la coopération.

De Gaulle, d'une voix puissante, a martelé cette dernière phrase qui est saluée d'une immense ovation. Puis il reprend d'une voix aussi ferme :

« Qu'on le veuille aussi de l'autre côté, et ce fera fait.

A peine le problème algérien est-il évoqué que le micro tombe en panne. Un grand silence se fait, puis la foule se met à crier « Vive de Gaulle! » Les officiels s'affairent autour de l'appareil, un technicien est appelé. Trois minutes après, la panne est réparée. Mais elle demeure inexplicable, le courant s'étant interrompu sans que les fusibles aient sauté. Grâce à la présence d'esprit d'un technicien qui branche le micro sur une autre ligne, le chef de l'État peut reprendre son discours et y mettre fin sans autre incident.

Le cortège remonte alors vers Mont-de-Marsan empruntant la route de Saint-Sever. Le soleil estival plutôt que printanier apporte ses touches colorées aux petits villages de la Chalosse, à la forêt de pins, aux pâturages, aux champs de maïs et de vignes. Touches colorées aussi par la décoration des cités, en l'honneur du chef de l'État, où ce ne sont qu'arcs de triomphe, banderoles de bienvenue, drapeaux.

A Montaut, une fillette vante les foies gras du cru : « Ce sont les meilleurs de France », dit-elle en tendant son panier au Président.

A Saint-Sever, devant l'église du XIIe siècle – le plus bel ouvrage roman des Landes – des bergers landais couverts de peaux de mouton, juchés sur leurs échasses, se penchent vers le visiteur – déjà grand – pour lui serrer la main.

Durant la journée, un général en grande tenue s'entretient à plusieurs reprises avec lui. Il s'agit du général Gillot qui a revêtu un uniforme qu'il n'a pas mis depuis sa retraite il y a quinze ans. Il est le camarade de promotion de Saint-Cyr du général de Gaulle.

A la préfecture de Mont-de-Marsan, il passe la nuit dans la chambre dite de « l'Évêque » car elle était jadis réservée au prélat du diocèse lorsqu'il venait en visite à Mont-de-Marsan.

Autre originalité, le lit spécial qui a été confectionné pour la visite bat tous les records précédemment établis par les autres préfectures. Il mesure en effet deux mètres vingt-cinq.

Après avoir salué le maire, M. Robert Besson, face à une foule nombreuse, il prononce un nouveau discours où il évoque cette fois les affaires intérieures de la France :

– Peut-être avez-vous entendu dire que le Général a toujours cru dans les destinées de la France. J'ai beaucoup de raisons d'y croire. Nous avons traversé ensemble de grandes épreuves dans lesquelles la France aurait pu succomber. Nous en sommes sortis honorablement et, comme on dit, victorieusement. Il n'y avait rien d'étonnant après ces épreuves, ces difficultés que la France ait été secouée au point de ne pas pouvoir reprendre sa route d'un pas très ferme. Nous avons eu quelques moments médiocres et puis, nous nous sommes sortis de ces médiocrités. Nous nous sommes fait des institutions et une stabilité sur laquelle on peut construire notre avenir. Nous avons pris conscience de nous-mêmes. D'un bout à l'autre du pays nous avons mesuré ce qu'étaient les devoirs de la France.

Le Tarn-et-Garonne, après les Landes, constitue le premier département visité à l'occasion de la deuxième journée. Pour y parvenir, il arrive par avion à Toulouse, contourne la « Cité des violettes » qu'il a visitée précédemment pour prendre directement la route de Montauban, l'une des étapes principales de la journée avec Agen. Il s'arrête cependant à Grisolles, notamment, où un monsieur en chapeau melon s'approche de lui et lui tend un papier :

– Rappelez-vous : Samson Delpech. J'étais à Douaumont, en 1916, blessé à vos côtés.

Le Général tend les mains :

– Content de vous voir, Delpech. Comment ça va depuis cette époque?

A Montauban, à l'occasion du traditionnel entretien avec les notabilités de la région, il interroge :

– Alors messieurs, vous faites du maïs dans la région?

La réponse vient en chœur :

– Oh! oui, mon Général. C'est le gouvernement qui nous l'a demandé.

– N'en faites pas trop. Ne faites pas comme saint Georges qui avait demandé à Dieu de l'aider à monter à cheval et qui est passé de l'autre côté.

Et tout le monde de s'esclaffer.

Dans son discours public, place du Maréchal-Foch, il passe en revue les « responsabilités » françaises dans le monde :

– L'univers a besoin de la France. De toutes les nations, c'est la France qui donne le plus pour les pays sous-développés. Personne n'a de leçon à nous donner dans ce domaine.

Il ajoute un peu plus tard, sous les applaudissements :

« La France est en train de devenir une puissance nouvelle à tous les égards. Ah! si vous saviez comme j'ai confiance dans notre destin. L'avenir est avec nous.

Cet avenir il l'évoque aussi dans l'après-midi, à Castelsarrasin. S'arrêtant au « Verger Provençal », exploitation fruitière modèle, choisie comme symbole de renouveau de notre agriculture, d'une terrasse, il jette un regard attendri sur quarante hectares plantés de pêchers, de pommiers et de poiriers. La récolte est appelée à dépasser six cents tonnes en 1965.

A L'Hôtel de Ville, invitant les maires du canton à se serrer autour de lui, il dit avec un humour caustique :

– Vous me répondrez comme vous voudrez en bruissant par des rumeurs. Je comprendrai très bien ce que cela voudra dire : approchez-vous, au besoin en sautant par-dessus les tables.

Après le jeu habituel des questions et réponses, il demande sur un ton aigre-doux :

– Avez-vous encore quelque chose d'énorme à me dire.... en passant?

A Moissac, les enfants des écoles se jalousent après la visite officielle. Il y a ceux qui ont réussi à serrer la main du Président, et ceux qui n'y sont pas arrivés.

A Malause, à la surprise générale, une femme crie :

– Vive la Haute-Marne!

Elle s'en explique :

– Je suis née à cinq kilomètres de Colombey-les-Deux-Églises.

– Bravo madame, répond de Gaulle. Et vive la Haute-Marne!

Une méprise se produit à Valence d'Agen. La voiture présidentielle dépasse l'Hôtel de Ville, le chauffeur n'ayant pas aperçu l'édifice à temps. Le maire de la localité n'est autre que Mme Baylet, veuve du directeur de *la Dépêche du Midi* qui a fait campagne contre de Gaulle en 1958. Madame le Maire reste là sans faire un geste.

– J'attends le président de la République comme on me l'a demandé, devant ma mairie, dit-elle d'un ton détaché.

A la demande du préfet, elle consent pourtant à faire quelques pas vers le Général qui marche à sa rencontre. L'entretien est cependant assez bref et visiblement dépourvu de toute cordialité. Ce sera, au demeurant, l'étape la plus courte du voyage à travers le Sud-Ouest.

Agen l'accueille. Comment concevoir un cadeau agenais sans pruneaux? Certes, le Général reçoit le traditionnel coffret mais, présent plus insolite, on lui remet les œuvres complètes et richement illustrées du poète Jasmin. A la réflexion, il est apparu que le chef de l'État ne connaissait pas cette gloire locale... son œuvre étant signée en patois gascon.

Quarante mille personnes ont envahi la place Armand-Fallières lorsque le président de Gaulle prend la parole devant la préfecture. Celui-ci est applaudi, acclamé en dépit des consignes données par divers partis de gauche et organisations syndicales qui ont demandé à la population de boycotter la visite présidentielle.

Le voyage se poursuit, le lendemain, vendredi 15 avril, par une nouvelle traversée – par le nord – du Lot-et-Garonne avant de pénétrer en Dordogne.

A Nérac, les échotiers toujours à l'affût notent qu'au cinéma « Comédia », dont le bâtiment est accolé à l'Hôtel de Ville, on joue le film *le Président*. La petite ville représente l'ancienne capitale du pays d'Albret où Henri IV passa son enfance. De Gaulle rend hommage, ici, à l'action courageuse de M. Lapeyrusse, député-maire de Nérac – qui se trouve à ses côtés – aux heures difficiles de la Résistance.

Un peu plus loin à Buzet-sur-Baïse, il saluera de la même façon l'abbé Étienne Laborie, qui fut conduit en juin 1944, à deux reprises, devant le peloton d'exécution et fut sauvé miraculeusement de la fusillade tandis que peu avant, à Saumont, le village étant à deux kilomètres de la route, les trente-sept habitants se sont déplacés. Privilège : ils ont tous eu le droit à une poignée de main du Général.

A Tonneins, les élèves du cours moyen (dix et onze ans) ont apporté des réponses pour le moins insolites à leur maître d'école qui leur demandait en devoir : « Que savez-vous du président de la République? » Certes, tous ont répondu : « Il s'appelle Charles de Gaulle », mais le reste apparaît un peu flou pour chacun :

– Il mesure plus de deux mètres.
– Il se trouve dans le dictionnaire.
– Il est le premier consul.
– Il parle souvent, alors qu'il est enroué...

– Chaque fois qu'il sort, il a son conducteur.

– Il est intelligent. Quand il fait des discours, il les dit de tête, comme s'il les avait appris par cœur.

– Il fait des conférences dans le monde entier pour entretenir la France.

– Quand il était jeune, il a fait des conquêtes.

– C'est le personnage le plus haut de l'État. Dans la foule, il paraît un géant.

– Il est né dans le Bassin parisien. Puis, assez vieux, il a été élu général.

A Marmande, devant l'Hôtel de Ville, il évoque rapidement les offres de paix en Algérie, ajoutant :

– Pour ceux qui ne se sont pas encore rendus à notre invitation, nous ne désespérons nullement de leur jugement et de leur bon sens. Nous sommes les uns et les autres au pied du mur, comme l'on dit.

A Villeneuve-sur-Lot où l'accueille le député-maire de la ville, M. Jacques Raphaël Leygues, le Général prononce quelques mots sur l'estrade placée devant le théâtre municipal lorsqu'un vent violent se lève faisant tourbillonner la poussière. L'orateur, qui est pris d'une quinte de toux, s'arrête un instant, boit un verre d'eau et reprend le cours de son exposé.

Le cortège prend alors la route pour Bergerac, parcourt les coteaux réputés de Montbazillac et franchit la Dordogne.

A Bergerac où l'accueil est comme partout chaleureux, le Président accompagné notamment du maire, M. Sicard, passe entre deux haies colorées. Ce sont les membres de la confrérie du Consulat de la Vinée de Bergerac dans leur robe moyenâgeuse pourpre et or.

Place Gambetta, il parle de l'Algérie, certes, mais aussi de l'URSS à deux reprises, en termes bien différents. La première fois :

– Un dictateur que l'on connaît bien prétend nous donner des leçons au sujet de la libération des peuples et de la fraternité.

Un peu plus tard, il reprend :

– La Russie a aussi bien des difficultés, même si elle les cache. Il est vrai que ses savants ont lancé un homme dans l'espace, et de cette performance, nous la félicitons. Mais il lui reste immensément de choses à faire pour les hommes qui l'habitent.

Le cortège atteint Périgueux par une route sineuse et vallonnée. Le Président y prend la parole sous la pluie qui vient de faire son apparition. Là encore, les thèmes évoqués portent sur le problème algérien et l'unité française.

Devant les deux cents maires de la Dordogne, il se surprend à plaisanter lorsqu'il dit sans sourciller :

– Quand j'étais enfant et que je venais en Dordogne, avant 1914, y passer mes vacances, il n'y avait pas de vaches, il n'y avait que des bœufs et des ânes. Maintenant, je l'ai vu, vous avez beaucoup de vaches et de tracteurs. C'est la richesse qui arrive.

Aucun incident ne marque le séjour du chef de l'État à Périgueux. Cependant, dans la nuit qui a précédé son arrivée, des inscriptions « Algérie française » avaient été tracées à la peinture sur la route Périgueux-Bordeaux que doit emprunter le Général. A Bordeaux même, cinq personnes ont été arrêtées. Elles ne seront relâchées qu'après le retour du président de la République à Paris. De même, quelques heures avant l'arrivée à Périgueux, on a découvert près de l'Hôtel de Ville un objet suspect que les artificiers ont enlevé mais dont ils n'ont pas révélé la nature.

La pluie persiste au quatrième jour de la visite, le samedi 16 avril. Cela ne freine en rien le désir du chef de l'État de s'arrêter dans les moindres petits villages; ainsi Razac, puis Montrem où il est salué par la fanfare municipale que dirige le curé de la paroisse.

Un arrêt plus long est observé à Saint-Astier que domine l'église au campanile rectangulaire. Les officiers de la base souterraine de matériel aéronautique, la plus importante de France, sont présentés au visiteur.

A Neuvic-sur-l'Isle, il reçoit une chaussure en bronze doré, symbole de l'activité principale de la commune où est installée une importante usine du groupe « Bata ».

A Mussidan, une gigantesque mais sympathique bousculade rend difficile l'accès au podium du Général. Celui-ci, répondant au maire, parle avec émotion du passé de la petite ville décorée de la croix de guerre, et où les résistants avaient fait sauter un train de munitions allemand. Les autorités d'occupation ayant ordonné la désignation de cinquante otages, le maire de l'époque, seul, s'était présenté aux Allemands pour être fusillé.

Avant l'arrivée à Libourne se situe l'étape de Néac. Le maire et les conseillers municipaux sont sur le bord de la route. Parmi ces derniers, Olivier Guichard, fidèle du Général qui lui serre longuement la main.

A Libourne, confluent de l'Isle et de la Dordogne, le Président, reçu par le député-maire M. Robert Boulin, évoque une nouvelle fois le drame algérien et l'effort de la France en faveur des pays sous-développés.

François Mauriac l'accueille à l'arrêt suivant, Langon. La propriété de l'académicien est située, en effet, sur le territoire de la commune. Celui-ci, démissionnaire du magazine *l'Express*, s'entretient quelques instants avec de Gaulle qui déclare devant les autorités municipales :

– Je salue tout particulièrement ce très, très grand écrivain qui explique, qui assiste, qui rehausse l'homme et qui illustre la France.

Le cortège présidentiel entre alors dans la zone des grands crus. Une seule fois, à Quinsac, le Général acceptera de boire un verre en public. La scène se passe devant la coopérative agricole.

– Tout notre village est là, assure le maire.

Et de Gaulle lève son verre à la santé des villageois.

Par le pont de pierre, le cortège présidentiel entre à Bordeaux. Il fait chaud. M. Jacques Chaban-Delmas a pris place dans la voiture du chef de l'État. Les trottoirs sont trop étroits pour contenir la foule. Pourtant les officiels ont éprouvé quelques craintes. On a redouté qu'un petit noyau d'activistes ne tente de saboter la réception. C'est pourquoi le long du parcours on n'a pas lésiné sur les moyens : deux mille cinq cents gendarmes mobiles, mille cinq cents CRS, mille gardiens de la paix et deux mille cinq cents hommes de troupe se trouvent échelonnés le long du parcours officiel.

Parmi les visites effectuées : celle de la faculté des Sciences, la plus moderne de France où le président de la République, répondant aux vœux du recteur M. Jean Babin, fait allusion à la mission de culture, de rayonnement « de cette université bordelaise placée à la porte de l'Océan et accueillant les étudiants d'Afrique ».

L'un des derniers élèves de la faculté de Droit de Bordeaux a été Hassan II, roi du Maroc.

Le déjeuner du lendemain, à la préfecture, se déroule dans la tradition bordelaise du XVIIIe siècle, époque du grand commerce maritime où l'exotisme était de rigueur dans les repas d'apparat. Le menu indique :

Brochettes tahitiennes
Oiseaux des Iles en paillotes
Coquelets des Plantatives
Laitue à la Corsaire
Ananas frais.

Une difficulté pour ce repas : la table devait être décorée de fleurs bleues évoquant la mer. Mais les fleurs bleues sont rares : impossibilité d'en trouver une quantité suffisante. La fille du préfet, Mlle Delaunay, étudiante en pharmacie, qui s'est chargée de la décoration, a tourné la difficulté en achetant trois cent cinquante œillets blancs qu'une teinturerie locale a transformés en œillets bleus.

A Arcachon, ensuite, on entrevoit la fin du voyage. De ce dernier jour, il emporte deux souvenirs émus : la médaille d'or de la ville d'Arcachon que lui a remise le maire et la rencontre qu'il a faite aux portes du Médoc, au Bouscat, d'un camarade de promotion de Saint-Cyr, le docteur Paulin avec qui il échange familièrement quelques souvenirs :

– Comment vas-tu? lui demande-t-il.

– Tu vois, répond le médecin, Saint-Cyr mène à tout, à la Présidence, comme à la médecine.

Et il ajoute :

« Charles, tu me parais bien fatigué. Fais attention! On a besoin de toi.

A Eyzines, le vieux maire pleure d'émotion en lisant son discours.

Note comique, à Castelnau-de-Médoc, il reçoit en cadeau un agneau blanc, bien vivant, qui est expédié à l'Élysée pour y devenir... un baron d'agneau de Pauillac [1]. Il finit son voyage dans une voiture présidentielle en broutant une partie du tapis de sol.

A Sainte-Hélène, le Général passe en revue les pompiers forestiers spécialisés dans la lutte contre les incendies de pinèdes. Il passe entre une haie de bergers perchés sur leurs échasses, en pantalon rouge, ceinture noire et cape blanche à pompons rouges.

A Saumos, un curé lui dit, paraphrasant l'Évangile : « Le bon pasteur visite ses brebis et ses brebis le reconnaissent. » Et le Général lui répond : « C'est en effet ce que m'a dit le cardinal ce matin. »

A Facture-Biganos, après s'être longtemps mêlé à une foule d'enfants, le Général prononce quelques mots et aussitôt le curé du village s'empare du micro et exhorte la population en hurlant sans fin : « Allez les enfants : vive de Gaulle! vive la République! »

A La Teste, ultime station, il affirme avec force :

– La France tout entière saura les pays qui sont nos amis et même ceux qui ne le sont pas reconnaîtront notre solidité et notre cohésion nationales.

C'est en quelque sorte la dernière leçon qu'il tire de son voyage de cinq jours dans cinq départements du Sud-Ouest. On peut y ajouter qu'il s'est déroulé comme les onze voyages provinciaux déjà accomplis dans quarante-quatre départements, dans le même enthousiasme des populations.

Contrairement à certaines prévisions, le voyage n'a pas été troublé, et les craintes exprimées par beaucoup se sont révélées sans fondement : il n'y a pratiquement pas eu de manifestations hostiles et

1. Référence aux grands crus de cette commune du haut Médoc.

cependant, des tentatives ont été faites pour saboter le voyage présidentiel : par exemple, des clous jetés sur les routes. La plupart des maires des communes girondines traversées ont reçu des lettres de menaces et certains magasins de Bordeaux se sont vu, par lettres anonymes également, donner l'ordre de fermer leurs devantures sur le passage du cortège présidentiel. Certains hôteliers de Bordeaux ont enfin été menacés et ont dû prendre en conséquence des mesures particulières.

XVI

EN PASSANT PAR LA LORRAINE

Le 22 avril 1961, un coup d'État est tenté à Alger par les généraux Challe, Jouhaud, Salan et Zeller, avec l'appui de quelques unités de l'armée.

Le lendemain, le général de Gaulle assume les pouvoirs exceptionnels prévus par l'article 16 de la Constitution.

Le coup d'État s'effondre le 26 avril, aux premières heures de la matinée, l'ensemble des forces armées étant resté fidèle au chef de l'État.

Indépendamment de ces remous, le gouvernement français et le GPRA annoncent l'ouverture de négociations à Évian, le 20 mai. Elles seront suspendues le 13 juin.

A noter encore : l'explosion au Sahara de la quatrième bombe atomique française, le 25 avril.

C'est un pèlerinage qui ouvre le voyage en Lorraine du général de Gaulle. Arrivé à Verdun le 23 juin, et accueilli par le sénateur-maire M. François Schleiter ainsi que par le préfet M. Faussermagne, le chef de l'État gagne aussitôt le fort de Douaumont. Étape du souvenir.

Au printemps 1916, le fort a changé dix fois de mains. Le 2 mars, sous une pluie de feu et de fer, parmi tous les soldats fauchés, le capitaine Charles de Gaulle tombe, blessé pour la troisième fois. Il appartient au 33e RI. Le soir, il est fait prisonnier.

En ce jour de juin 1961, il n'est pas le seul à se souvenir. Derrière lui, discrètement se tient un petit ecclésiastique : l'abbé Michel, chanoine à Varennes. A l'époque, il assurait les fonctions d'aumônier au 33e RI. Au camp d'internement de Fort-Neuf où il partageait le sort concentrationnaire de Charles de Gaulle, il avait conçu un plan d'évasion. Pour prendre la fuite, il fallait changer de vêtements, mais ceux qu'il récupérait pour le capitaine de Gaulle étaient toujours trop petits.

– Celui qui vous parle, déclare ce dernier, en évoquant le maréchal Pétain sans le nommer, ne méconnaît rien, et n'oublie rien des services qui furent rendus ici à la nation par tous ceux qui y ont combattu, y compris leurs chefs. Les événements ont pu, par la suite, être ce qu'ils furent, c'est une autre histoire. La page qui a été écrite ici ne porte pas une tache, j'en porte témoignage.

Au retour, le cortège s'arrête à Belleville, petit village meusien. Là encore le Général accomplit une nouvelle et émouvante étape de son pèlerinage du souvenir : voici quarante-cinq ans, il y a cantonné avec ses soldats. Le jeune maire, M. Demenois, le rappelle dans son petit discours d'accueil.

Verdun lui fait un triomphe. La sous-préfecture a failli être investie mais, cette fois, par une foule enthousiaste.

L'Algérie est présente dans toutes ses interventions, et même dès son arrivée à l'Hôtel de Ville où il signe le livre d'or en utilisant le stylo de Raymond Poincaré. Ainsi lance-t-il aux maires sur un ton familier :

– Approchez-vous, messieurs les maires, le plus près possible, et parlons de vos préoccupations.

Et tous en chœur, les maires – des agriculteurs pour la plupart – répondent :

– Oui! oui! oui!

Le lendemain matin à 7 h 30, le cortège s'ébranle. De Gaulle a revêtu son complet gris anthracite et malgré cette heure matinale, plus de deux cents personnes sont massées derrière les grilles. Le Général n'oublie pas d'aller leur serrer la main.

De la Meuse aux Vosges, il s'apprête à découvrir un visage particulier de la Lorraine après les souvenirs historiques amoncelés à Verdun : le sourire de la Lorraine agricole avec ses champs de blé alternant avec les taches jaunes des champs de colza ou les verts pâturages agrémentés de coquelicots.

Pour l'heure, l'industrie prédomine. A Haudainville, il s'avance vers la population qui regroupe des cultivateurs et des ouvriers des fours à chaux qui le saluent et l'ovationnent. Le maire, Edgard Gaston, est l'un des plus anciens de France. A quatre-vingt-deux ans, il conserve depuis 1908 la fidélité et la confiance de la population. Il a déjà reçu, en 1923, un autre président : Raymond Poincaré.

A Lacroix-sur-Meuse, le maire, M. Hutin, a combattu en Pologne en 1919, en même temps que le général de Gaulle à l'époque où la

France avait envoyé un corps expéditionnaire sous les ordres de Weygand pour stopper l'avance de l'armée rouge. M. Hutin, qui fut cité à l'ordre de l'Armée, à peu près en même temps que le général de Gaulle, souligne comme gage d'attachement et de fidélité les quatre-vingt-dix-sept pour cent de réponses positives au dernier référendum.

A Saint-Mihiel, où déjà Mme de Gaulle a rendu visite aux malades de l'hôpital, le maire, M. Vuillaume, rappelle qu'au cours de l'année 1917, deux officiers combattirent côte à côte dans le secteur Saint-Mihielois : le capitaine américain Truman et le capitaine français Lebrun. Tous deux allaient devenir présidents de leurs pays respectifs.

Ce n'est pas sans fierté que le maire évoque encore une parole du président René Coty, lors de son voyage dans la Meuse.

– Si Saint-Mihiel n'avait pas été là, Verdun n'aurait jamais existé !

Et le maire ajoute à l'appui de ses propos :

– C'est ici, dans les marches de l'Est, que vous sentirez vraiment battre le cœur de la France.

A Villotte-sur-Aire, le premier magistrat de la petite localité rappelle avec fierté que la population, au dernier référendum, a voté « oui » à cent pour cent.

Après ce petit bourg, le cortège emprunte la fameuse voie sacrée, qui part de Bar-le-Duc, seule route qui permit de ravitailler la zone de Verdun. Détail insolite : les bornes kilométriques surmontées de casques de poilus de 1914-1918.

A l'entrée de Bar-le-Duc, le général de Gaulle se rend d'abord au monument élevé à la mémoire de Raymond Poincaré en compagnie notamment de M. Pierre Marizier, maire de la ville.

– J'ai tenu, déclare-t-il, à apporter dès mon arrivée à Bar-le-Duc mon hommage et celui de la République à la mémoire de Raymond Poincaré qui fut un grand Français et un républicain exemplaire.

Devant la préfecture, imposante et majestueuse, sur un podium installé pour le discours à la population, il insiste sur la nécessité de l'unité de la France, sur l'indispensable développement économique, industriel et agricole :

– L'agriculture, dit-il, devient une grande force moderne. Cela suppose un effort de l'État, de l'administration mais aussi un effort de coopération des intéressés. Et cela vaut mieux que des agitations qui n'ont aucune valeur, sans portée réelle, et qui ne mènent à rien.

Dans la salle des fêtes de la ville, devant trois cents maires, le Général adopte un ton plus familier :

– On n'est pas au paradis, on est sur terre. Malgré quelques apparences, quelques exagérations, la France n'est pas un pays en mauvais état.

« Il ne faut pas vous figurer que les pouvoirs publics et moi-même, nous ne nous intéressons pas à l'agriculture française. C'est un élément essentiel de notre vie, tout le monde le sait. Mais on sait aussi qu'il y a une transformation totale à faire. Il faut que les agriculteurs s'organisent pour vendre. Il faut s'organiser pour la qualité, le conditionnement et l'exploitation des marchés. On a voté l'an dernier une loi de développement qui commence à être appliquée. On n'a pas été vite pour sortir les décrets, je le sais, mais si l'agriculture le veut, elle ne périra pas!

Sur l'Algérie, le président de la République redit sa volonté d'en terminer avec la guerre. Il déclare au maire :

– La fin de la guerre d'Algérie, car c'est « La Fin »...

Mais après avoir répété que l'issue raisonnable du drame algérien était l'association, de Gaulle précise ce qu'il entend par le « regroupement » :

– Ou bien ce sera l'association loyale de l'Algérie nouvelle et indépendante, ou bien il faudra réunir dans quelques zones les uns et laisser les autres ailleurs.

Sur la paix en Europe il souligne son point de vue par ces mots :

– Un bloc d'ambitions et de prétentions totalitaires s'est constitué à l'Est. Veulent-ils la guerre? Veulent-ils la paix? Nous aurons bientôt l'occasion de le vérifier.

Ce discours, le général de Gaulle le répétera partout. A Ligny-en-Barrois, le maire, M. Dodin, lui offre un coffret contenant des compas de précision, spécialité de l'industrie locale.

Puis vient Commercy, la cité des madeleines où devant le très bel Hôtel de Ville à arcades et son maire, M. Santoni, il répète à propos de l'agriculture : « Cela ne sert à rien de troubler l'ordre public. »

Dans un coffret en bois de sycomore, il emporte quelques-unes de ces délicieuses madeleines qui ont fait la renommée de la ville.

Vaucouleurs l'accueille et il passe entre une haie de jeunes filles en tablier bleu et corsage blanc, costume qui illustre dans l'imagerie populaire Jeanne d'Arc, la bergère de Domrémy. Ici le maire, M. Gantois, ne craint pas de se lancer dans des parallèles pour le moins insolites.

– Il y a vingt ans, dit-il, le cauchemar de l'annexion de la Lorraine torturait les consciences, mais la voix de Londres galvanisait les résolus. Le clairon de la délivrance avait retenti cinq cents ans plus tôt. Vaucouleurs avait eu le privilège d'armer Jeanne pour bouter l'envahisseur. Comment ne pas comparer le choc salutaire de vos paroles, mon Général, à celui de notre héroïne nationale.

– Il va de soi, répond de Gaulle, que nous allons porter notre pensée sur la noble, la saine figure de Jeanne d'Arc. Il y a cinq cents ans ce n'est pas loin, cela fait six vieillards, en réalité, mis bout à bout.

Au-delà de Vaucouleurs, les villages se succèdent : Montigny, Rosières-en-Blois, Delouze, Abainville et Gondrecourt-le-Château surtout ont endossé leurs vêtements de fête, leur costume de gala. Du foin masque le fumier et des arbustes se dressent, plantés le matin même de chaque côté de la route, tout au long des localités. C'est une véritable marche triomphale sous un soleil éclatant. Mais Gondrecourt qui, entre autres privilèges, a celui d'être le village natal du ministre M. Jacquinot, n'est qu'un bouquet de fleurs, de plantes et de drapeaux.

M. Erard, le maire du pays, remet à son visiteur un vase de granit réalisé par la fabrique locale. M. Jacquinot contemple cette assistance où il compte tant d'amis d'enfance. Le général de Gaulle, d'ailleurs, ne manque pas de rendre hommage à la fidélité de son compagnon depuis des années « ni de remercier les habitants pour leur magnifique décoration ».

Puis, avant d'entrer dans les Vosges, il demande à la population de chanter *la Marseillaise.* L'hymne s'élève, puissant, émouvant, devant la petite gare pavoisée où prend place, quelques instants plus tard, le président de la République dans un autorail spécial.

La halte de Neufchâteau dure une demi-heure, et une heure après, à 19 h 20, il arrive à Épinal après la traversée des calmes et verdoyants pâturages de la plaine vosgienne.

Dans la gare moderne, alors que le reçoit le maire, M. Argant, l'accueil du chef-lieu des Vosges le met de très bonne humeur.

Aux parlementaires présents, il explique à nouveau sa politique algérienne apportant cependant une précision d'importance qui, plus tard, ne trouvera pas d'application. Il s'agit à nouveau des regroupements éventuels « d'Algériens qui ne voudraient pas faire partie d'un pays en désordre et qui voudraient rester attachés à la France ».

– Il est plus facile, reconnaît de Gaulle, de protéger deux départements que treize.

Et il ajoute que depuis le début de la guerre, la France a « déversé dans le gouffre de l'Algérie quatre cents milliards d'anciens francs ».

Aux deux cent cinquante maires de l'arrondissement d'Épinal, il parle aussi de décolonisation :

– Il ne faut pas se figurer que nous sommes encore au temps du père Bugeaud. Il faut décoloniser comme les Anglais l'ont fait et procéder comme les Belges ont été obligés de le faire au Congo.

Dans son discours public, l'accent est mis sur la politique de grandeur de la France :

– Un grand pays qui ne se développerait pas serait condamné à disparaître de ce monde dur dans lequel nous vivons. Vous assistez à cette transformation. La France est en train de devenir une des plus grandes nations industrielles du monde. L'agriculture aussi doit se transformer, se développer de manière à devenir une grande chose moderne. Cela implique naturellement des efforts des pouvoirs publics, mais aussi des efforts de la part des agriculteurs eux-mêmes, une volonté de modernisation et d'organisation que la France attend d'eux. Le devoir est là.

Après une nuit passée à la préfecture des Vosges, l'étape d'Épinal à Nancy, par Lunéville et Toul, se révèle particulièrement harassante pour le chef de l'État. Durant treize heures, il parcourt cent quatre-vingt-dix kilomètres sous un soleil torride qui fait fondre le goudron de la route.

Malgré sa fatigue, il opère une halte dans trente-cinq localités.

Durant des heures, dans les villages des Vosges et de la Meurthe-et-Moselle, se déroulent sous ses yeux les cent facettes de la Lorraine.

La route que prend le cortège s'enfonce tout d'abord dans la forêt vosgienne...

A Gugnécourt, le maire, un Vosgien solide et haut en couleur dit au Général, au moment du départ, un vibrant « au revoir et à la prochaine fois M. de Gaulle ».

A Bruyères où les foins coupés et la résine mêlent leur senteur aux frais parfums de la vallée, le chef de l'État est cerné par deux petites Lorraines très fières d'exprimer les sentiments de la population :

– Ça ne doit pas être toujours très commode de conduire une nation mais courage, Excellence, les enfants de Lorraine comme ceux de France pensent à vous. Vive la France terre de Preux et vive Vous!

A Brouvelieures, la fanfare joue avec une telle ardeur que le tambour passe ses baguettes à travers la peau de porc (ou peau d'âne)!

Par les lacets escarpés bordés de fougères, à travers la forêt de plus en plus épaisse, le cortège gagne le col du Haut-Jacques où le

Général dépose une gerbe devant le monument érigé à la mémoire des gardes forestiers qui ont combattu l'occupant. Il est un peu plus de midi lorsque la ville de Saint-Dié est atteinte par la vallée de Taintrux.

Le Général est debout dans sa voiture, tête nue, sous un soleil de plomb.

A l'Hôtel de Ville les maires de l'arrondissement dans leurs doléances s'inquiètent d'une administration trop pointilleuse.

– Il faut simplifier la paperasse! dit l'un d'eux.

De Gaulle hausse les épaules puis réplique :

– Ah! mon pauvre ami! Il faut des papeteries (c'est l'une des principales richesses de la région) mais pas trop de papier si je comprends bien!

Le cortège parcourt ensuite la vallée du Rabodeau surnommée « la vallée des veuves » tant il y eut d'otages fusillés et de déportés parmi ses habitants. A Senones, le Général fleurit une plaque à la mémoire des six cent quatre-vingt-quatre déportés du canton, morts dans les camps nazis. A Raon-l'Étape, sous les belles arcades de l'Hôtel de Ville on lit une liste interminable de noms de déportés. A Bertrichamp, on change de département et M. Herrenschmidt, préfet des Vosges, cède sa place à M. Damelon, préfet de Meurthe-et-Moselle, dans la voiture présidentielle. A Baccarat où eurent lieu de furieux combats de chars en 1944 un coq de cristal est offert au Général. Tout au long de la route les noms des villages évoquent les batailles des deux dernières guerres.

A Lunéville sous le soleil, le cortège pénètre dans la majestueuse cour du château des ducs de Lorraine et devant les longues et splendides perspectives du parc à la française, le Général prononce son discours, évoquant les mêmes thèmes que précédemment.

Bref arrêt à Léomont qui fut le quartier général du général Foch pendant la guerre 14-18. A Dombasle-sur-Meurthe, première cité industrielle importante du département, les ouvriers des usines de produits chimiques voisines sont nombreux, parmi la population massée autour du nouvel Hôtel de Ville.

Devant la belle église du XVe siècle de Varangéville, le maire adresse au Général son message :

– Quelles que soient les tendances de chacun, vous avez la confiance de tous pour défendre nos institutions républicaines.

A Gondreville le premier magistrat de la localité rappelle que Charlemagne fut reçu ici en 810 et il ajoute : « L'histoire du monde s'est aujourd'hui en votre personne arrêtée en notre cité. »

A Toul, reçu par le Dr Pierre Schmidt, maire, devant le magnifique gothique flamboyant de la cathédrale Saint-Étienne où les traces des bombardements de 1940 ont presque disparu, le Général prononce sa dernière allocution.

La nuit est tombée lorsqu'il pénètre dans Nancy. En franchissant les grilles dorées de la place Stanislas, il ne peut masquer son étonnement : au milieu de la place se dressent en son honneur un V et une croix de Lorraine haute de vingt mètres.

Le jour suivant, il reçoit à la préfecture où il vient de passer la nuit les parlementaires de Meurthe-et-Moselle. Il s'entretient par téléphone avec M. Raymond Pinchard, sénateur-maire de la ville, qui se trouve en convalescence sur la Côte d'Azur, après une longue maladie. Vêtu d'un costume de tissu léger gris clair, le général de Gaulle, visage bronzé, ne semble accuser aucune fatigue après la journée harassante de la veille.

Les questions économiques sont celles qu'il aborde ici en priorité. C'est pourquoi il écoute avec beaucoup d'attention l'exposé de M. Fernand Arnaud, président de la Chambre de commerce et d'industrie de Meurthe-et-Moselle qui tient à affirmer que l'économie régresse sans que le pays s'en rende compte suffisamment.

Le général de Gaulle, dans sa réponse, assure qu'il est conscient de l'importance des problèmes économiques et ajoute :

– A la fin de l'année, nous devrons aborder une nouvelle étape du Marché commun, sous réserve évidemment que certaines conditions soient remplies, en particulier en ce qui concerne les produits agricoles. Si, comme nous pouvons l'espérer, nous obtenons les résultats indispensables à cet égard, alors nous entrerons dans la deuxième phase du Marché commun et dans une sorte de voie nouvelle.

Il conclura familièrement son propos devant les maires du département :

– Notre pays se relève. Je m'en félicite. Pas pour moi, vous le pensez bien. Je suis au bout de mon rouleau, mais pour la France tout entière.

Le thermomètre marque trente-cinq degrés, place Stanislas, lorsqu'il prend la parole. Bien avant son apparition au balcon, les cas d'insolation sont nombreux. Les infirmières et les brancardiers ne chôment pas, effectuant une navette incessante entre la place et les infirmeries volantes. Soixante-douze cas d'évanouissement seront enregistrés.

Le chef de l'État explique la politique de la France à la foule nancéenne comme il l'expliquera tout au long de la route de Nancy à Metz.

Ici les localités ont des noms qui symbolisent la richesse industrielle française : les fonderies de Pont-à-Mousson qui livrent au monde les plus gros tuyaux et qui équipent entre autres les égouts de Chicago et de San Francisco; le centre de Briey qui est le bassin le plus important de l'Europe pour le fer; Longwy, une des capitales de l'industrie lourde.

Entre Briey et Longwy, l'agriculture a aussi son mot à dire : par la vitre de l'autorail, le président de la République aperçoit dans les champs des groupes de tracteurs sur lesquels se sont agglutinées des grappes de cultivateurs tendant des pancartes : « Payez nos produits à leur prix » ou « Comment payer nos tracteurs? »

Mais, si d'un côté de la voie ferrée, il y a des protestations, de l'autre, d'autres agriculteurs avec leurs charrettes et leurs chevaux, occupés à la fenaison, saluent le visiteur en agitant leurs casquettes.

A Longwy, le chef de l'État est accueilli par le maire M. Jean Bassompierre. Devant l'Hôtel de Ville, des mineurs en bleu de travail et barrette forment une haie d'honneur.

L'accueil de la population est chaleureux, enthousiaste; population nombreuse malgré les consignes de l'extrême gauche et qui entonne spontanément *la Marseillaise.*

En regagnant la gare, il s'attarde longuement à serrer les mains qui se tendent et, se penchant au milieu des barrières, il répète : « Bonne chance à tous! » Des Polonais, des Italiens, des Nord-Africains et même deux mille Belges, apprend-on, se trouvent dans cette foule. La frontière est proche.

Enfin Metz n'est pas en reste au chapitre des réceptions inoubliables. On assiste à une gigantesque bousculade. Tout le monde veut approcher le chef de l'État. L'atmosphère est étouffante.

C'est le lendemain, dimanche 2 juin, qu'il s'exprime dans la cité messine, mais la journée commence de très bonne heure par une messe à la cathédrale Saint-Étienne. Mgr Schmidt, évêque du diocèse, lui souhaite la bienvenue, en ces termes :

– Dans cette ville, cette province trop souvent un enjeu entre deux pays, nous vous sommes reconnaissants d'avoir définitivement réconcilié la patrie avec le peuple allemand.

Avant de se rendre sur la place d'armes pour prononcer son discours, il s'entretient avec diverses personnalités dans les salons de la préfecture. Il retrouve là M. Robert Schuman à qui il rend hommage en disant :

– Vous avez été l'initiateur de l'heure européenne.

Du dialogue avec le maire, on retient cette phrase :

– Notre travail n'est pas assez payé!

– Organisez-vous pour vendre vos produits, répond de Gaulle, pour ne pas les laisser vendre par toutes sortes de gens et cela ira mieux.

Devant la foule, il rend tout d'abord hommage à la « ville du courage » triomphante aujourd'hui, qui aborde l'avenir avec espérance. L'avenir, il l'évoque aussi quant à l'affaire algérienne, concluant par ces mots :

– Il est vrai qu'à ce sujet, nous avons perdu du temps. Nous nous sommes laissé dépasser par les événements. Nous n'avons pas pris quand il le fallait les mesures généreuses et logiques qui auraient été nécessaires. Alors nous avons eu sur les bras cette guerre cruelle. Cette guerre se termine. Comme notre armée fait son devoir sur le terrain, il n'y a pas de problème. Il n'y aura pas de Dien Bien Phu en Algérie, nous le savons bien, mais il faut que cette modification aboutisse à une solution politique et pratique.

« Les conversations engagées à Évian peuvent durer plus ou moins longtemps et comporter des péripéties plus ou moins désagréables. Je pense que cela aboutira, en définitive, à la solution du bon sens.

Le chef de l'État et sa suite prennent quelque repos dans l'autorail qui les conduit ensuite à Forbach puis à Sarreguemines, dernière étape importante où il tire la conclusion du voyage, disant :

– Tout le long de ma route, ce qui a nourri mon espérance de vieil homme, c'est ce que j'ai vu de nombreux et de magnifique dans la jeunesse lorraine. Ces enfants voudront peut-être se souvenir d'avoir vu passer le général de Gaulle leur affirmant qu'il avait confiance en eux pour les destinées de la patrie.

Il y aura encore dix-sept arrêts dans des villages ou sur le bord de la route de Sarreguemines à Metz-Frescaty où le cortège arrive avec une heure de retard sur l'horaire prévu pour s'envoler vers Paris.

La Marche lorraine, il l'aura entendue cent quinze fois au cours de son voyage; cent quinze fois, il aura chanté ou entendu *la Marseillaise,* prononcé quinze discours importants et de multiples petites allocutions.

– Ce fut l'un des voyages présidentiels les plus durs, dira en s'épongeant le front M. Verdier, directeur général de la Sûreté nationale.

XVII

LES « CAPRICES » DE L'AVEYRON

Le 18 juillet 1961, la garnison française de Bizerte est attaquée par les Tunisiens. Renforcée par des éléments parachutistes, elle repousse cette attaque. Une incursion des forces tunisiennes au Sahara est également repoussée.

Dans l'affaire algérienne, reprise, à Lugrin, le 20 juillet, des négociations interrompues à Évian le 13 juin, négociations qui sont à nouveau interrompues par le GPRA le 28 juillet.

Le 13 août intervient la fermeture par les autorités est-allemandes de la frontière entre Berlin-Ouest et Berlin-Est, bientôt suivie de la construction du « Mur de Berlin ».

Le 24 août, le gouvernement Debré subit un remaniement partiel, M. Edgard Pisani remplaçant M. Henri Rochereau au ministère de l'Agriculture.

Enfin, le 8 septembre, un attentat manqué contre le général de Gaulle se déroule à Pont-sur-Seine. Une charge de plastic, cachée dans un tas de sable, explose au passage de sa voiture qui traverse un rideau de flammes.

Le voyage du général de Gaulle dans le haut Languedoc entre autres, par les départements de l'Aveyron, de la Lozère et de l'Ardèche, ne semble pas démarrer, le jeudi 21 septembre, sous des auspices très favorables. On relève, en effet, beaucoup de consignes d'abstention données par le parti communiste, le PSU et pour la première fois par la SFIO. Un mot d'ordre de « boycott » de la visite présidentielle a été lancé par les instituteurs, les parents d'élèves, les anciens combattants et les associations d'agriculteurs, allant de l'abstention simple au slogan : « Les rues vides. »

A Villefranche-de-Rouergue où arrive par le train le chef de l'État, les consignes d'abstention ne semblent pas avoir été totalement suivies. La foule est bien là pour l'accueillir et celui-ci, qui semble détendu, fend lentement cette foule serrant les mains qui se tendent vers lui.

– La France est un pays en pleine transformation, tient-il à dire d'entrée. Il faut que nous soyons un grand pays moderne. Cela implique de grands efforts, une vigoureuse cohésion, une grande solidarité nationale.

Le département de l'Aveyron connaît un certain nombre de difficultés économiques et le maire de Villefranche, M. Robert Fabre, ne tarde pas à les exposer. Certes, on est ici en présence de l'un des départements les plus grands, mais il s'agit aussi d'un des plus pauvres et des moins peuplés de France. Il cite, à l'appui de ses affirmations, deux chiffres éloquents. Ainsi, s'il existe encore trois cent mille Aveyronnais dans le département, il en existe déjà deux cent mille à Paris.

– Il faut, ajoute-t-il, donner à nos paysans si attachés à leur terre – même si elle est ingrate – parce que c'est leur terre natale, des raisons de ne plus s'enfuir vers une capitale pléthorique. Pour les Aveyronnais, l'angoisse est profonde et il y a une limite à leur misère, une limite aussi à leur placidité...

La plupart des personnalités sont restées, ici, fidèles aux consignes de boycott. On note ainsi l'absence de M. Bruel, président de la Fédération départementale des syndicats agricoles tout comme celle des responsables départementaux des autres syndicats agricoles et des centrales ouvrières (CGT, FO, CFTC) ou d'enseignants. Les présidents de la Chambre de commerce et des métiers se sont également abstenus.

La place de Villefranche où de Gaulle s'exprime en public est à moitié pleine; certaines estimations parlent de deux mille cinq cents à trois mille personnes.

Outre la « vigoureuse cohésion et solidarité nationales » que le chef de l'État demande à tous les Français, celui-ci n'hésite pas à souligner qu'elle est d'autant plus nécessaire qu'à l'extérieur, la tension internationale est une réalité :

– Il y a aussi les menaces qui pèsent sur l'Occident, le monde et, en particulier, affirme-t-il, sur la France. Il se trouve qu'un bloc prétend imposer sa volonté aux autres et l'imposer par la menace. La France, le monde libre, n'ont pas l'intention de reculer devant le danger qui menace. Car, devant ces sommations, on donne son chapeau, on perd sa veste, puis sa chemise et puis sa peau, et, finalement on perd son âme.

Sur la route qui le conduit à Decazeville, le tableau n'est plus tout à fait le même : pas de drapeaux, de banderoles de bienvenue. Même les maîtres d'école n'ont pas rassemblé leurs élèves sur le bord de la route.

A Lanuejouls, situé sur le plateau du Ségala, l'accueil du maire de cette commune agricole du Bas-Rouergue tranche sur celui des autres cités. Aucune revendication n'est formulée.

– Nous vous ferons grâce, dit en effet le maire, de nos doléances, vous les connaissez. Elles sont de tous ordres puisque toutes les catégories sociales sont représentées dans notre population. Mais nous vous faisons malgré tout confiance. Nous fondons sur vous tous nos espoirs et notamment notre espoir de paix.

Montbazens constitue l'arrêt suivant. En revanche, celui d'Aubin demeure supprimé. Le maire est communiste. La voiture présidentielle ralentit, cependant, dans la traversée du petit bourg. Nonobstant les consignes d'abstention, la foule a, en effet, tenu à être dans la rue. Puis, après Viviez, et ses hauts fourneaux où l'on aperçoit les ouvriers au travail, le chef de l'État, répondant au maire, exprime sa « confiance dans la France et ses institutions ».

Decazeville n'a pas pavoisé mais la foule est venue, moins nombreuse, certes, qu'elle aurait dû l'être. Aucune hostilité, mais un accueil réservé. Le malaise économique qui plane sur le bassin minier de l'Aveyron, les menaces de grève et de chômage ont joué largement en faveur des consignes d'abstention.

Dans la ville, aucun effort de décoration n'est apparent à l'exception des drapeaux réglementaires sur les bâtiments officiels.

Le maire, M. Rouquette, se lance dans un long exposé sur la situation difficile de l'économie régionale. Le bassin houiller, à la suite de l'élaboration du plan national des Charbonnages de France, connaît une baisse de production et par voie de conséquence un taux de chômage grandissant : cinq mille ouvriers travaillaient là en 1946; ils ne sont plus que deux mille cent aujourd'hui. En 1965, on prévoit que leur nombre ne dépassera pas quatre cents.

– A ces soucis, ajoute M. Rouquette, se mêlent aussi ceux d'une jeunesse qui monte puisque sur une population de onze mille habitants, il y avait, en 1950, deux mille élèves dans les écoles et qu'ils sont aujourd'hui trois mille cinq cents.

De Gaulle, dans sa réponse, reprend le thème de la foi en la jeunesse :

– Vous avez, monsieur le maire, cité beaucoup de chiffres. A mon échelon, je vois le problème comme il est : un problème local ayant ses incidences sur les problèmes nationaux, mais il y a ici un capital, une foi, une sorte d'espérance qui me font penser que les difficultés du moment seront prochainement surmontées.

Lors de son discours public on constate que les femmes qui applaudissent sont en nombre plus important que les hommes. Lorsqu'il entonne *la Marseillaise* à la fin de son discours, il chante l'hymne national presque seul et quitte le podium, disant d'une voix sèche :

– Je vous remercie!

Cette visite l'a mis de fort mauvaise humeur. Les officiels s'en rendent compte dans l'autorail qui le conduit à Millau.

Au pays de la ganterie, l'atmosphère change cependant du tout au tout. Salué par M. Charles Dutheil, député-maire, il reçoit sous une chaleur caniculaire, un accueil qui confine au délire.

La rénovation nationale constitue l'un des sujets qu'il aborde en public, soulignant :

– La France prend à son compte toutes les régions. Pas une dont elle se désintéresse. C'est vous dire la pensée de celui qui vous parle et du gouvernement qu'il a nommé et qui ne vous oublie pas. Nous devons nous transformer, nous faire une industrie, une agriculture, un commerce, une science à la mesure de nos moyens. Nous partons d'ailleurs de loin. Nous sommes, en effet, un pays traditionnel même lorsque nous nous donnons des airs révolutionnaires.

Le baromètre de la popularité du Général remonte. Les bravos éclatent. Le décor a changé, mais les problèmes demeurent. Sur la route, allant vers Rodez, de grands panneaux jaunes indiquent : « Justice pour les paysans. »

Les maires des villages prennent le relais des agriculteurs. Ainsi, à Pont-de-Salars, il s'entend dire :

– Prenez conseil des maires ruraux car nous sommes paralysés jusqu'à l'écœurement en étant obligés d'appliquer des règlements absolument contraires aux réalités des faits parce que les techniciens ignorent les humbles praticiens que nous sommes et qu'à Paris on prétend d'un coup de plume résoudre les problèmes de Pont-de-Salars.

La note comique de la journée, le chef de l'État l'apporte au village de Salles-Curan – dont le maire, M. Delmas, appartient au cabinet de M. Michel Debré – en s'écriant, étonné :

– Je suis heureux d'avoir eu l'occasion de payer la dette de Philippe Auguste.

Un peu d'histoire locale s'impose :

Le baron de Salles, gendarme du roi et natif du lieu, avait sauvé la vie de Philippe Auguste à la bataille de Bouvines. Le souverain, alors, avait promis de lui rendre visite en son village. Le temps avait passé. Il n'était pas venu. Ni lui, ni ses successeurs, ni aucun chef d'État. De Gaulle était le premier et il connaissait l'anecdote.

A Rodez, où il arrive avenue Victor-Hugo, accueilli par le maire, M. Bertrand Lapanouse, l'atmosphère rappelle les moments les plus chaleureux des voyages présidentiels. Dès lors, de Gaulle ne cache pas sa satisfaction; pour lui, « l'homme des Tempêtes », c'est une victoire, mais il n'en a pas moins, pour autant, entendu de solides revendications. Il connaît pourtant les lourdes inquiétudes des gens de cette région.

D'un trottoir à l'autre, il répond aux appels familiers et enthousiastes des Ruthénois tandis qu'il se dirige lentement vers l'imposante cathédrale de grès rose et gagne ensuite, toujours entre deux haies de mains qui se tendent, la nouvelle mairie.

La place et les rues adjacentes sont noires de monde. Les parlementaires du département – dont aucun n'est UNR – sont tous présents et reconnaissent volontiers que les consignes d'abstention lancées par diverses organisations et par des syndicats n'ont pas ici été suivies par la masse.

Le Général provoque les premières acclamations quand il proclame :

– Tout le reste de ma vie, je me souviendrai de la réception de Rodez.

Et il salue « cette jeunesse pour laquelle il n'y a pas de voie qui doive être trop large ni de but trop grand ».

En se retirant à la préfecture il tient à déposer une gerbe devant la stèle élevée à la mémoire de Jean Moulin, ancien préfet de l'Aveyron, et héros de la Résistance.

Le soir, très discrètement, il quitte la préfecture pour rendre visite à l'ancien président du Conseil Paul Ramadier – qui fut son ministre du Ravitaillement en 1945 – qui se trouve en traitement à la clinique de Rodez.

Les deux hommes restent en tête à tête durant quelques minutes et le chef de l'État exprime ses vœux de prompt rétablissement à l'ancien leader socialiste.

Le département suivant, atteint le vendredi 22 septembre par autorail, est la Lozère, qui accueille pour la première fois un chef d'État. On comprend son enthousiasme. En passant la haute porte fortifiée de Marvejols, de Gaulle debout dans sa voiture se penche vers le maire, M. Gilbert de Chambrun, et le préfet, M. Georges Combes, leur disant :

– Mais ils sont tous là!

C'est vrai. Ici les totaux sont aisés : la ville compte trois mille cinq cents habitants, et dans ce département la densité de population est la plus faible de France : quinze habitants au kilomètre carré.

C'est dans le parc, derrière l'Hôtel de Ville que le Général prend contact longuement avec la population. C'est la grande kermesse. La foule s'est massée sous les ombrages des mélèzes aux longues branches tombantes. Plus loin brillent sous le soleil, des statues : « la bête du Gévaudan », aux allures de monstre, et un Henri IV stylé ressemblant à un petit page.

M. de Chambrun, ancien député progressiste, descendant d'une vieille lignée d'hommes politiques locaux, après avoir rappelé le passé historique de l'antique cité de Marvejols, souligne :

– Nous sommes tous sensibles à votre visite, malgré la diversité de nos opinions.

Le général de Gaulle, qui esquisse alors un léger sourire, prend le micro et, selon son habitude, lance un appel à l'union nationale :

– Si nous venions à nous disperser, à nous attaquer réciproquement, nous serions vite la proie du malheur au-dedans et au-dehors. L'unité française : voilà la vérité, voilà le devoir.

Près d'une barrière, avant de remonter dans sa voiture pour poursuivre sa route vers Florac, il est arrêté par un ancien combattant, mutilé de guerre, M. Amédée Vaissade :

– Mon Général, je ne peux plus marcher. Ma voiture est cassée. Il m'en faudrait une avec un moteur si possible.

Le chef de l'État se retourne vers son aide de camp, le colonel Teisseire :

– Prends son nom et son adresse et nous lui ferons ce cadeau.

A partir de Marvejols, c'est presque du tourisme que font le Général et sa suite en prenant la route qui s'élève sur le plateau du Causse découvrant un paysage de montagnes déchiquetées à l'habitat dispersé. Quelques arrêts cependant. Le premier à Palhers, un tout petit hameau dont le maire, très ému, cherche ses mots pour accueillir l'illustre visiteur :

– C'est la première fois que nous voyons ici un président. Je vous souhaite longue et bonne santé car la paix est plus que jamais utile à la France et vous voulez la paix.

Le cortège remonte maintenant la vallée et s'arrête à Chanac, petit village blotti au pied d'une vieille forteresse médiévale, la tour Gorgeroche qui barrait autrefois l'entrée du val. Ici les difficultés des administrés tournent autour du manque d'eau, de chemins, de débouchés pour les jeunes.

– Faites tout pour sauver la Lozère, demande-t-on à de Gaulle qui répond en quelques mots, assurant que les régions les plus déshéritées bénéficieront d'une sollicitude toute particulière.

A Sainte-Énimie, village qui tient son nom de la sœur du roi Dagobert, le président de la République prouve qu'il connaît bien son histoire locale en déclarant :

– Je suis un peu intimidé en songeant que je viens ici après le bon roi Dagobert.

Le cortège serpente maintenant à flanc de montagne pendant des kilomètres, puis amorce une descente vertigineuse vers Florac où il est accueilli par M. Marcel Privat, maire. Le cortège s'engouffre dans une véritable sous-préfecture de poupée, dirigée par M. Pierre Paganon. C'est la plus petite de France. De Gaulle y déjeune puis, à peine levé de table, il peut se promener à travers les rues, admirer les deux viviers et leurs bancs de truites comme s'il était là en vacances.

La population – mille deux cents habitants – est rassemblée sur la place et sous les voûtes gothiques de la halle comme aux beaux jours de foire.

Dans son discours, outre les thèmes traditionnels, il ajoute à l'intention des habitants du département :

– La Lozère prendra demain une figure différente de celle qu'ont connue vos pères, mais votre département restera lui-même et la jeunesse que je vois partout peut et doit trouver sa place dans cette région. L'œuvre à accomplir ici est nationale. Elle sera faite.

A Mende où le Général passe la nuit, il répète ces propos, place Urbain-V, disant :

– La France est un tout. Elle doit aider les départements comme le vôtre, qui trouvent leur avenir contrarié. Je suis venu ici pour vous dire que la France a confiance en vous, en votre effort, et que vous devez avoir confiance en elle.

Plus tard, le maire de Mende, M. René Estoup, retraité de l'EDF, racontera sa « journée historique » avec beaucoup d'humour et une certaine candeur :

– J'ai été ébloui par de Gaulle, dira-t-il, si bien que je l'appelais monsieur le Ministre, ou bien mon cher collègue, mon ami, mais je pense qu'il m'a donné une absolution générale.

« Quand je l'ai vu, je me suis dit : " Ma mère, si tu voyais ton fils! " C'était une journée de gloire et d'apothéose.

« Le dîner à la préfecture s'est bien passé, dira-t-il enfin. Il a commencé aux chandelles, mais les chandelles s'usent comme les hommes, et la lumière est venue. La soirée a été remarquable et puisque je fais des confidences, je dois dire que j'ai eu pour la première fois l'occasion d'être servi par des garçons en queue-de-pie.

Le maire de Mende n'est pas le seul impressionné. Ceux de la circonscription ne peuvent placer un mot car de Gaulle leur révèle tout net :

– Vos problèmes, je les connais : les routes, l'eau, l'électricité. Mais vous oubliez de me parler du téléphone. Le téléphone à la campagne? Pourquoi pas? Il faudra que vous l'ayez car c'est très pratique l'hiver. Cela éviterait de vous fatiguer. C'est montagneux par ici.

Les maires en restent sans voix.

Il affronte à nouveau les cultivateurs et leurs problèmes dans le département voisin, l'Ardèche, qu'il gagne en autorail spécial par le plateau de la Margeride après avoir salué Langogne, dernière ville de la Lozère.

S'il ne s'arrête pas dans tous les villages – certains maires ont refusé, là aussi, de le recevoir –, il est parfois contraint de stopper presque brutalement car la population barre littéralement la route. En revanche à Prades, le maire socialiste, M. Bourret, directeur de l'école des garçons, s'est moqué de toutes les consignes d'abstention. Son compliment est rédigé en vers. Le Général l'écoute en approuvant :

> Soyez généreux Monsieur le Président
> Donnez-leur votre appui car malgré des remous
> Ils vous aiment encore et espèrent en vous
> Soyez très généreux pour les hommes qui peinent
> La misère est souvent le ferment de la haine (...)
> Et maintenant continuez votre périple
> Dans nos contrées où les difficultés multiples
> Surgissent constamment devant nos paysans.
> C'est très généreux, Monsieur le Président.
> Gouverner c'est prévoir, c'est forger les maillons
> Qui unissent les cœurs dans le même sillon
> Ne décevez pas ceux qui vivent dans l'attente.

Partout, à Aubenas, à Largentière, il lance des appels à l'unité nationale.

A Uzer, il retrouve le souvenir d'un autre militaire célèbre, le général Mangin qui s'y retira en 1929, y devint maire et y mourut en 1942.

A « l'Éperon », un chien aboie durant le discours. Une dame d'un coup de pied magistral ramène l'animal à une plus saine conception des valeurs établies. Le garde champêtre marque sa stupéfaction, disant :

– Elle est ici la représentante de la SPA. Mais pour de Gaulle elle se permet quelques incartades.

Le soir, à la nuit tombante, après le passage du col de l'Escrinet, l'accueil de Privas touche au délire. Selon les chiffres officiels, douze mille personnes se pressent sur la place de l'Hôtel-de-Ville et dans les rues avoisinantes. Des autocars spéciaux ont amené des centaines de personnes de tous les environs. De Gaulle, visiblement satisfait, achève son discours par ces mots : « Merci de ce spectacle que vous m'offrez et que vous vous offrez à vous-mêmes. »

La dernière journée a lieu le lendemain, dimanche 24 septembre. Aucune fausse note. La campagne rayonne de lumière à travers les vallonnements rocailleux et désséchés qui serpentent vers le Rhône. La foule crie sa joie dans chaque village traversé.

A La Voulte, sur la grand-place à l'ombre des platanes, la population s'est regroupée derrière la fanfare et les sportifs en survêtements bleu ciel.

– La Voulte, dit le Général, est connue à différents égards et notamment, par son équipe de rugby.

Et l'on entend l'entraîneur s'étonner :

– Je ne pensais pas qu'il s'intéressait aussi au sport.

A Tournon-sur-Rhône il utilise encore le langage du sport :

– Dans le peloton des pays qui mènent, la France est l'un des premiers.

Sur la question algérienne, il stigmatise d'une manière particulièrement vive les plastiqueurs qu'il désigne pour la première fois :

– Tous ceux qui s'excitent, exagèrent, font de la dissidence en Algérie, commettent une mauvaise action nationale. La politique de la France est claire. Ce n'est pas celle du plastic et des attentats qui arrangera les choses. Nous ne devrions pas en être là, nous Français. Les Français ont, même quand ils sont en Algérie, des exemples à donner. Je le dis pour qu'on l'entende ici et ailleurs.

Annonay marque le point final du voyage dont de Gaulle emporte « le souvenir le plus réconfortant possible ».

XVIII

LES REVENDICATIONS CORSES ET MARSEILLAISES

Le général de Gaulle reprend son Tour de France un peu moins de deux mois plus tard afin de visiter la Corse, le Var et les Bouches-du-Rhône.

Lorsque son avion se pose le 7 novembre à 9 h 30 à l'aéroport de Bastia-Poretta, il a été informé que, la nuit précédant sa visite, un attentat s'est produit au domicile du député-maire de la ville, M. Jacques Faggianelli. De Gaulle s'en irrite :

– C'est absurde et lamentable, dit-il en lui serrant la main.

L'incident n'a fort heureusement pas fait de victime et le chef de l'État retrouve le sourire en apercevant une vieille Bastiaise qui vient lui offrir des fleurs :

– Je vous reconnais, lui dit-il, c'est vous qui m'écrivez depuis 1940. Continuez, cela me fait très plaisir.

Dans la ville, la foule est nombreuse, certes, mais des consignes d'abstention semblent avoir eu une certaine influence sur la population. Ici, les revendications n'ont aucun rapport avec celles rencontrées jusque-là. Un mouvement dit du « 29 novembre » a appelé ses adhérents à boycotter la visite présidentielle. De quoi s'agit-il?

Les Corses désirent avant tout que soit maintenu l'article 16 du décret du 24 avril 1811 qui leur permet de passer outre la « perception des impôts indirects ». En échange, ils font don de leurs forêts dont la superficie couvre cent mille hectares. Autres privilèges : depuis cent cinquante ans, l'huile d'olive, le miel, les vins, les citrons corses sont admis sur le continent exemptés des droits de douane. De plus, lors d'une vente ou d'un héritage, un Corse paie des droits moindres que sur le continent. Or ces privilèges sont menacés de plus en plus par le fisc.

L'accueil n'est nullement distant dans les villages. On peut même affirmer qu'il est chaleureux dans les petites cités pauvres et peu peuplées. Les maires n'hésitent pas à rendre hommage au chef de l'État mais ne perdent pas de vue leurs revendications. Celles-ci prennent parfois un tour pittoresque comme à Ponte-Nuevo où Mme Roxane Polidori, maire de la localité, déclare :

– Aux Corses, vous devez donner la parité avec le continent pour le coût des transports, de la lumière et de l'énergie. Vous aurez alors mérité, pour les Corses, ce doux nom de « Père de la Patrie », apanage exclusif, jusqu'à ce jour, du plus prestigieux des hommes de notre région, le général Pascal Paoli.

Premier moment de détente pour le Général et les ministres qui l'accompagnent (MM. Frey, Intérieur; Paye, Éducation nationale; Sudreau, Construction) : le déjeuner servi à la sous-préfecture de Corté. Au menu figurent : pageots du golfe, perdreaux au chou, fromage, vacherin. A la carte des vins : Roi de Rome blanc.

La nuit est tombée lorsqu'il arrive à Ajaccio. Pourtant, il s'est arrêté fort peu dans cette zone montagneuse, aride, dépeuplée mais parée d'une grande beauté.

A Bocognano, sur la place décorée de lampions tricolores, M. Miniconi, vice-président du conseil général, fait remarquer que s'il y a moins de monde que lors des précédents voyages présidentiels, c'est parce qu'il ne subsiste ici en hiver que de « rares sédentaires ». Il termine une longue analyse du rôle de l'État et du peuple en disant : « La démocratie, c'est un chef et un peuple qui se complètent tous les deux. » Le Général lui répond que « l'unité, la cohésion, la confiance dans la République sont plus que jamais nécessaires ».

A Ajaccio, reçu par le maire, M. Serafini, il développe, le lendemain, le thème de l'évolution de l'Algérie :

– Il faut, précise-t-il, qu'un accord avec les éléments politiques algériens et notamment avec les éléments politiques de ce qui a été la rébellion et ce qui est encore les attentats, se fasse. Que cet accord ait lieu et les populations pourront aller à l'autodétermination.

Le discours se termine par un acte de foi dans l'avenir. De Gaulle fait chanter à la foule *la Marseillaise* comme dans chaque ville traversée. Puis, il reprend la parole alors que l'on croyait le discours entièrement terminé. Il s'agit d'une brève déclaration, certes, mais formulée avec force et longuement applaudie :

– Il y a de l'autre côté de la mer certains de nos compatriotes qui poursuivent je ne sais quel rêve, je ne sais quelles ambitions malsaines, qui ne reconnaissent pas l'évidence. Ceux-là, je les adjure de rejoindre le pays dans son espoir, sa foi, sa volonté. Où qu'ils soient... ils doivent servir la France.

Les passages de son discours sur l'Algérie sont les moins applaudis. Mais à la fin de son allocution lorsqu'il évoque « vos souvenirs à vous dont le plus grand de tous est celui qui fut votre empereur », la population manifeste bruyamment sa joie et l'acclame longuement.

Le Général a passé la nuit, il est vrai, dans un décor napoléonien. En effet, pour orner les appartements qui lui ont été réservés à la préfecture, on a emprunté au musée de la ville les plus belles pièces de collection évoquant les fastes de l'Empire. En outre, les peintures ont été totalement refaites et la veille encore, les ouvriers ont travaillé fort tard pour achever leur tâche.

Dans l'après-midi du mercredi 8 novembre, le chef de l'État revient sur le continent pour poursuivre sa visite par Hyères, où il atterrit à la base de Palyvestre, et surtout Toulon où il arrive avec le crépuscule méditerranéen, debout dans sa voiture, acclamé par les habitants en grand nombre sur les trottoirs.

Au lendemain de son arrivée, il est salué par un officier de marine qu'il connaît bien : son fils, le capitaine de frégate Philippe de Gaulle. Celui-ci commande l'escorteur rapide *Picard* à bord duquel monte le chef de l'État après une visite rapide de l'arsenal. Laissant sur le quai les ministres Frey et Boulin, ainsi que le préfet du Var et toutes les personnalités, il monte seul à la rencontre de son fils qui l'attend à la coupée.

Le capitaine salue militairement le Général qui lui serre affectueusement la main.

Le chef de l'État parcourt le bâtiment, salue les matelots et les officiers qui lui sont présentés. Après cette brève visite, il prend congé de son fils.

Puis, avec de nombreux arrêts, c'est le parcours en voiture de Toulon à Saint-Raphaël sur cent trente kilomètres environ.

A Belgontier, une villageoise s'approche de lui et lui serre la main :

– J'aimerais, dit-elle, que vous fassiez mes amitiés à Geneviève de Gaulle (la nièce du Président) avec qui j'ai été déportée à Ravensbrück. Vous lui direz simplement « Amitiés du n° 35 000 de Ravensbrück ».

A Méounes, abrité par un parapluie, sur une table boiteuse, il signe le livre d'or.

A la préfecture du Var, à Draguignan, au cours des entretiens avec les notabilités, un des sénateurs socialistes, M. Le Bellegou, lui pose la question suivante :

– Est-ce que vous considérez l'OAS comme un interlocuteur valable?

Très calme, très froid même, de Gaulle répond :

– Je ne connais pas l'OAS.

A la préfecture, il préside le déjeuner de vingt-huit couverts servi par les dix meilleurs élèves du lycée technique hôtelier de Nice. Il reçoit, après le déjeuner, une demande inhabituelle de ceux-ci.

– Voudriez-vous, monsieur le Président, nous dédicacer le menu?

De Gaulle donne les dix signatures en félicitant les jeunes gens qui viennent de servir le repas en quarante-sept minutes alors que l'horaire leur accordait cinquante-cinq au maximum.

Au cours de sa halte de Draguignan, il reçoit également un cadeau qui inquiète fort les services de sécurité : il s'agit d'une fusée de type Monika offerte par le spéléologue club de Draguignan. Cette fusée qui est présentée par M. Marc Baloc, président du club, porte une charge d'explosif qui permet de monter à trois cents mètres d'altitude et libère trois parachutes tricolores qui ramènent au sol le spoutnik. C'est un cadeau spécialement destiné au petit-fils du Général.

Le chef des services de sécurité intervient avant que le Général n'ait en main le jouet qui est chargé :

– Il est sans danger, dit le fabricant.

– Je préfère l'essayer moi-même, dit le policier.

Sous une pluie battante, tête nue, le Président se rend ensuite à Fréjus, à Saint-Raphaël, au Luc-sur-Mer. Insensible à la pluie, il s'arrête chaque fois, salue, prononce quelques mots et repart. Il remercie la foule qui s'est déplacée, disant :

– Je suis d'autant plus touché que les circonstances atmosphériques sont ce qu'elles sont.

Bientôt, c'est Marseille où il arrive en autorail cette fois.

Les voitures officielles gagnent la préfecture. A une fenêtre de l'édifice, une tête coiffée d'une toque blanche disparaît. C'est le cuisinier, posté là, afin de donner le « top » pour mettre sur le feu la soupe au pistou du dîner officiel de quarante couverts.

Le lendemain, il entame sa dernière journée par une visite des installations portuaires à bord du dragueur de mines *Renoncule* de la Marine nationale.

Puis le dragueur pavoisé quitte le vieux port suivi de trois autres bâtiments à bord desquels monte la suite du chef de l'État pour s'engager dans le bassin de la Joliette. C'est peu après l'entrée de ce bassin qu'éclatent les premières manifestations. Sur un môle, un groupe de dockers porte une pancarte :

« Non au lock-out! »

D'autres panneaux réclament :
« Nos deux mille cinq cents francs! »
Il faut savoir qu'un conflit oppose depuis plusieurs semaines les dockers de Marseille à leurs employeurs. Ils réclament un salaire garanti de deux mille cinq cents francs par vacation de huit heures au lieu de deux mille cent cinquante francs, ainsi que la journée continue de huit heures. Depuis plusieurs semaines, ils font la grève des heures supplémentaires, du travail des jours fériés et du travail de nuit.

A mesure que la flottille présidentielle longe les quais, de nouveaux groupes de manifestants apparaissent. Ce sont toujours des pancartes revendicatives, mais aussi des cris. On entend, lancé par un groupe de dockers juchés dans les superstructures du paquebot *Gouverneur général Chanzy* :

– Charlot! Nos deux mille cinq cents francs!

Un peu plus loin, sur un môle, ce sont des « hou! hou! », des cris hostiles, des bordées de coups de sifflet qui vont se répéter à plusieurs reprises tout le long des sept kilomètres longés par le général de Gaulle. Parfois, on entend également des slogans politiques tels que « Paix en Algérie! », « Le fascisme ne passera pas! ». Mais les slogans revendicatifs dominent. Les groupes de manifestants sont parfois assez nombreux pour couvrir la voix des haut-parleurs qui, à bord des dragueurs, donnent des explications techniques sur le port.

C'est la première fois qu'une manifestation de cette envergure est organisée au cours d'un voyage présidentiel.

Le discours public du Général aura également été troublé par des perturbateurs mais les acclamations parviendront à couvrir très nettement ces cris hostiles s'appliquant à l'Algérie.

C'est la ville d'Arles qui, finalement, réserve au général de Gaulle l'accueil le plus chaleureux. Mais, là encore, un groupe d'environ deux cents étudiants commencera à lancer le slogan « Algérie française! »

Ces cris l'ayant, semble-t-il, un peu irrité, il élève la voix et tonne dans les micros :

– Il y a vingt et un ans que je parle au nom de la France, que je maintiens la légitimité française, et je déclare que la seule solution française du problème algérien est celle proposée par de Gaulle.

A ce court séjour en Arles, se mêlera aussi l'anecdote.

A la mairie, un petit garçon, pâle de frayeur, réussit à se faufiler jusqu'au Général sans que personne l'ait aperçu. Mais sa voix est si bouleversée que le Président n'entend pas un mot de ce qu'il dit. Il lui fait répéter, en vain. Et il passe en demandant à un de ses collaborateurs de l'informer :

– J'ai douze ans, dit-il. Je risque d'aller en maison de correction parce que j'ai volé une bicyclette. Je vous en prie, faites quelque chose pour moi!

Benjamin d'une famille de sept enfants, dont le père est malade, René a « emprunté » un vélo pour faire un tour avec son cousin. Le 14 novembre, il doit comparaître devant le tribunal pour enfants de Marseille. Affolé, il a pris seul l'initiative de parler au Général.

René ne sera pas inquiété.

XIX

L'ENTHOUSIASME DES POPULATIONS

Dans l'affaire algérienne, on s'achemine vers une solution négociée mais la voie apparaît encore longue.

Dès le 12 février 1962, des pourparlers se déroulent aux Rousses (Jura) entre, d'une part, trois membres du gouvernement français (MM. Joxe, Buron et de Broglie) et, d'autre part, une délégation du GPRA. Les négociations officielles commencent à Évian, le 5 mars. Un accord intervient le 18 mars et un référendum sur « les accords d'Évian » est approuvé par les 9/10ᵉ des suffrages exprimés.

Dans un autre domaine, le 14 janvier, la conclusion à Bruxelles d'un accord sur la politique agricole commune exigée par la France permet le passage à la seconde étape du Marché commun.

Le 15 mai, dans une conférence de presse, le général de Gaulle s'en prend violemment aux partisans de l'Europe intégrée. Aussitôt, les ministres appartenant au MRP (MM. Pflimlin, Buron, Schuman et Fontanet) et l'ancien député MRP, M. Paul Bacon, démissionnent.

Un mois plus tôt, le gouvernement Debré a également remis sa démission et le chef de l'État a nommé M. Georges Pompidou Premier ministre.

Du 17 au 20 mai, le général de Gaulle poursuit sa tournée en province par le Centre-Ouest, visitant les départements du Lot, de la Corrèze et de la Haute-Vienne.

La première ville visitée est Figeac où aucun chef d'État ne s'est rendu depuis Louis XI. L'atmosphère de cette charmante sous-préfecture donne le ton du voyage. On sait d'entrée qu'il se déroulera dans l'enthousiasme. De Gaulle n'hésite pas un seul instant à aller saluer la foule, négligeant les policiers et gardes du corps qui l'entourent. Il dit au maire, M. Georges Juskiewenski :

– Monsieur le Maire, faisons quelques pas et allons serrer les mains de ces braves gens.

Et il se perd au milieu de cette foule qu'il aime, serrant les mains qui se tendent, caressant avec affection les joues des enfants qui ne comprennent pas.

A ses côtés se trouve aussi M. Gaston Monnerville, sénateur du Lot et deuxième personnage de l'État par sa fonction de président du Sénat.

Après un bref arrêt place de la Raison où un obélisque rappelle que l'égyptologue Champollion est un enfant de Figeac, le président de la République se recueille devant le monument aux morts. La ville, comme la région, en effet a largement contribué à la libération du pays du joug de l'occupant. Alors qu'un peloton de commandos de l'Air rend les honneurs, le clairon enchaîne une série de fausses notes. Mais l'instant est trop solennel et de Gaulle reste grave face à une liste de victimes longue, trop longue.

Quels vont être les idées maîtresses qu'il pourra développer dans ses discours? Il va répondre aux questions que les Français se posent et, en premier lieu, évoquer la crise politique provoquée par la démission des cinq ministres MRP. Sur ce dernier sujet, à Figeac, il dit simplement :

– Pour l'État, pour la République, il y a à assurer la continuité des pouvoirs quelles que puissent être les sautes d'humeur politiques que, dans un pays comme le nôtre, les uns et les autres traversent quelquefois.

Ce qu'il appelle les « sautes d'humeur politiques », il les applique également à l'Europe :

– Il nous faut aussi coopérer à la construction européenne non seulement dans le domaine économique où elle est largement commencée, mais aussi dans le domaine politique car il est indispensable que notre Europe fasse un tout dans le monde très dur où nous vivons.

Puis, le chef de l'État en vient inévitablement à l'affaire algérienne :

– Il nous faut achever une grande œuvre : celle de l'Algérie. Il nous faut achever la transformation de nos rapports de domination en rapports complètement nouveaux avec l'État qui va paraître.

Le maire de Figeac, lui, pour sa part, a attiré son attention sur l'exode rural qui sévit depuis des années dans le Lot.

De Gaulle, qui ne paraît pas s'en émouvoir, se montre plutôt surpris :

– Mais ici, dit-il, je ne vois pas de tristesse, ni de désespérance.

La visite figeacoise s'achève. Pas tout à fait cependant car, à la sortie, le Général s'impose une halte pour saluer les travailleurs de l'usine Ratier spécialisée dans la construction des hélices. C'est avec difficulté qu'il parvient à s'arracher à leur enthousiasme.

Tout semble se passer fort bien. Néanmoins, dans les milieux officiels, on a pris toutes précautions contre un éventuel attentat OAS. La garde personnelle du Président a été renforcée par des policiers en civil. Tout au long du parcours, les CRS et les forces de gendarmerie ont surveillé les abords du trajet emprunté par le chef de l'État. Un hélicoptère survole en permanence le cortège présidentiel composé de dix-sept voitures. Malgré cela, le service d'ordre se révèle d'une grande discrétion.

La vallée du Lot découvre ses beautés. Le cortège s'arrête à Grèzes. Le maire, ému, ne prononce pas de discours tenant simplement à faire connaître son soutien sans réserve au chef de l'État :

– Au dernier recensement, nous étions cent quarante-neuf habitants. Et vous pouvez constater que nous sommes tous là monsieur le Président.

Une femme s'avance portant un bébé dans ses bras :

– Il a deux mois aujourd'hui, dit-elle.

– Il a de la chance, répond de Gaulle, il verra l'an 2000.

A Vers, la route débouche sur la vallée large et riante. Lui souhaitant la bienvenue, le maire dit notamment :

– Notre Quercy a besoin d'espoir. Le monde rural est au bord du désespoir !

De Gaulle le rassure :

– Je ne désespère pas de ce qui sera accompli pour vous après le redressement de la France.

Laroque-des-Arcs donne lieu à un épisode assez cocasse. Le maire de la localité, une femme, l'accueille en ces termes :

– J'ai été élue pour la première fois en 1945, dès que vous avez donné le droit de vote aux femmes.

Les journalistes, tenant là un écho intéressant, s'informent aussitôt auprès du président Monnerville du nom de Mme le Maire. Le Général entend la question et, comme s'il s'agissait de la plus belle des évidences, s'étonnant presque que les envoyés spéciaux ne connaissent pas le nom de la dame, il s'écrie, goguenard :

– Mais, Antoinette Calmon, voyons !

Le cortège est déjà aux portes de Cahors où le Général pénètre debout dans sa voiture répondant aux ovations qui montent vers lui. Accueilli par M. Henri Mellac, adjoint au maire, remplaçant M. Bénac souffrant, il prononce son deuxième discours de la journée sur la petite place dédiée à Jean-Jacques Chapou, fondateur des maquis du Lot. Devant le porche de la cathédrale gothique il conclut par ces quelques mots qui resteront célèbres :

– J'ai déjà dit souvent aux Français : « Aidez-moi! »; un homme est un homme quelles que soient ses fonctions. Les traversées sont les traversées, les chagrins sont les chagrins, les difficultés sont les difficultés. Mais la France est la France. Et il faut la servir.

« Ce matin, Cahors, vous m'y avez aidé.

Sur l'Europe, auparavant, il a une nouvelle fois évoqué en filigrane la démission des ministres MRP :

– Il peut y avoir – et c'est infiniment naturel – entre tel pays et tel autre, tel homme et tel autre, quelques différences sur la façon de tracer le chemin de la construction européenne. Mais, il n'y en a pas pour ce qui est de l'aboutissement. L'aboutissement pratique, c'est l'union de l'Europe et c'est ce que la France veut aussi.

Peu avant de prendre congé de la cité cadurcienne, il inaugure une plaque à la mémoire de « Françoise ». Françoise, alias Marie-Louise Dissard, une Toulousaine, mère tranquille, fit passer à travers les Pyrénées des centaines de combattants français et d'aviateurs alliés.

« Le souvenir »! De Gaulle tout au long de ce voyage ne manquera pas d'y faire référence.

D'abord, en se rendant à Brive, l'autorail stoppe à Gourdon, ville martyre, à qui il rend hommage « pour tout ce qu'elle a fait sur cette terre, pour ses sacrifices dont la France a tiré parti ».

Devant la petite gare, les villageois se sont rassemblés. De Gaulle se mêle à eux : « Je vous présente votre filleule », dit une voix.

Une petite fille blonde, en manteau bleu, tend un bouquet de roses. Elle s'appelle Bernadette. Elle est le treizième enfant de la famille Cler.

– Je suis bien content de vous voir, répond de Gaulle en embrassant l'enfant.

Bernadette rougit, lâche son bouquet.

– Allons, encourage le père, ne sois pas timide et dis bonjour à ton parrain.

Le Général, accueilli par le maire, M. Baudru, salue les mérites de Maurice Faure, député du Lot : « Lui qui a contribué de façon éminente à la construction de l'Europe puisqu'il signa le Traité de Rome. »

En fin d'après-midi, ce jeudi 17 mai, le chef de l'État est à Brive où, devant la foule corrézienne, explosant d'enthousiasme, il évoque la question algérienne :

– Dans six semaines, révèle-t-il, les destins de l'Algérie seront entre les mains des Algériens et ne seront plus en d'autres mains que les leurs.

Et, tandis que l'allocution se poursuit, une trentaine de manifestants communistes hissent, au milieu de la foule, des affiches de couleur jaune sur lesquelles on peut lire :

« Appliquez les accords d'Évian! » « Fusillez Salan, Jouhaud! »

Des voix scandent : « Salan au poteau! » De Gaulle ne comprend pas très bien la situation qui se crée autour de lui. La bouche collée au micro, il interroge le maire, M. Paul Courbatère : « Que se passe-t-il? »

La foule entend le premier magistrat de la ville répondre :

– Ce sont des communistes!

– Il faut les faire sortir! répond de Gaulle d'un ton vif.

« Ce n'est pas ce petit groupe, dit-il en conclusion de son discours public, qui changera quelque chose à la situation et qui m'empêchera de garder un bon souvenir de Brive!

La verdoyante vallée de la Corrèze permet de joindre Brive à Tulle où il s'arrête à l'entrée de la ville devant le monument de granit commémorant le souvenir de quatre-vingt-dix-neuf résistants pendus par les SS, le 9 juin 1944.

Les gens de la région possèdent la réputation d'être peu expansifs. De plus, leurs sentiments n'épousent pas exactement, semble-t-il, les thèses gaullistes. Et pourtant, l'accueil dépasse les espérances les plus optimistes. La foule, la grande foule, accueille de Gaulle, salué en premier lieu, par le maire, M. Jean Montalat.

Tulle reste aussi la « vedette » de l'actualité par la prison où se trouvent internés les généraux instigateurs du putsch d'Alger. Un instant, certaines personnalités ont envisagé leur transfert. Consulté, de Gaulle a pris la chose de manière hautaine :

– Pourquoi? a-t-il demandé. J'ignore ces messieurs!

Pas une fois, en effet, dans son discours, il n'y fera référence se contentant de lancer à la fin de l'allocution très acclamée :

– Honneur aux martyrs de Tulle dans le passé, courage pour le présent, espérance pour l'avenir!

Respectueux du passé, le soir, à la préfecture, il invite l'ancien président du Conseil, M. Henri Queuille, président du conseil municipal de Neuvic et âgé de soixante-dix-huit ans, à partager son repas.

Le passé, il va encore y faire référence le jour suivant. Au cours de la deuxième journée de son séjour, en effet, il emprunte la route nationale 89 où des heurts fréquents se produisirent entre maquisards et Allemands. En juin et juillet 1944, journellement, des embuscades étaient dressées dans cette région vallonnée couverte d'étangs et de sombres forêts.

« L'avenir » se découvre à Égletons, petite ville de quatre mille habitants. Cette cité de la jeunesse peut se targuer de posséder une école d'apprentissage des Travaux publics de quatre cents élèves, un lycée technique qui en compte près de cinq cents, un collège, des groupes scolaires neufs et, pour accueillir le chef de l'État, encore des jeunes : des enfants agitant des drapeaux multicolores.

Le maire, M. Guinat, préside une municipalité d'intérêt local où l'influence socialiste et MRP demeure assez forte. Le maire n'en tient aucun compte, s'effaçant devant la fonction de président de la République et ajoutant ses considérations personnelles, disant :

– La France sait qu'elle a trouvé un chef et que, sous sa direction, la nation ne sera pas abandonnée aux caprices des circonstances.

On ne s'attarde guère sur la place de la Mairie. Rapidement, il faut aller voir cette École nationale des bâtiments et travaux publics, établissement unique en France, formant des techniciens remarquablement qualifiés après quatre années d'études.

Devant une double haie d'élèves des classes supérieures vêtus de bleus de travail, le chef de l'État se dit impressionné par l'atmosphère qu'il trouve dans la jeunesse. « Votre rôle dans la transformation de notre pays est certain », ajoute-t-il.

Afin de le remercier, les élèves entonnent dans un élan parfait et bien scandé la marche de leur école qui dit leur fierté d'apprendre les métiers du bâtiment.

La scène se renouvelle au lycée technique qui prépare les jeunes gens à divers diplômes professionnels notamment à l'activité touchant aux métaux. Une fois encore, le chef de l'État dit sa joie de rencontrer une jeunesse ardente qui formera les élites techniques de la nation de demain.

Les élèves ne paraissent pas avares en applaudissements, empreints du moment exceptionnel qu'ils sont en train de vivre en voyant le premier homme de l'État se mêler à eux. Ils en sont tellement conscients que beaucoup d'entre eux ont sorti du dessous de leur veste un appareil de photo.

Le Général s'est manifestement plu au contact des jeunes. L'horaire ne trahit pas : vingt minutes de retard sur les prévisions lorsque le cortège s'ébranle vers Ussel. Et les haltes se poursuivent, touchantes, comme celle de la Ville-en-Bois – lieu-dit appartenant à la commune de Combressol – où la population borde la route et où de petits sapins décorés de fleurs de papier jettent une jolie note de couleur. De Gaulle descend de voiture et, aussitôt, l'institutrice, usant d'un scénario bien établi à l'avance, crie aux enfants :

– Qu'est-ce qu'on dit?

– Vive de Gaulle! crient les gosses.

L'ensemble n'a guère l'air de plaire à l'institutrice qui réclame à nouveau : « Plus fort! »

Et alors que les petits recommencent, le président de la République dit en couvrant leurs voix :

– Merci, j'ai entendu... bien entendu.

A Ussel, accueilli par le député-maire, M. François Var, il déjeune à la sous-préfecture. C'est l'occasion pour le sous-préfet qui s'est marié la veille d'étrenner un service de porcelaine de Limoges reçu en cadeau de noces.

Changement géographique brutal en passant ensuite de la Corrèze à la Creuse. Aux landes stériles, aux pauvres habitations, succèdent les pâturages et les propriétés bourgeoises, observations valables pour le secteur d'Ussel à Aubusson, soit une cinquantaine de kilomètres que le cortège effectue en deux heures vingt.

– En cent ans de République, c'est la première fois qu'un président s'arrête ici. C'est pourquoi, la petite ville vit des instants d'émotion et de joie, dit le maire de Meymac, en accueillant le chef de l'État.

A Croze, les habitants d'un village voisin, celui de Jouy, ont tenu à s'associer à l'hommage que rend leur département au chef de l'État. Le maire, aux joues écarlates, d'une voix tremblante, déclare :

– Mon Général, vous êtes le messager de la justice sociale et de la paix universelle.

Le cortège est en avance sur l'horaire. A Moutier-Rozeille, les personnalités locales s'excusent de l'absence des enfants des écoles.

– Eh bien! nous allons les attendre, réplique de Gaulle.

Les enfants arrivent enfin, en toute hâte, en dévalant la côte du village. Ils se pressent autour du Président, essoufflés.

A Aubusson, le Général et son épouse visitent les ateliers de tapisserie Braquenié qui comptent parmi les plus anciens du monde, où tout se travaille encore à la main et où, pour trois mètres carrés il faut quatre ouvriers et dix heures de travail.

A la mairie, deux tapis ornent la salle des mariages; deux reproductions anciennes : une scène champêtre et la célèbre « Dame à la Licorne ». On prie le chef de l'État d'en choisir une.

– C'est magnifique, mais je souhaiterais que ma femme décide elle-même. Personnellement, je préfère la « Dame à la Licorne ».

Mme de Gaulle prouve, quelques instants après, qu'elle a les mêmes goûts que son mari. De Gaulle, pendant ce temps, salue cette « capitale d'un grand art français ». Parlant du rôle de la France dans le monde, il proclame la volonté de faire l'Europe, trouvant une nouvelle formule : « Il faut l'Europe parce qu'il faut la sagesse, l'expérience et l'humanité. »

Mais, beaucoup plus que la veille, il insiste longuement sur les deux conditions indispensables à la manifestation de la grandeur française : l'unité nationale, tout d'abord, et surtout le rôle du président de la République. Pour la première fois, au cours de son voyage, il évoque le problème du régime :

– Si par malheur nous revenions aux saccades, aux soubresauts, aux crises et aux intrigues d'hier, tout serait compromis.

C'est avec force qu'il affirme que les institutions donnent au président de la République « le devoir et les moyens de l'empêcher » et qu'il promet que « la France peut compter sur lui tant qu'il aura la force d'être à sa tête ».

Le cortège reprend la route vers Guéret en traversant plusieurs petits villages de cette région peu peuplée mais où cependant les enfants, toujours nombreux au bord des routes, agitent des drapeaux tricolores.

C'est enfin l'arrivée dans le chef-lieu de la Creuse :

– Ah, dit-il, si vous saviez l'impression profonde que vous faites à mon cœur. Si vous le saviez, vous comprendriez tout de suite que c'est du fond de mon âme que je dis à Guéret, merci!

Le Général, qui a passé la nuit dans cette ville, quitte le département de la Creuse pour la Haute-Vienne.

Auparavant, à La Souterraine, il s'attarde longuement dans la foule et aux enfants qui l'appellent : « De Gaulle, de Gaulle » il répond : « Je suis là, je suis là! »

Morterolles-sur-Semme annonce l'entrée en Haute-Vienne par un arc de triomphe de feuillages, puis c'est l'arrêt à Bessines-sur-Gartempe. C'était, hier, un petit village au nord de Limoges où Suzanne Valadon, la mère d'Utrillo, vit le jour; où Jean Giraudoux usa sa culotte sur les bancs de l'école. Aujourd'hui, c'est la capitale française de l'uranium et le général de Gaulle lui rend visite accueilli notamment par M. Francis Perrin, haut-commissaire à l'Énergie atomique.

Légèrement fatigué, souffrant d'une petite crise d'arthrite au genou, le Président ne parcourt pas à pied la mine d'où l'on extrait le riche minerai. Il circule en voiture.

C'est grâce aux premières découvertes d'uranium de Bessines – celles du puits Henriette – que Saclay et la pile G. I. de Marcoule ont pu être mises en activité. Le président de la République qui tient à la puissance atomique française se fait donner tous les chiffres. Il y a une dizaine d'années, la production nationale d'uranium atteignait, en France, dix tonnes par an. Elle est aujourd'hui de mille cinq cent cinquante tonnes et les réserves de la seule mine de Bessines devraient dépasser quinze mille tonnes. La France se trouve au quatrième rang mondial pour l'extraction et la production de l'uranium après les États-Unis, le Canada et l'Afrique du Sud.

Bellac constitue l'étape du déjeuner. De Gaulle y arrive sous les rafales d'un vent extrêmement violent. La ville est abondamment décorée, la plus décorée probablement depuis le début de ce voyage.

De Gaulle est reçu à la mairie où on lui remet, en cadeau, une édition superbement reliée, en cuir, du Théâtre de Jean Giraudoux, l'enfant du pays.

Puis, c'est une brève allocution, plus brève qu'à l'accoutumée car de Gaulle n'aborde aucun problème politique et se contente de remercier la population de son accueil et de dire sa foi en l'avenir :

– Je veux dire ma confiance dans le destin de la France tout entière. Nous sommes un pays en voie de développement. Nous avons des difficultés à franchir, certes, puisque nous sommes vivants. Seuls les morts n'ont jamais de difficultés. Mais nous sommes un pays qui monte ou qui remonte. C'est incontestable!

La destination suivante est Ouradour-sur-Glane, le moment le plus émouvant du voyage.

Il est 15 h 30, lorsque le général de Gaulle fait son entrée dans le bourg martyr. Son premier geste est d'aller vers l'esplanade où est élevé le monument à la mémoire des fusillés. Le Président se recueille longuement. Le silence est total. Dans l'assistance plusieurs personnes essuient quelques larmes. Le chef de l'État fait un signe de croix, puis se tourne vers le maire, le Dr Robert Lapuelle, avec qui il évoque la tragédie du 10 juin 1944.

10 juin 1944. Un village paisible sommeille sous la lourde chaleur de l'été qui vient. Un bruit de moteurs. Une caravane de camions. Une bousculade de soldats aux casques de fer. Les SS de la division « Das Reich » sont là. Les habitants ignorent encore pourquoi. Ils regardent. Ils obéissent aux ordres de rassemblement pour un « recensement de la population ». Une vague inquiétude les saisit lorsque les femmes et les enfants sont séparés des hommes et conduits dans l'église.

Bientôt des rafales éclatent dans les rues. Les femmes comprennent : on fusille leurs maris.

Les portes de l'église s'ouvrent. Deux soldats déposent une caisse, allument une mèche. La porte se referme. La caisse explose. Une fumée âcre emplit l'église. Les enfants se serrent contre leurs mères et hurlent.

Cela ne va pas assez vite au gré des SS. La porte s'ouvre à nouveau. Des mitrailleuses crépitent qui fauchent sans pitié. Cinq cent quarante-huit femmes et enfants sont assassinés en quelques instants.

L'église prend feu. La charpente embrasée s'abat sur les corps. Les cloches fondent dans l'incendie...

L'église est, au demeurant, la halte suivante du général de Gaulle. A ses côtés, Mgr Rastouil, évêque de Limoges, qui occupait déjà cette fonction en 1944. Le Général se recueille à nouveau puis se rend dans le bourg reconstruit. Là, contraste saisissant : une petite ville entièrement nouvelle a été reconstruite à moins d'un kilomètre des ruines.

De Gaulle pénètre dans la mairie où on lui présente un certain nombre de « miraculés » du 10 juin 1944, comme on les appelle, dont Mme Marguerite Rouffanche, la seule rescapée de l'église.

Le général de Gaulle serre les mains de cette vieille dame aux cheveux blancs, tout de noir vêtue.

– Je viens de l'église et vous voyez que je suis encore tout bouleversé. Je suis heureux de vous serrer la main.

Devant la mairie, il s'adresse à la population :

– Le drame qui a eu lieu ici est un de ceux qui consacrent une localité comme la vôtre, à l'égard du pays et à l'égard aussi d'autres pays. C'est un témoignage, c'est un symbole. Je salue votre renaissance aussi dont témoigne la présence ici d'une belle jeunesse. L'espoir n'empêche pas le souvenir. Tout en conservant l'hommage glorieux à vos martyrs, vous avez choisi la vie pour vous et vos descendants.

Après Oradour, de Gaulle affronte Saint-Junien où, devant l'attitude hostile de la municipalité communiste, il décide de ne pas s'arrêter. En revanche, la DS présidentielle ralentit car la foule est là des deux côtés de la rue. De Gaulle ne veut pas décevoir ceux qui sont venus l'applaudir.

Bientôt apparaît Limoges et ses trottoirs débordant de monde. A l'entrée du chef-lieu, il reçoit les clés de la ville. Trois petits pages en bicorne grenat tiennent sur un coussin vert et blanc deux clés longues de trente centimètres. C'est une coutume qui remonte à Henri IV, privilège de la corporation des bouchers pour honorer les hôtes illustres :

– Vous savez, dit de Gaulle, que c'est la deuxième fois que vous me les remettez.

Il est en effet déjà venu en 1945. En les soupesant, il ajoute :

– Elles sont énormes. Avec cela on peut entrer partout.

Le lendemain matin, il assiste à la messe en la cathédrale Saint-Étienne. Durant l'office, Mgr Rastouil lui adresse quelques mots :

– Notre pays à cette heure est aux prises avec des difficultés exceptionnelles. Dans ces conjonctures, nous aimons à constater aujourd'hui à cette messe que le chef de l'État, lui-même, cherche lumière et force auprès de Dieu. Dès lors, vous pouvez compter que nous, les croyants, nous sommes avec vous à prier le Seigneur et Notre-Dame pour l'union entre tous les Français et la paix du monde.

– La France n'est à la remorque de personne, dira le général de Gaulle dans son discours public, le dernier de son voyage.

Ayant bien précisé que le problème algérien arrivait à son terme, le chef de l'État s'est attaché à définir les nouvelles tâches de la France dans l'organisation du monde et, en particulier, de l'Europe, pour consolider la paix menacée.

Il insiste également sur l'unité nationale :

– Par-dessus les divergences qu'il peut y avoir entre les Français, il y a un domaine commun où ils se retrouvent tous. Nous avons, mes chers compatriotes, une grande tâche à accomplir et pour l'accomplir, il nous faut l'unité.

Et, il ajoute :

– N'est-ce pas que j'ai raison?

La foule d'une même voix répond :

– Oui!

Et en concluant, avant de faire chanter *la Marseillaise,* il adresse quelques mots en particulier à la jeunesse :

– Vous vous souviendrez, j'espère, de ce 21 mai 1962, où le général de Gaulle est venu vous voir.

Le Général se trompe. Ce jour-là, nous sommes le 20 mai.

Et le voyage s'achève. Durant quatre jours, à chaque étape, il a reçu la même approbation. Cette première constatation s'impose à l'issue de ce voyage. Les régions qu'il a traversées sont pauvres, leurs habitants plutôt réservés et l'influence communiste demeure importante. Au demeurant, les communistes ont été les seuls à tenter d'apporter quelques perturbations à ce voyage à Brive et à Tulle et au passage à Saint-Junien où l'on a entendu quelques cris hostiles. Ces quelques manifestations mises à part, tout s'est déroulé, comme toujours, et en dépit d'alarmantes rumeurs, dans l'enthousiasme des populations.

Même les partisans de « l'Algérie française » ne se sont pas manifestés [1].

L'Algérie indépendante va naître. Alors, c'est le grand dessein de De Gaulle, la France libérée des servitudes de la douloureuse entreprise de décolonisation pourra enfin jouer son rôle dans le monde.

La France, pour lui, peut et doit contribuer à consolider la paix dans le monde, cette paix étant menacée. Elle a des alliés mais, au sein de l'Alliance, elle entend être la France et « n'être à la remorque d'aucun État ».

1. La police arrêtera, cependant, au cours de ce voyage, cinq membres d'un commando venu d'Algérie : on découvrira des fils électriques suspects le long de la voie ferrée où devait passer le train présidentiel.

XX

AU MÉPRIS DU DANGER

Le 6 juin 1962, l'Assemblée nationale n'adopte pas une motion de censure déposée par les partisans de « l'Algérie française ».

La politique étrangère du chef de l'État est loin de rallier tous les suffrages puisque le 13 juin, sans motion de censure, deux cent quatre-vingt-treize députés sur cinq cent quarante-cinq condamnent sa politique extérieure.

Au retour de Limoges, terme de son dernier périple et après la découverte des prémices d'un attentat, les officiels se sont inquiétés, suggérant au chef de l'État de renoncer, au moins pour quelque temps, à ses tournées provinciales. Celui-ci n'a rien voulu savoir. Au cours de son septennat, il s'est promis de visiter les quatre-vingt-dix départements français, il se tiendra à ce plan quelles que soient les circonstances.

Il arrive en Franche-Comté le 14 juin par un DC6 qui atterrit à la base aérienne de Luxeuil-les-Bains sous un soleil radieux et une chaleur déjà estivale.

Des précautions particulièrement minutieuses ont été prises. La découverte d'un parachute dans la région de Dôle a jeté un certain émoi mais une brève enquête de gendarmerie a prouvé qu'il s'agissait seulement d'un parachute issu d'un avion à réaction militaire de la base d'Istres.

Néanmoins, jusqu'à la fin de la visite du chef de l'État, le survol de la Franche-Comté par avion, ballon ou hélicoptère est interdit. Le stationnement des véhicules l'est également le long du parcours. Des camions-grues sont prévus pour enlever les automobiles et camions qui ne respecteraient pas les consignes. La circulation est stoppée sur tout le parcours, une heure avant l'arrivée des motocyclistes d'avant-garde.

Depuis une semaine, les policiers surveillent les gares, contrôlent les fiches des hôtels.

Mais les préfets des trois départements (Haute-Saône, Jura et Doubs) se plaisent à dire qu'ils sont les seuls à n'avoir jamais connu, depuis la vague terroriste OAS, un seul attentat.

A la cité thermale de Luxeuil, le discours de M. Maroselli, sénateur-maire et ancien ministre de l'Air, est attendu avec curiosité car ce dernier est considéré plutôt comme un opposant au régime en place. Mais, l'ancien ministre sait déjouer les pièges. Comme il fut aussi le premier sénateur à rejoindre la France Libre, il choisit bien entendu d'aborder ce thème en toute priorité.

– Mon cher Maroselli, répond le président de la République, vous avez évoqué les temps où nous avons combattu ensemble pour une même cause, celle de la liberté de la France, puis le passé récent, puis le présent, puis l'avenir. Tout cela me confirme les véritables sujets sur lesquels doivent porter les efforts et les pensées des Français : le développement de la France, sa place dans le monde, la paix.

« La France, poursuit le général de Gaulle, a repris ses destinées en main. Elle s'est reprise. Son destin sera dorénavant ce qu'elle voudra qu'il soit.

Le ton du voyage est donné.

Au village de Melisey, il reçoit un cadeau d'un nouveau genre : un habitant du pays lui offre, enveloppées dans des feuilles de choux – qui en assurent, paraît-il, la conservation – une douzaine de truites qu'il vient de pêcher à son intention.

Les foules se sont déplacées sans restriction; dans le moindre village, tous les habitants sont descendus dans la rue comme à Servance, le village suivant, niché dans une vallée des basses Vosges, qui se targue d'avoir déjà vu passer le général de Gaulle en 1944. Ce dernier, écartant délibérément le passé, répond au député-maire, M. Clerget :

– Je ne sous-estime pas tous les obstacles. Il y en a eu, il y en a, il y en aura encore. Nous les surmonterons. Toute la question est de faire passer notre intérêt national au-dessus de tout.

Trois jeunes filles, en tenue de cantinière, s'avancent alors pour lui remettre une grande gerbe de fleurs. Le Général, tout en remerciant, formule un souhait : « Que ces fleurs magnifiques soient déposées au cimetière franco-musulman, proche d'ici, où sont enterrés des soldats, les frères de combat qui sont morts pour que vive la France. »

Le cortège traverse les verts vallonnements couverts de bois et de prairies et, dans chaque ferme, dans chaque grange, le long de la route des groupes de gendarmes mobiles montrent que la sécurité est le souci essentiel des organisateurs de ce voyage.

Après une visite à Lure, Vesoul constitue la dernière étape de la journée. Le général de Gaulle y est déjà venu douze ans auparavant alors qu'il était président du RPF. Cette fois, il passe la nuit à la préfecture dans la chambre où se reposa un autre président de la République : Sadi-Carnot. De l'ameublement, seul le lit est neuf, confectionné de toute urgence par un artisan, aux dimensions du Général.

Dans son discours public, ce dernier a mis l'accent sur l'Europe en précisant :

– Nous avons à aider à faire l'unité en Europe, je dis bien de ses peuples, et, par conséquent de ses États : unité de sentiments pour ce qui est des peuples, unité d'action pour ce qui est des États, et non point l'Europe des mots, des mythes et des discours.

On apprend alors que les policiers de la Sûreté nationale ont déjoué, une nouvelle fois à temps, un attentat contre le Général que l'OAS comptait commettre au cours du voyage en Franche-Comté. Six membres d'un commando dont deux femmes ont été arrêtés. Une vingtaine de suspects seraient également retenus par les services de sécurité.

C'est en utilisant les résultats d'opérations antérieures que les policiers ont eu vent du nouveau complot; le 20 février, enquêtant sur les réseaux OAS de Meurthe-et-Moselle, ils interrogeaient un habitant d'Hayange dont la bonne foi par la suite fut reconnue. On lui reprochait d'avoir reçu de deux activistes un colis contenant des tracts OAS. Ces deux hommes furent bientôt identifiés.

Plus tard, l'arrestation de Georges Bougary, technicien radio, révéla la nature de l'attentat qui devait être commis : le minage d'un passage à niveau que devait emprunter près de Vesoul le cortège présidentiel.

Il était également question de chiens piégés qui auraient été guidés par des sifflets à ultra-son vers le général de Gaulle. L'utilisation de ces chiens est, dit-on, fréquente par les contrebandiers de cette région frontalière.

Le général de Gaulle est informé du danger qu'il court, mais ne semble pas s'en inquiéter. L'itinéraire n'est pas modifié et rien ne vient troubler l'étape suivante – celle du Jura – qui compte cent soixante-douze kilomètres.

Le thème de l'unité nationale y sera repris bien des fois, en commençant par la ville de Gray sur les marches du très bel Hôtel de Ville de style Renaissance, aux toits de tuile polychromés.

– Rien ne compte, excepté le service du pays, affirme-t-il. Rien ne peut se faire en combinant et en ratiocinant [1] :

Autre thème important, le rapprochement franco-allemand dont il parle à Dôle en des termes plus nets et plus chaleureux qu'auparavant, mais l'on retient surtout les propos sur l'Europe, cette Europe qui lui tient à cœur lorsqu'il dit :

– Il faut que nous bâtissions notre Europe. Par le sentiment, beaucoup est déjà fait. Nous avons su, nous, les Français, surmonter non sans mérite et sans raison toutes les haines, toutes les préventions, toutes les méfiances qu'avait pu nous laisser un grand pays voisin dont les armes et aussi parfois la philosophie nous avaient fait tant de mal et à qui, il faut bien le dire, dans certaines circonstances, nous en avions fait.

« Cela est surmonté. Le grand miracle du rapprochement des deux grands pays que sont la France et l'Allemagne est maintenant accompli ou en train de s'accomplir.

« L'Europe est également en train de se faire du point de vue économique; il reste à l'édifier au point de vue politique pour avoir une défense, une action européenne commune à travers le monde. C'est ce que la France propose mais elle l'a fait sans chercher midi à quatorze heures; elle propose aux États de s'organiser. Plus tard, on verra bien, nous-mêmes ou nos descendants, ce que feront les Européens quand les peuples auront pris l'habitude de vivre ensemble. Encore faut-il commencer. La France les y a invités et elle les y invite.

Et de Gaulle termine son discours par ces mots :

« Voilà ce que c'est que la politique de la France. Vous en savez maintenant autant que moi. Je sais que chaque fois que j'en parle, je laisse un écho chez les Français. Cet écho est un élément essentiel pour moi. S'il le fallait, nous saurions le faire vibrer encore.

On traverse le vignoble de l'Arbois qui donne un vin léger et un peu fruité. Dans la localité même d'Arbois, le chef de l'État salue la mémoire de Pasteur – né à Dôle, mais qui y fit ses études et y vécut de longues années :

– J'ai visité sa maison, j'en ai ressenti alors une forte impression car Pasteur est le symbole de l'homme laborieux qui s'élève au sommet de la gloire. Il l'avait fait avec passion mais aussi avec modestie.

1. Ratiociner : se perdre en raisonnements, en considérations, en discussions interminables (*Robert*).

La ville de Lons-le-Saunier est atteinte en fin d'après-midi. M. Edgar Faure qui s'est joint au cortège offre au Général, dans les salons de l'Hôtel de Ville, une petite montre, celle que portait Rouget de Lisle quand il composa *la Marseillaise.* L'objet d'art a été récemment acheté à un collectionneur de la région.

Puis, l'ancien président du Conseil s'adresse au chef de l'État en termes fervents :

– Au-delà de l'hommage au héros de la dernière guerre, dit-il, il y a la compréhension profonde du peuple jurassien pour les thèmes de votre action et de votre pensée.

Et, voyant dans la montre de Rouget de Lisle qu'il vient d'offrir un symbole, il ajoute :

« Il y a des hommes qui symbolisent l'Histoire, il y en a d'autres qui la font. Il y en a d'autres, enfin, qui la symbolisent et qui la font tout à la fois.

Le général de Gaulle répond par un hommage particulièrement remarqué :

– Vous savez la très grande et la très haute considération que j'ai pour vous. Cette considération n'a jamais cessé d'être cordiale. Je vous ai écouté avec attention et intérêt parce que vous êtes ce que vous êtes, ce que vous avez été, ce que vous serez...

Unité nationale, Europe, relations franco-allemandes reviennent dans son discours public au sein duquel on remarque aussi qu'il évoque de manière plus directe qu'il ne l'a fait jusqu'alors les Français d'Algérie.

– Nos compatriotes, dit-il, plus exactement nos Français, ceux de notre souche qui sont établis en Algérie, ont pu, sous l'emprise de quelque incompréhension et quelquefois de quelque frayeur, au moins pour une partie d'entre eux, se laisser conduire sur de mauvais chemins. Je suis sûr que, parmi eux, reprendra et reprend déjà son droit. L'avenir de l'Algérie par rapport à la France sera une amitié dans laquelle on pourra construire beaucoup. Cette affaire étant, du point de vue de la France, réglée – elle le sera effectivement dans dix-huit jours –, nous avons beaucoup à faire.

Toujours indifférent aux menaces qui pèsent sur sa personne, il entreprend sa troisième journée, le samedi 16 juin, par les petites routes jurassiennes vallonnées et pittoresques, à travers bois et vallées. Les arrêts dans les villages sont toujours aussi empreints de chaleur et les discours de certains maires revêtent parfois une candeur touchante tel celui du maire de la localité de Montaigu :

– Dans notre commune, dit-il, vous êtes estimé et respecté.

Ainsi, également à l'arrêt suivant, Orgelet, où le premier magistrat de la localité met en lumière une ancienne coutume datant d'avant le rattachement de la Franche-Comté à la France :

– En ce temps-là, un souverain qui entrait dans une commune devait jurer sur l'Évangile qu'il ne porterait pas atteinte aux libertés communales.

« Nous ne vous en demandons pas tant, monsieur le Président, mais nous souhaitons que la République permette aux communes d'exercer leurs droits.

L'anecdote semble amuser le Général qui répond sans ambages :

– Vous pouvez, si vous le désirez, apporter l'Évangile; et sur cet Évangile, la République Française peut jurer de respecter le droit des communes.

Le droit des communes! D'abord, peut penser le général de Gaulle, se place l'intérêt national, car la coïncidence qui va intervenir est singulièrement frappante.

Après Orgelet, un nouvel arrêt intervient dans un village qui n'était pas prévu au programme. Il s'agit de Brillat, petite agglomération située au fond d'une vallée sur les bords de l'Ain. La construction d'un barrage va entraîner la disparition du village. Le maire, ému jusqu'aux larmes, dit au chef de l'État :

– C'est certainement la dernière fois, monsieur le Président, que vous pouvez passer ici. Bientôt notre village sera noyé sous cinquante mètres d'eau.

Le cortège tout entier est saisi d'émotion.

Mais les réalités reprennent très vite leur place. A Saint-Claude, la paix dans le monde fait l'objet d'un chapitre particulier au sein du discours :

– Il ne s'agit pas de croire, dit le Général, que nous construirons cette paix en nous abaissant, en nous humiliant, en nous livrant, en nous dissolvant, mais en étant la France, avec ses moyens de défense.

La paix ici, à travers les petites routes jurassiennes, les pêcheurs que l'on aperçoit près des ruisseaux et des torrents, la canne sur l'épaule, la connaissent. Ils sont loin du bruit, des remous de la ville. Beaucoup sont venus saluer l'illustre passant mais celui-ci accusant, semble-t-il, une certaine fatigue, a demandé à être allégé de certaines haltes, aussi l'on peut voir des villageois déçus tentant d'arrêter la DS présidentielle en se plaçant au travers de la route.

L'industrie locale le couvre de présents. A Morez, le maire lui offre un émail artistique, un coffret de lunettes et une pendule électrique provenant des petites industries ou d'artisans de la localité.

A Morbier, un ecclésiastique s'approche du Général pour lui dire :

– J'ai recueilli votre neveu. Il avait sauté d'un train de prisonniers.

– En effet, je me souviens, répond de Gaulle. C'est Jean. Je vous en donne, monsieur le Curé, mon estime.

Contraste à Champagnole : il y reçoit l'accueil le plus chaleureux et, parallèlement, on assiste à la seule manifestation d'opposition. Deux jeunes gens, entourés de quelques camarades, déploient une banderole sur laquelle on lit : « Non à un 2 décembre camouflé, non aux plébiscites. »

A Pontarlier, où de Gaulle manifeste d'un ton convaincu sa satisfaction, il rend un vif hommage au chancelier Adenauer – la France le recevra bientôt :

– Je le salue comme l'un de ceux qui auront fait le plus pour la réconciliation des deux peuples de part et d'autre du Rhin.

A Saint-Georges-Main, le curé s'approche de lui, murmurant :

– Je prie pour vous, mon Général.

– Vous faites bien, je vous en remercie, reprend celui-ci.

A Nods, il se mêle familièrement aux enfants et converse avec eux comme un père le ferait avec ses fils, s'informant de leurs notes à l'école, de leurs progrès. Bref, s'ils sont de bons élèves.

Il rappelle même à la raison civique un enfant timide qui serre un drapeau en papier entre ses dents.

– Allons, mon enfant, lui dit-il, on ne mange pas un drapeau!

Le dimanche 17 juin, le président de la République salue Besançon. Il s'informe dans un bureau de la préfecture du Doubs de l'évolution de l'affaire algérienne, au téléphone, avec le haut-commissaire en Algérie, M. Christian Fouchet. Après cette communication, le bruit court dans le cortège présidentiel que l'accord FLN-OAS serait signé mais que la nouvelle ne sera officialisée que lorsque l'évolution de la situation en prouvera la réalité.

Il s'entretient également avec M. Minjoz, ancien ministre, maire de Besançon.

Dans la ville une polémique est née.

A la veille de l'arrivée du Général dans le département du Doubs, le comité d'action laïque a protesté contre le logement dans les établissements publics d'enseignement des « milliers de CRS accompagnant le cortège officiel ». Il rappelle dans le même communiqué « les atteintes du pouvoir gaulliste contre la laïcité » et signale que dans le département « la majorité des électeurs ont signé la protestation du comité national d'action laïque ».

De plus, des instructions adressées aux instituteurs leur prescrivaient de se rendre dimanche matin sur le passage du cortège présidentiel avec leurs élèves.

Elles ont provoqué diverses mises au point des associations de parents d'élèves qui ont fait savoir que les parents sont seuls juges en la matière et qu'ils ne sont nullement tenus d'envoyer leurs enfants à l'école le dimanche matin.

Sur la place du 8-Septembre, la chaleur est accablante dès le matin. Une vingtaine de personnes s'évanouissent frappées d'insolation.

A midi, devant le bel et sombre Hôtel de Ville dont le fronton s'orne simplement des mots : « La Loi et la Nation », de Gaulle apparaît. Lui qui avait paru légèrement enrhumé retrouve subitement une voix ferme et assurée. Son visage redevient souriant. Il dit à propos de l'Algérie :

– Il y a encore des crimes, des vols, des incendies qui remontent au moment où la coopération va s'établir, mais je suis sûr du triomphe du bon sens.

Auparavant, il s'est entretenu avec les maires du département du Doubs. Leur nombre constitue un record : six cent trente-cinq [1]. Ce qui d'entrée lui fait poser la question suivante :

– Vous ne voulez pas vous fondre?

– Non répondent-ils, mais ce que nous voulons ce sont des secrétaires itinérants.

– Ça c'est une idée. Il faudra y penser, reconnaît le Général. Ce serait le remède à tous vos ennuis. Où en est le lait? Ça va bien j'ai l'impression. Votre prix du lait n'est pas trop mauvais, vous pouvez me croire.

Après l'entretien avec les maires, le programme prévoit la visite au lycée technique d'horlogerie.

Le directeur de l'école présente, entre autres, une machine à limiter le temps de parole. Il s'agit d'un mécanisme aux sonneries multiples utilisé dans les écoles d'administration afin de contraindre les étudiants à répondre à chaque question en un temps déterminé.

– Voici une bonne machine, mon Général, dit le sénateur Prelot, en s'adressant au chef de l'État. On pourrait en offrir une à Chaban-Delmas.

Le Général regarde, se retourne et répond :

– En ce qui concerne le Sénat, ce ne serait pas utile. Les discours ne sont jamais très longs.

1. Cent cinquante communes comptent moins de cent cinquante habitants.

Après le déjeuner, le cortège emprunte la pittoresque vallée du Doubs. L'ambiance est sereine et le service d'ordre a été notablement allégé. Il est vrai que le département a donné 94 % de « oui » au dernier référendum et que tous les parlementaires sauf un sont UNR.

Le dernier arrêt du voyage se situe à Montbéliard avec des retrouvailles pour le Général et celle qui fut sa cuisinière à Londres : Mme Augustine Bastide.

C'est aussi dans cette ville que le chef de l'État évoque en un passage bref, mais capital, la situation en Algérie :

– Je crois pouvoir vous dire qu'aujourd'hui est sans doute une journée décisive pour l'accord sur place des deux communautés : Algériens de souche européenne et Musulmans. Je crois pouvoir vous dire qu'ils sont en train de s'entendre et que, écartant les quelques criminels qui restent, ils vont entreprendre ce qui est leur devoir et leur tâche : faire ensemble l'Algérie nouvelle.

Ce passage qui doit faire sensation est attendu depuis que l'on avait appris le matin même l'entretien de Gaulle-Fouchet.

Ainsi prend fin ce voyage en Franche-Comté entouré jusqu'au bout de rumeurs d'attentats organisés par le réseau OAS de l'Est et visant à abattre le chef de l'État. L'organisation subversive n'a pas réussi le moindre coup de main et n'est même pas parvenue, malgré la distribution de tracts menaçants destinés à intoxiquer la population, à empêcher la foule de se porter partout autour de De Gaulle et de lui réserver le même accueil chaleureux que dans les régions précédemment visitées.

Le président de la République a tout lieu d'être satisfait.

Ce sera là son dernier voyage de l'année 1962.

XXI

UN TEST PROBANT

Le 3 juillet 1962, le général de Gaulle reconnaît l'indépendance de l'Algérie. Un référendum approuvant cette indépendance est intervenu deux jours plus tôt.

Le 22 août, se rendant à l'aéroport de Villacoublay pour rejoindre Colombey, le chef de l'État se tire indemne d'un attentat au Petit-Clamart. Sa voiture est criblée de cent quarante balles.

Le 29 août, de Gaulle annonce en Conseil des ministres son intention d'organiser un référendum portant sur la modification de la Constitution afin de permettre l'élection du président de la République au suffrage universel. Cette procédure est condamnée le 29 septembre à Vichy par le congrès du parti radical; le président du Sénat, M. Gaston Monnerville, parle même de « forfaiture ». De même le 1er octobre, le Conseil d'État estime ce référendum contraire à la Constitution. Il est cependant adopté le 2 octobre par le Conseil des ministres.

Le 5 octobre, l'Assemblée nationale vote une motion de censure adoptée par deux cent quatre-vingts voix, la majorité absolue étant deux cent quarante et une. Le gouvernement Pompidou démissionne et l'Assemblée nationale est dissoute par décret.

Le 28 octobre, le référendum pour l'élection du président de la République au suffrage universel est adopté par 67,7 % des inscrits.

Le 14 janvier 1963, de Gaulle se prononce contre l'entrée de la Grande-Bretagne dans le Marché commun.

Le 15 février, un attentat est déjoué. Alors que le prési-

dent de la République se rend à l'École Militaire, on découvre un fusil à lunette et des armes diverses. Plusieurs officiers et des civils sont arrêtés.

Depuis près d'un an (17-20 mai 1962), le chef de l'État a abandonné son Tour de France des départements. Il est vrai que, dans l'intervalle, les événements, on peut le voir, n'ont pas manqué...

Le dix-huitième voyage du Général depuis son accession à la présidence de la République se situe dans les départements des Ardennes, de la Marne, de la Haute-Marne et de l'Aube. Il commence le lundi 22 avril et doit s'achever le dimanche 28. Jusqu'à ce nouveau voyage, soixante-sept départements ont déjà été visités.

Quel doit être, cette fois, le thème majeur des discours? Jusque-là l'Algérie constituait l'affaire numéro un et le chef de l'État pouvait, à chaque fois, évoquer un fait précis qui faisait avancer le problème. Désormais, il lui faut puiser dans d'autres sujets le moyen de capter l'attention des foules.

En vérité, les sujets ne manquent pas car la reprise de contact avec le public s'effectue peu après la grève des mineurs qui a entraîné, selon les sondages d'opinion, une baisse de popularité du chef de l'État. On peut donc considérer ce voyage comme un test.

Enfin, la dernière allocution radiotélévisée ayant abordé un certain nombre de questions ayant trait au rôle des syndicats, aux pouvoirs du Conseil économique... le premier des Français aura toute latitude pour préciser tel ou tel point de sa politique.

Pour les Ardennais et les Champenois, le signe avant-coureur du déplacement présidentiel se manifeste depuis plusieurs jours déjà. De nombreux convois de gendarmes mobiles et de CRS sillonnent les routes. Des barrages de police sont installés à certains carrefours. A Mézières, la préfecture des Ardennes où de Gaulle doit coucher dès le premier soir est gardée par des CRS armés. A la frontière belge, toute proche, dix-sept postes secondaires ont été fermés. Seuls restent ouverts les quatre points de passage principaux.

A l'issue du dernier Conseil des ministres, le Général a dit aux membres du gouvernement :

– Vous verrez, lors de mon prochain voyage, on criera encore : vive de Gaulle!

On crie, effectivement, « Vive de Gaulle » sous un soleil resplendissant à Sedan, le lundi 22 avril où le Président est salué à son arrivée, notamment, par le général Massu, commandant la région militaire.

Sedan, petite ville de France, est entrée certes dans l'Histoire par la guerre de 1870 mais, aujourd'hui, là n'est plus la question. Chaque Français qu'il soit de l'Est, de l'Ouest, du Nord ou du Sud, connaît Sedan pour son équipe de football, déjà victorieuse en Coupe de France. Bien entendu, le maire de la ville, M. Henri Cochard, ne pouvait pas ne pas présenter au Général les membres de la glorieuse équipe de l'US Sedan-Torcy qui occupe la troisième place au championnat de France de première division professionnelle :

– Ah! Je suis heureux de vous voir et de faire votre connaissance, s'exclame le Général qui s'attarde plus longuement auprès de l'entraîneur de l'équipe, Louis Dugauguez.

« Je vous ai vus à la télévision, ajoute-t-il, et je me suis souvent demandé comment vous pouviez avoir une si bonne équipe. Sedan n'est tout de même pas une si grande ville!

– Nous sommes un peu aidés par les industriels de la région, répondent, timidement, les dirigeants de la formation.

Le président de la République passe ensuite dans un salon privé où on lui présente sa filleule, la petite Freddie Guérin, âgée de sept mois, cadette d'une famille de quinze enfants :

– Quel joli bébé, lance le Général. Et vos autres enfants, comment vont-ils?

– Ils sont tous en bonne santé.

– Eh bien! tant mieux. Je suis très content d'avoir vu ma filleule... Mais, elle, elle ne se souviendra pas de moi!

Dans son discours public, comment ne pas mettre l'accent sur l'Europe lorsque l'on visite une région de l'Est? D'entrée, il lance, chaleureux :

– Merci d'être là, merci d'être venus. Le général de Gaulle ne peut être ici sans se souvenir de ce qu'il y a d'historique dans votre ville. Le témoignage de solidarité que vous offrez est utile à moi, tout d'abord, et au pays tout entier.

« Il n'y a pas si longtemps que nous avons pu régler la douloureuse affaire d'Algérie et en terminer avec la subversion... Désormais l'avenir est devant nous. L'avenir c'est, au XXe siècle, le changement.

« Au-dehors, nous avons à faire l'Europe et Sedan y est plus intéressée que quiconque. Elle est le point de liaison entre le nord-est de la France et le sud-ouest de l'Allemagne. Sedan qui est sur l'axe Reims-Aix-la-Chapelle...

Le discours du chef de l'État a duré une dizaine de minutes. A aucun moment, il n'a fait allusion ni à la force de frappe ni aux problèmes à caractères sociaux qui viennent de secouer le pays.

Dans la suite du voyage vers Mézières, les forces de police se déploient en un gigantesque éventail. Il est vrai que l'itinéraire emprunte des routes situées non loin de la frontière belge surnommée par les représentants de l'ordre « frontière de l'OAS ».

Arrêt pour... l'Histoire à Douchery, petite bourgade sur la rive droite de la Meuse. Le château de Bellevue tout proche rappelle une sombre tache de l'histoire de France. C'est là, en effet, qu'en 1870, le général de Wimpffen pour Napoléon III et le général von Moltke pour Bismarck signèrent les conditions de la capitulation de Sedan. Les soucis du maire de la modeste cité sont ailleurs : il souhaite, notamment, la reconstruction d'un pont détruit sur la Meuse qui permettrait à la petite ville d'avoir accès à la route nationale et de retrouver, ainsi, l'équilibre industriel et économique qu'elle possédait auparavant.

Aucune fausse note, pour l'heure, dans ce voyage à travers des régions dont les municipalités ne sont guère favorables au pouvoir en place parce que d'obédience socialiste ou MRP. Les populations viennent en foule acclamer le président de la République qui précise devant les maires, dans le vaste Hôtel de Ville de Mézières :

– La liaison mer du Nord-Méditerranée par canaux est à l'étude pour le cinquième plan.

Et, à propos de l'Algérie :

– On en a terminé là-bas. Ce n'est pas très drôle, mais il le fallait. Ça ne nous coûte pas tellement meilleur marché mais on ne se bat plus.

A Charleville, enserrée dans une courbe de la Meuse, il a le plaisir de s'entretenir quelques instants, en privé, dans une pièce retirée de l'Hôtel de Ville, avec sa belle-sœur, Mme Vendroux, propriétaire du château de Sept-Fontaines, situé à sept kilomètres de là et où le Général s'était retiré lorsqu'il avait abandonné le pouvoir en 1946.

Aussitôt après cet aparté, il reçoit le cadeau de la cité carolopolitaine : un pistolet datant du XVIIe siècle.

Trop d'enthousiasme nuit et le chef de l'État s'en aperçoit sur la grande place ducale qui ressemble comme une sœur à la place des Vosges de Paris. Une femme l'empoigne à bras-le-corps, l'embrasse sur une joue et s'apprête à faire de même sur l'autre lorsque le Général se dégageant brusquement d'un grand pas en arrière lui lance assez vertement :

– J'ai bien l'honneur de vous saluer, madame!

L'enthousiasme n'est pas toujours aussi envahissant mais la foule paraît sous le charme, notamment lorsqu'il s'adresse à la jeunesse :

– Vous pourrez dire plus tard que vous avez entendu le général de Gaulle crier : Vive la France!

La foule, encore, sait suppléer quand il le faut à l'indifférence d'une municipalité. Celle de Rocroi, première grande halte de la seconde journée, en est le vivant témoignage.

Dans cette cité historique qui vit en 1643 la victoire du Grand Condé sur les Espagnols, le débat s'élève, en effet, d'un ton. Le maire PSU de la cité, Mme Andrée Pierre-Viénot, ancien ministre de la Jeunesse et des Sports du gouvernement Léon Blum, et dont le mari fut l'un des compagnons du général de Gaulle à Londres, ne cache pas son hostilité au gouvernement :

– Je manquerais à la fois, dit-elle, de franchise et de courage si je dissimulais le fait que, personnellement, et avec tout mon conseil municipal, je compte parmi les adversaires du régime institué depuis 1958.

Mme Viénot, qui a commencé son allocution en saluant « l'homme qui a lancé l'appel du 18 juin », termine son discours en disant :

– Sur les lieux d'une victoire royale, Rocroi est une ville essentiellement républicaine. Vive la République, vive la démocratie, vive la France!

La foule, qui ne communie pas tout à fait avec les propos de son maire, complète l'allocution en ajoutant avec force :

– Et vive de Gaulle!

Ce dernier, qui ne paraît guère étonné, prend la parole avec une belle assurance et une facilité dans le propos qui étonne toujours. L'hommage, c'est vers l'époux disparu de Mme Viénot qu'il ira, sans tapage :

– Je suis un vieil homme, dit-il. J'ai vu beaucoup de choses et traversé beaucoup d'épreuves. J'ai eu des compagnons, de bons compagnons dont était Pierre Viénot. Les uns et les autres m'ont toujours inspiré la plus grande confiance dans le destin de la France.

Cette seconde étape a commencé sous le signe de la bonne humeur. Ainsi, avant Rocroi, le maire de Tournes lance un cri d'alarme :

– Mon Général, il n'y a pas d'eau sur les éviers. Si je ne parviens pas à l'obtenir, il ne me restera plus qu'à disparaître si je ne veux pas être pendu par mes administrés.

La dernière descendante d'Arthur Rimbaud, sa propre nièce, Nelly Lecourt-Rimbaud, fille de Frédéric Rimbaud, frère du poète, est présentée au chef de l'État à Cliron où le maire lui offre un exemplaire des œuvres complètes du célèbre homme de lettres.

A Lonny, reprennent les récriminations sur sa politique. Un jeune lance de la foule :

– Vous parlez des jeunes mais vous ne les voyez pas. Vous ne croyez que les anciens combattants.

Des propos aussi peu amènes, il en entendra au village suivant : Rimogne. Le premier magistrat de la localité, M. Petit, est secrétaire de la fédération PSU. En concluant son propos, il crie : « Vive la France! Vive la liberté! Vive la République! »

Le général de Gaulle ne tient aucun compte de ce que vient de dire le maire. Son discours, très bref, porte sur la grandeur de la France et la nécessité de la solidarité nationale.

Mais le maire de Rimogne revient à la charge en glissant à l'oreille de son visiteur :

– Vous excuserez les ouvriers de l'ardoiserie de ne pas être venus vous applaudir. Mais s'ils ne sont pas là c'est qu'ils ne veulent pas perdre une journée de salaire. Ces derniers sont déjà assez faibles comme cela.

Et il remet au Général un bulletin de paie d'ouvrier-ardoisier.

La « nécessité de l'unité nationale », de Gaulle la répète à Givet en conclusion de son discours avant de prendre l'autorail qui, le long de la vallée de la Meuse, puis à travers le massif des Ardennes, le conduit à Rethel.

Pour lui permettre de déjeuner, le train marque un arrêt durant trois quarts d'heure à la petite gare de Poix-Tennon.

La place de l'Hôtel-de-Ville de Rethel est noire de monde ce qui amène ce propos du Général :

– Si, comme on me le dit, il y a à Rethel un peu moins de sept mille habitants, eh bien! Ils sont tous là et même quelques autres avec!

Ici aussi, comme dans bien d'autres localités, le maire, M. Camille Lassaux, lui présente deux de ses filleuls : Claude Marchand et Maurice Marlier. A la maman du petit Claude Marchand, bambin âgé d'un peu moins de quatre ans, le président de la République confie :

– Je suis très heureux d'avoir pu faire la connaissance de cet enfant que je n'avais pas vu. Vous êtes bien en correspondance avec ma femme?

La mère répond par l'affirmative.

« Bon, reprend-il, alors nous aurons des nouvelles. »

Le monde du sport est représenté à Reims par l'un des plus prestigieux boxeurs de l'histoire, Marcel Thill, ancien champion du monde, devenu commerçant prospère en charbon.

– Ah! Je vous connais bien, lui dit-il. J'ai suivi de près toute votre carrière. Mais, dites, vous êtes encore très bien!

En empruntant la « route du champagne », il pourrait fort bien regarnir sa cave tant il reçoit de bouteilles tout au long du chemin.

Près de Champillon, à un tournant de route, il est invité à une dégustation de crus. Le président du comité interprofessionnel des vins de Champagne, M. Heidsieck, commente le paysage de la vallée de la Marne, indique le village où naquit le pape Urbain II, l'abbaye bénédictine de Hautvillers où Dom Pérignon inventa le vin de Champagne.

Scène cocasse dans un petit village où de Gaulle s'arrête, serre la main de quelques pères de famille, se penche vers des enfants puis demande, en redressant sa haute taille, au père d'un petit garçon :

– Alors, travaille-t-il bien à l'école?

Et le père, navré, de répondre :

– Non, mon Général, il ne veut rien foutre!

Le chef de l'État, souriant mais utilisant un ton de gravité, reprend alors :

– C'est grave s'il ne veut rien foutre!

A Épernay, il commet une « erreur psychologique » lorsqu'il baptise la ville « capitale du champagne ». Vivement applaudi – on le serait à moins – le général de Gaulle vient d'enlever à Reims une prééminence que cette dernière pensait déjà consacrée.

Hurlements de joie à Châlons-sur-Marne qui semble battre le record de la journée dans le domaine de l'enthousiasme. La bataille de la popularité est déjà gagnée.

Le voyage constitue presque une cure de jouvence.

– Extraordinaire! confie un ministre, épuisé après quelques jours de cette galopade incessante. Il quitte l'Élysée avec un teint épouvantable, pâle, verdâtre, rouspétant contre la claustration que lui impose sa fonction, furieux de ne pouvoir même pas faire un pas dans le parc sans voir se braquer sur lui les jumelles concentrées sur les balcons bourgeois qui cernent le palais... Quelques heures plus tard, il retrouve la foule, les discours, les mains à serrer, et le miracle se renouvelle : sa mine rosit, son pas s'allonge et il crève tout le monde derrière lui.

Son appétit aussi étonne l'entourage. A Châlons-sur-Marne, on sert au dîner, à la préfecture, du pigeon. De Gaulle, pour sa part, en mange deux entiers. Mais il dédaigne les petits pois.

L'esprit devient aussi plus caustique. Les journalistes en font même les frais. Comme on lui rapporte qu'ils ont été surpris par la chaleur de la foule ardennaise, il a ce mot :

– Ils sont surpris? Mais dans quel monde vivent-ils?

Petit coup de théâtre, le mercredi 24 avril, avant le départ de Châlons-sur-Marne. Dans l'hôtel où sont descendues les personnalités de sa suite immédiate, le commissaire divisionnaire Ducret, chef de la sécurité de l'Élysée, tombe nez à nez avec Me Tixier Vignancour, défenseur des conjurés de l'attentat du Petit-Clamart :

– N'ayez aucune crainte, lance l'avocat antigaulliste. Ma présence ici est tout à fait fortuite. Aucun rapport avec qui vous savez. Je plaide tout simplement, ce matin, au tribunal civil de la ville.

Le Général prend la route par un temps incertain, pour la troisième journée. A son premier arrêt, il visite Pogny, village où repose l'un des tout premiers combattants de la France Libre tombé au champ d'honneur.

Dans la localité suivante, La Chaussée-sur-Marne, le maire fait remarquer à de Gaulle qu'il est le premier chef d'État français à s'arrêter là depuis François Ier qui avait choisi ce village pour rencontrer son ennemi irréductible, Charles Quint, et conclure la trêve de Coulmier.

– Vous avez évoqué François Ier, répond le Président. Vous avez bien fait. Il cherchait à sauver l'indépendance de la France. Cela montre combien l'existence de notre patrie fut mise en cause.

A Vitry-le-François, la réception se déroule dans un Hôtel de Ville tout neuf dont la seule façade du XVIIe siècle, respectant le style du couvent des Récollets qu'il fut, a été épargnée par les bombardements de 1944. Salué par le maire, M. Jean Juif, il se montre à la fois plus net et plus dur qu'auparavant vis-à-vis du bloc de l'Est.

– Un bloc vise à la domination du monde, reconnaît-il. Il veut imposer son système. La France a le devoir de le contrer. Elle doit être capable de se défendre en restant elle-même. Pour cela, il nous faut des moyens : nous sommes en train de nous les faire. Viendra un jour, bien sûr, où les hommes de ce bloc ayant changé de système, et tout d'abord de dirigeants, on en viendra à la détente.

En ce qui concerne le renouveau de la France, le chef de l'État apporte aussi une intéressante précision :

– Nous avons une nouvelle monnaie. Cela n'a pas été facile, cela n'a pas été sans sacrifices. Mais, aujourd'hui, c'est un fait, le franc est devenu, dans le monde, l'une des plus fortes monnaies.

A Perthes, il pénètre dans « son » département, la Haute-Marne, tandis que le préfet de la Marne, M. Jean-Émile Vié, cède la place dans la voiture présidentielle à son homologue du département voisin, M. Raoul Moreau.

– Votre département d'adoption vous souhaite la bienvenue, lui dit le maire du village.

Puis, apparaît Saint-Dizier où la grandeur de la France prend place, une nouvelle fois, au sein du discours :

– La France a beaucoup fait pour son développement, peut-on entendre, et elle est en train d'accomplir une œuvre immense, tous les chiffres le prouvent. Si nous sommes parfois quelque peu revendicatifs, c'est justement parce que nous avons des ambitions dans tous les domaines et qu'elles sont justifiées.

En vérité, le court passage à Saint-Dizier est surtout attendu en raison de la rencontre de M. Willy Brandt, bourgmestre de Berlin-Ouest et leader du parti d'opposition socialiste ouest-allemand, et du général de Gaulle. L'entretien dure trois quarts d'heure dans le salon du premier étage de la sous-préfecture.

C'est l'occasion pour le chef de l'État français de confirmer à son visiteur que la nouvelle coopération franco-allemande, dont il célèbre l'importance dans tous ses discours, n'est pas un simple dialogue entre hommes (entre lui-même et le chancelier Adenauer) ni même entre partis (l'UNR de France et la CDU d'outre-Rhin) mais au contraire un véritable pacte entre les deux pays.

En quittant Saint-Dizier, le cortège se rend au quartier « Vert Bois » que l'on appelle aussi Saint-Dizier-le-Neuf, cité moderne abritant trois mille cinq cents familles, bâtie à l'instigation entre autres de M. Edgard Pisani, ministre de l'Agriculture, lorsqu'il était préfet de la Haute-Marne. Les immeubles modernes entourés de pelouses s'étagent sur une colline au milieu de grands arbres.

La quatrième journée revêt un caractère « privé ». Elle est en effet consacrée à la visite des habitants de Colombey-les-Deux-Églises et des alentours. Aucune cérémonie officielle n'est prévue et par voie de conséquence, pas de discours. L'escorte se voit également très réduite.

L'ensemble du village de Colombey est convié à une réception. Chaque habitant, personnellement, a reçu un carton d'invitation libellé comme suit :

« Le général de Gaulle, président de la République française et Madame de Gaulle vous prient de leur faire l'honneur d'assister à la réception qui sera donnée au Foyer Culturel de Colombey-les-Deux-Églises, le jeudi 25 avril 1963 à 16 h 30. »

C'est la grande journée « de Gaulle » au village. On s'y prépare avec soin depuis plusieurs jours. C'est à qui sortira son plus beau costume ou sa plus belle robe du dimanche.

Auparavant, le Général rend visite aux hameaux ou villages environnants. Le solennité n'est plus de mise. Les paysans saluent familièrement de la main le Président et Mme de Gaulle en se découvrant sur leur passage. Aux vingt habitants du village de Pratz, il lance fièrement :

– Je suis heureux de vous voir « officiellement » cette fois. Nous sommes tellement voisins que je pense souvent à vous avec sympathie et amitié.

Au départ de Pratz, léger incident de parcours. Le cortège se trompe de route. Et pourtant Colombey n'est qu'à une portée de fusil. Il faut revenir en arrière. Cela n'altère nullement l'humeur du chef de l'État qui serre les dix-sept mains des habitants d'Argentolles.

A Doulaincourt, toute décorée de bouquets de jonquilles, le maire, M. Delong, nouveau député UNR de la circonscription de Colombey, salue sur le mode lyrique « le Président le plus prestigieux de notre histoire nationale », ajoutant : « Le sens de votre vie, mon Général, c'est votre attachement à la terre de France. Vous n'êtes pas un homme comme les autres, vous êtes au-dessus des autres. »

A Bologne, les habitants rappellent que le lieutenant Philippe de Gaulle libéra le village en 1944.

A Lavilleneuve-aux-Fresnes, le maire se montre tellement ému que pour remercier son visiteur, il lui déclare :

– Nous vous remercions de... votre accueil!

A Juzennecourt, on assiste à une scène insolite. Le Général demande à son épouse de venir avec lui saluer la foule.

– Je suis ici chez moi, dit-il, puisque la localité n'est autre que le chef-lieu de canton de Colombey. Allez chercher Madame de Gaulle qu'elle vienne saluer le conseil municipal et les habitants.

L'épouse du chef de l'État arrive, un peu intimidée, mais bien vite, la chaleur et l'enthousiasme des villageois aidant, elle prend de l'assurance, trouvant un mot gentil pour toutes les femmes qui se pressent autour d'elle pour lui présenter leurs salutations.

A Vecqueville, il pleut. L'averse est courte mais violente, suffisante en tout cas pour que le maire demande aux enfants qui attendaient le chef de l'État pour lui faire fête avec de jolis drapeaux de couleurs de regagner leurs demeures.

– Ça ne fait rien, ça ne fait rien, c'est fort bien comme cela, répond le Général au maire qui lui raconte les faits.

Mais le malheureux maire demeure inconsolable.

Le caractère familial de la visite n'empêche pas les cadeaux. Le plus insolite reste sans doute celui offert à Maranville : une queue de billard démontable en bois de chêne sculpté, fabriquée dans la commune qui s'est acquis une réputation internationale dans cette fabrication.

Bien entendu, tout est éclipsé l'après-midi par la visite à Colombey.

Le couple présidentiel arrive le premier au centre culturel du village afin d'accueillir ses invités.

Le Général et sa femme serrent la main de chacun sans exception et pour chacun aussi trouvent un mot aimable et personnel.

– Comment ça va chez vous? dit ici le Président.

– Et vos enfants travaillent-ils bien à l'école? s'inquiète-t-il là.

– La terre? avez-vous déjà semé? demande-t-il à un fermier victime du gel.

Tout à coup, il s'avance vers un vieil homme, M. Babeau.

– J'ai appris que vous avez été sérieusement malade cet hiver, j'espère que ça va bien maintenant?

Et, se tournant vers Mme Babeau :

– Vous avez eu bien peur pour lui, n'est-ce pas? [1]

Le premier adjoint au maire de la cité, M. Gadot, vient présenter au Président l'unique cafetier du pays, M. Weber :

– Oh! ce n'est pas la peine, s'écrie le Général. Je le connais bien. J'allais souvent chez lui avant d'être président de la République. Maintenant, bien sûr...

Janine, la fille du cafetier, a été chargée par le Général d'organiser la réception, c'est-à-dire de trouver les cinquante bouteilles de champagne et les petits fours, d'organiser et de surveiller la décoration de la salle de danse du foyer et d'installer la grande table en fer à cheval abondamment fleurie et ornée grâce à l'obligeance du curé de Colombey qui a confié les vases de l'église.

Pour les verres – en nombre trop restreint – elle a fait appel à la verrerie de Bayel toute proche qui a prêté quatre cents coupes.

L'ensemble, fort bien réussi, attire l'attention de Mme de Gaulle, admirative :

– C'est vous, Janine, dit-elle, qui avez arrangé la salle? Bravo, je vous félicite. C'est vraiment de très bon goût. J'aime surtout les fleurs, elles sont très jolies et très bien disposées.

Le premier adjoint au maire qui, depuis un moment, brûle d'envie de griller une cigarette, demande au président de la République si la fumée ne le dérange pas.

– Mais non, mais non, pas du tout! Je vous en prie, répond le Général qui plonge la main dans sa poche, sort une boîte d'allumettes et allume la cigarette de M. Gadot.

Dans son élan, le chef de l'État allume d'autres cigarettes à la

1. Entretien relaté par *France-Soir* (27 avril 1963).

ronde. Arrivé avec sa première allumette au quatrième fumeur, ce dernier lui dit :

– C'est bien la première fois qu'un président de la République allume la cigarette d'un simple citoyen!

– Je n'ai pas le droit de fumer. Il ne me reste que le plaisir d'allumer les cigarettes des autres, répond, passif, le chef de l'État.

Le maire de Colombey, avant de prononcer son allocution, présente au président de la République le cadeau de la commune : une table et quatre fauteuils de jardin.

– Ah! quelle bonne idée, s'exclame le général de Gaulle avec un large geste de satisfaction. Voilà un cadeau utile et qui nous servira bien. Je m'apprêtais d'ailleurs à acheter des meubles de ce genre car je n'en possède pas à La Boisserie et mes petits-enfants quand ils jouent aux dames dans le parc doivent s'asseoir à même la pelouse.

– Ah! croyez-moi, monsieur le président de la République, affirme le maire avec force, Colombey est fier aujourd'hui de vous recevoir. Fier et touché de l'attention, de la délicatesse dont vous avez fait preuve en cette occasion et en bien d'autres...

Dans sa réponse, le Général se montre à la fois familier et émouvant. Soulignant qu'il est là avec sa femme, il remercie la population « de la délicatesse et de l'attention », de la discrétion aussi dont elle a fait preuve pendant ses douze années de retraite dans le village. Le milieu du discours est ponctué par le bruit caractéristique d'un bouchon de champagne qui saute inopinément [1] comme pour rappeler que c'est jour de fête, au village. Deux minutes plus tard, d'ailleurs, le Général lève son verre à la santé de ses concitoyens et tout le monde trinque joyeusement.

Les habitants de Colombey vont boire ainsi quarante-neuf bouteilles de champagne à la santé du Général et de Mme de Gaulle. Une réception bon enfant qui s'est néanmoins déroulée dans les formes.

Un triple incident de la route marque d'entrée la cinquième journée de voyage en Haute-Marne. Trois pare-brise des voitures de la suite présidentielle volent en éclats presque coup sur coup. Le premier incident se déroule peu après le départ de Chaumont, à l'entrée de la petite localité de Mandres-la-Côte.

Le pare-brise de la voiture qui transporte les policiers chargés de veiller sur la personne de Mme de Gaulle est pulvérisé par le jet d'une pierre projetée par la DS de l'épouse du président de la

1. *France-Soir* (27 avril 1963).

République. Le chauffeur et l'un des policiers sont légèrement blessés aux mains. Le second pare-brise vole en éclats à l'entrée de Bourbonne-les-Bains. C'est celui de la voiture dans laquelle se trouve Sasia, le célèbre chef de l'équipe des tireurs d'élite formés en Amérique par le FBI, qui est chargé d'assurer la protection du chef de l'État et se place juste devant sa voiture.

Le troisième est brisé par les gravillons, l'après-midi, entre Langres et Chaumont. Il appartient à une 403 du ministère des Armées. Les occupants doivent prendre place dans une autre voiture.

Mme de Gaulle accueille une invitée dans son véhicule : Philomène, son ancienne cuisinière, maintenant à la retraite, qu'elle a priée de venir la rejoindre car elle s'est retirée à Langres, ville que le Général atteint avec trois quarts d'heure de retard en raison des nombreuses haltes observées sur le parcours.

Dans cette vieille cité fortifiée, patrie de Diderot, le Général évoque la « France en pleine transformation », parlant également du problème de la paix dans le monde.

– Peut-être, dit-il, cette évolution s'accomplit-elle. Peut-être quelques signes existent-ils déjà de cette détente. Tout tient à ce qui se passe dans le bloc dont j'ai parlé. Tout dépend de savoir si oui ou non, l'esprit favorable à la liberté, l'égalité et la fraternité l'emportera sur celui qui ne connaît que la tyrannie, l'ambition et la domination.

Le président de la République déjeune rapidement à la sous-préfecture pour pouvoir s'entretenir avec le ministre de l'Agriculture, avant que ce dernier ne se rende par la voie des airs à Paris, assister au conseil interministériel. Remonté dans sa voiture il donne l'ordre à son chauffeur de démarrer avec six minutes d'avance sur l'horaire prévu. La moitié de sa suite n'est pas encore prête et, en particulier, les parlementaires du département, deux députés et deux sénateurs qui terminent leur déjeuner dans un restaurant proche. Ceux-ci doivent faire de l'auto-stop pour retrouver le chef de l'État.

A Châteauvilain, un vieil homme, M. Passonville, se précipite sur le président de la République :

– Mon Général, mon Général, on a été à l'école ensemble. Vous ne voulez pas que je vous chante *le p'tit Quinquin* en lillot?

« J' suis de chez vous, nom de Dieu! d' bon Dieu!

Le chef de l'État ne peut s'empêcher d'éclater de rire.

A Chaumont, toute la ville est dans la rue. Le général de Gaulle, écartant délibérément le programme établi, se rend à pied à l'Hôtel de Ville, sous les vivats et les applaudissements frénétiques de la population.

Mme de Gaulle, assise dans la voiture présidentielle décapotée, suit son mari à quelques mètres à peine. Sur son passage, ce cri mille fois répété :

– Vive tante Yvonne! Vive tante Yvonne!

La femme du président de la République tente de cacher son émotion derrière un sourire. Elle répond, radieuse, d'un petit signe de la main.

Quant au Général, il retrouve le coiffeur, qui, pendant ses douze ans de retraite à Colombey, s'est occupé avec un soin bienveillant de sa chevelure.

Un événement peu banal et pour le moins insolite marque la sixième journée, le samedi 27 avril.

Le cortège officiel a pris trois quarts d'heure d'avance sur l'horaire et comme peu de villages bordent la nationale 71 où il se trouve, peu avant d'arriver à Troyes, il est impossible d'observer les temps prévus.

Les voitures ont pourtant pris le pas de tortue : on ne roule pas à plus de quinze kilomètres/heure ce qui ne tarde pas à irriter le président de la République qui aime bien rouler vite.

– Nous ferions mieux de marcher un peu, dit-il, cela nous dégourdirait les jambes!

Cette éventualité ne sourit guère aux responsables de la sécurité du Général.

Une autorité locale fait remarquer qu'à un kilomètre de là, un monument a été érigé à la mémoire des soixante-sept habitants de Buchères, massacrés par les Allemands qui avaient incendié le village avant de se retirer, le 24 août 1944.

Le général de Gaulle se met en marche et arpente à grands pas la nationale 71. Devant, les pompiers avancent au pas cadencé, précédant même le porte-drapeau.

Le Général se recueille devant le monument au pied duquel il dépose le bouquet qu'une fillette lui a remis lors de l'un de ses arrêts précédents.

Et le cortège reprend enfin la route de Troyes. Il est cette fois dans les temps.

Le lendemain, avant son discours dans le chef-lieu de l'Aube, c'est le traditionnel entretien à bâtons rompus avec les maires du département.

– Pour l'adduction d'eau, comment ça va? Combien de communes ont l'eau courante? Les deux tiers?

– Non, non!

– Alors, la moitié?

– Non plus.

– Alors, vous êtes avancés, mais pas très avancés... Et, si je vous parle de vos chemins, vous allez tous me dire qu'ils sont mauvais.

– Non pas tellement...

– Tiens, tiens!... Qu'est-ce que vous avez donc fait dans l'Aube pour que vos chemins ne soient pas mauvais?... Enfin, je retiens que vos chemins ne sont pas mauvais, bien qu'ils ne soient pas bons...

Quant à la conclusion très applaudie de son discours public, il l'énonce en ces termes :

– Voilà l'œuvre de la France! Beaucoup viennent voir la France et la consulter. C'est ce que certains appellent l'isolement de la France! Et cette foule qui est là avec moi, c'est probablement ce que l'on appelle la solitude de De Gaulle!

La dernière étape traverse le département de l'Aube.

A Voué, le maire présente de façon insolite et lapidaire la population au président de la République :

– Je vous présente le conseil municipal, les femmes, les gosses, les pompiers et tout ce qui s'ensuit. Vive la République! Vive le général de Gaulle!

Et le maire fait un superbe salut militaire.

A Méry-sur-Seine, une femme, au comble de l'enthousiasme après avoir serré la main du Général, s'écrie :

– Je ne me laverai pas les mains de trois jours!

Ainsi va s'achever le dix-huitième voyage de son Tour de France, voyage test comme nous l'avons dit, puisqu'il était le premier depuis juin 62. Y aurait-il une désaffection des foules, en raison des événements sociaux des mois précédents? Dès le premier jour, il est apparu que non. Et cette impression n'a fait que se confirmer par la suite. On peut se livrer à des études sur les variations de température d'une ville à l'autre, dire par exemple que l'accueil était presque frénétique à Chaumont et simplement chaleureux à Bar-sur-Aube, mais le fait demeure : les foules étaient aussi importantes et avaient les mêmes réactions enthousiastes que lors des précédents voyages.

XXII

DES PRIORITÉS POUR LA FRANCE

Les problèmes de la succession du général de Gaulle semblent constituer un sujet de préoccupation pour la presse quotidienne tandis que celui-ci entame son dix-neuvième voyage officiel en province, qui le conduira dans les départements du Centre-Ouest.

Dès la première étape, Cognac, le mercredi 12 juin, il aborde le problème par ces mots :

– La tâche qui est la mienne aura son terme. On se préoccupe de savoir ce qui arrivera après. C'est assez naturel et normal de la part de beaucoup. Je m'en préoccupe un peu moins, parce que je sais, pour l'avoir expérimenté à travers beaucoup d'événements, que la solution du problème des Français n'est jamais dans les combinaisons, les arrangements, elle est dans les Français eux-mêmes. Dans ces Français, j'ai confiance. Tout ce que j'ai eu à faire avec ce pays et souvent à sa tête m'a confirmé dans cette conviction.

Jusqu'à présent le chef de l'État n'avait fait qu'une allusion, en forme de boutade d'ailleurs, à cette question.

– On me parle du vide, après moi, avait-il dit quelques semaines auparavant, je crois plutôt que ce sera le trop-plein.

A son arrivée à Cognac, la première personne qui lui tend la main n'est autre que M. Félix Gaillard, l'un des derniers présidents du Conseil de la IVe République et député de la Charente.

– Monsieur le Président, comment allez-vous? lance le général de Gaulle, heureux de vous voir! Heureux de revoir les Charentes! Madame Gaillard va bien?

A l'intérieur de la mairie, le président de la République écoute le maire, M. Alexandre Dumas, lui expliquer que les stocks de Cognac fondent et que les fabricants du célèbre alcool vont avoir très prochainement de sérieux problèmes à régler. Il ne reste plus, en effet, dans les chais, que des réserves pour trois ans alors que, pour bien faire, il en faudrait pour six ans.

Cette préoccupation n'empêche pas les grands responsables du cognac d'offrir au chef de l'État un cru de son âge (soixante-treize ans) enfermé dans deux flacons de cristal de Baccarat.

Après avoir été présenté aux principales personnalités de la ville et, tout d'abord, aux « empereurs du cognac », MM. Martell et Hennessy, le général de Gaulle se rend vers la place François-Ier.

Devant la foule, il évoque de lointains souvenirs. C'est en effet à Cognac, qu'après avoir été blessé sur le front, il est venu en convalescence dans les années 14-15. C'est également à Cognac que de Gaulle s'est rendu au moment où les troupes françaises allaient réduire la poche de Royan. Et, à ce propos, le président de la République mentionne le nom du général en chef, le général de Larminat, mais sans autre allusion [1].

Sur le plan politique, le premier discours n'apporte guère de choses nouvelles. Le président de la République insiste surtout sur l'unité nationale qui doit être sauvegardée pour que le pays puisse aller de l'avant.

– La nation a compris, dit-il, que le destin, aujourd'hui, c'est le renouvellement. Le salut public, le bon sens, le progrès, voilà quelle est l'âme nationale... Aujourd'hui, ce qui ne s'était pas vu depuis vingt-cinq ans, nous n'avons à combattre nulle part. Aussi bien pour le maintien de la paix, la construction de l'Europe, l'aide aux pays sous-développés, la France peut jouer son rôle.

« Notre pays n'est plus menacé de divisions intérieures dans l'immédiat. Il ne sera pas non plus menacé de l'extérieur, dès lors que nous gardons notre cohésion nationale.

A Confolens, peu de monde sur la petite place pour écouter les propos du Général qui met l'accent sur l'évolution plutôt favorable des affaires de la France :

– Nous avons établi chez nous ce qu'on appelle la stabilité, c'est-à-dire un régime dans lequel on peut travailler, traiter en commun les affaires communes, sans être continuellement démoli par des dangers et des secousses.

« Nous sommes en train de régler les uns après les autres, et à notre avantage, tous les problèmes, ceux du dedans et ceux du dehors (...).

1. Le général de Larminat se donnera la mort dans la nuit du 30 juin au 1er juillet 1962. Il venait d'être nommé par le général de Gaulle président de la cour militaire de justice.

« (...) Nous avons rétabli aussi, pour ce qui est de nos finances, de notre monnaie, et comme on dit, de notre balance des paiements, une situation qui depuis longtemps avait cessé d'être avantageuse pour nous.

Après Saint-Claud, à Chasseneuil, il s'incline devant le mémorial de la Résistance du Sud-Ouest, immense croix de Lorraine de pierre blanche que M. Vincent Auriol avait inauguré en 1951. M. Guy Pascaud, sénateur, qui appartenait au maquis de la région, rappelle que trois cent quatre-vingts résistants sont enterrés là et que quatre mille cinq cents maquisards du Sud-Ouest ont participé aux combats de Royan.

Le général de Gaulle poursuit ensuite son voyage en autorail vers Roumazières. Le terme du premier soir est Augoulême.

A Ruelle, où il effectue son avant-dernier arrêt, avant d'arriver dans la capitale des Charentes, les paroles d'accueil du maire se perdent dans le brouhaha.

– Mais pourquoi diable n'a-t-on pas installé de micro? demande M. Frey, ministre de l'Intérieur.

– Je l'ai demandé au maire, répond le préfet, mais il a refusé. Il ne voulait pas que ses administrés entendent les paroles aimables qu'il a prononcées à l'égard du chef de l'État.

Le maire de Ruelle, M. Poitevin, est en effet socialiste, et opposé à la politique du chef de l'État.

A Angoulême, reçu par M. Thébault, maire, le cortège passe devant la maison natale de Ravaillac.

A l'Hôtel de Ville, dominé par la belle et massive tour polygone du XIIe siècle, seul vestige du château des comtes d'Angoulême, le président de la République reçoit les membres du conseil général qui, tous, sauf un, avaient signé en octobre 1962 l'appel en faveur du « non » au référendum! Il se mêle ensuite aux maires de l'arrondissement, et dialogue avec eux des problèmes locaux. Alors qu'il évoque notamment les regroupements de communes l'un d'eux l'interpelle :

– Mon Général, zéro plus zéro égale zéro.

Interloqué, le Président demande :

– Que voulez-vous dire?

– Eh oui! répond le maire, une commune pauvre plus une commune pauvre, cela ne fera toujours qu'une commune pauvre.

Il va ensuite prononcer son dernier discours de la journée sur la place Bouillard, que jadis fréquenta Honoré de Balzac, et près de laquelle il écrivit ses *Illusions perdues*.

Là, il reparle de sa succession, disant :

– Je suis convaincu de la sagesse décidément acquise par le peuple français, je suis persuadé que moi-même disparu, la France continuera, forte, consciente d'elle-même, cohérente et résolue.

La campagne charentaise ne manque pas de charme. Le président de la République et sa suite la contemplent en la parcourant à allure réduite. Au cours des haltes observées on remarque que de nombreuses communes réclament l'édification d'écoles ou de collèges.

Ainsi, La Couronne, petite ville de six mille habitants, proche d'Angoulême, où le maire, M. Mousset, rappelle que le conseil municipal a donné sa démission en raison du refus des autorités de construire une classe de quatrième au collège technique. Il demande au Général, avec insistance, la construction d'un collège d'enseignement général; celui-ci répond :

– Le témoignage que vous me donnez ne peut manquer d'être remarqué par le président de la République et par le général de Gaulle. Nous sommes heureusement un pays où nous élevons maintenant une jeunesse plus nombreuse. Je retiens ce que vous m'avez dit.

De même à Barbezieux, le maire, M. Menanteau, qui accueillit de Gaulle à Metz, vingt-cinq ans auparavant alors qu'il était officier au 163e régiment d'artillerie de forteresse, demande que ce dernier favorise le projet de construction d'un collège d'enseignement technique.

La patrie du célèbre pineau des Charentes se présente ensuite avec la sous-préfecture de Jonzac, où se mêlent de gigantesques bouteilles factices à l'entrée de la ville et des banderoles de bienvenue.

M. Henri Chat-Lecussol, maire, explique à son visiteur que depuis trois cents ans sa ville n'a reçu ni monarque ni chef d'État. Auparavant, elle a été saluée par Henri IV, Louis XIII, et Louis XIV.

– Louis XIV? interroge le Général, qu'était-il donc venu faire ici?

– Il allait à son mariage. Il a dîné et couché ici. Des perdreaux lui ont été servis et il les a trouvés fort bons.

– Parbleu, répond de Gaulle, il ne pouvait que les trouver excellents. Il allait se marier. Il était donc plein d'optimisme!

Nouvelle touche d'histoire, mais cette fois contemporaine, à Pons, avant d'emprunter l'autorail pour aller à Royan. Une vieille dame le salue. Elle porte un nom célèbre : Germaine Combes, fille cadette du président Émile Combes, père de l'école laïque.

– Je sais que vous avez été une résistante exemplaire, souligne le Président, je vous ai d'ailleurs déjà vue à Saintes, à l'époque de la réduction de la poche de Royan.

Et il ajoute :

« Votre père était un honnête homme et un grand homme!

Germaine Combes, à qui les journalistes demandent ensuite si elle a été émue de rencontrer le président de la République, répond avec un certain détachement :

– Oh, vous savez, j'ai vu tellement de grands hommes dans ma vie que je commence à être blasée.

A Royan, sur le front de mer de la célèbre station balnéaire et sous un ciel bleu, le général de Gaulle évoque le rassemblement des Français afin « d'éviter le retour au désordre, à la confusion, à l'inconsistance ».

Déjà, il parcourt le pays de l'huître dans le bassin de Marennes. A l'Éguille, il se permet d'en gober une, dans sa voiture, à l'abri des regards indiscrets. Mais l'automobile roule à vive allure et l'eau de mer ruisselle sur son costume.

Outre les arrêts à Châtelaillon et Angoulins, on retient la halte au village d'Yves. Le maire est un gaulliste des jours sombres qui se lance dans un discours très élogieux.

Puis, le compliment terminé, il repousse le micro de la main, se tourne vers le Président et s'exclame :

– Et maintenant, de vous à moi, mon Général, il y a treize ans que nous attendons l'eau et presque aussi longtemps que je réclame une école maternelle. Les femmes de pêcheurs ont besoin de travailler, elles ne peuvent pas s'occuper des enfants. J'espère que vous allez faire quelque chose pour mon village. On a perdu la première manche. J'espère qu'on gagnera la seconde.

– J'en suis sûr! répond le Général.

Voici La Rochelle. La ville s'est parée de multiples couleurs tout au long du parcours qu'emprunte le cortège. Dans le port, les sirènes des bateaux mugissent. On aperçoit l'entrée du port et les tours célèbres de Saint-Nicolas et de la Chaîne, la porte de la grosse horloge et puis la rue du Palais bordée de porches des XVIe et XVIIe siècles, enfin la façade gothique de l'Hôtel de Ville où le maire, M. Salardaine, lui présente les notabilités locales. Puis il se rend place de Verdun, où il va prononcer la dernière allocution de ce jeudi 13 juin devant une foule nombreuse, réceptive, qui applaudit à tout rompre les passages essentiels du discours du chef de l'État.

– Il faut être une France forte, affirme celui-ci, fraternelle, largement puissante, développée, prospère, rayonnante, qui se fasse toujours entendre partout, bref, une France unie. Cela, nous l'avons compris.

En concluant, il rend hommage à la jeunesse particulièrement visible dans la foule :

– Jamais le général de Gaulle, pour le temps qui lui reste à vivre, n'oubliera cette soirée. Jamais, il n'oubliera toutes celles et tous ceux ici présents à La Rochelle qui se sont réunis autour de lui dans la pensée de la France. Jamais il n'oubliera la belle jeunesse qui est ici, qui est notre avenir et dont je suis sûr que, le jour venu, elle prendra la responsabilité du grand peuple que nous sommes pour le faire meilleur, plus grand et plus fraternel.

Le vendredi 14 juin, commence la journée à travers l'Aunis et la Saintonge. L'accueil est tantôt curieux et sympathique, empreint d'une certaine réserve, tantôt enthousiaste. Les localités défilent : Saint-Savinien, Taillebourg où le maire, M. Ollagnier, proclame :

– Votre passage est pour notre ville le plus grand honneur qu'elle reçoit depuis le séjour qu'y fit Saint Louis!

A Saintes, au cours du premier grand discours de la journée, il affirme que la France doit avoir « les moyens de défense qui conviennent à notre époque ». L'allusion à la menace soviétique est à peine voilée, lorsqu'il souligne :

– Nous sommes obligés de faire attention et d'aller doucement dans les rapports qui existent déjà avec le bloc soviétique et qui, sans doute, s'étendront.

Le cortège vient à peine de quitter le centre de Saintes et arrive dans les faubourgs lorsque, peu avant la sortie de la ville, de Gaulle fait arrêter sa voiture avenue Gambetta, devant une librairie-débit de tabac, descend, pénètre dans l'immeuble suivi d'un seul garde du corps. Dans le cortège on s'interroge. Que peut-il se passer?

On apprend très vite que le commerçant se révèle être l'un de ses plus anciens compagnons : Félix Tilly, qui fut son officier de sécurité à Londres et à Alger, qui combattit à El Alamein et qui, aujourd'hui, est très gravement malade après avoir subi une délicate opération.

– C'était bouleversant, raconte en sortant le garde du corps, Paul Comiti. Tilly ne s'attendait pas à la visite du Général. Quand il l'a vu, il a tenté de se dresser. Il voulait parler, mais ne pouvait plus. Alors, il a tendu les bras. De Gaulle l'a longuement embrassé. Il était, lui aussi, terriblement ému.

A Saint-Jean d'Angély, des hommes et des femmes arborent, épinglés à leurs vêtements, des portraits du chef de l'État ou des papillons portant l'inscription « Vive de Gaulle! » et la croix de Lorraine.

Ils ne sont pas les seuls à applaudir. A la foule, se sont mêlés les militaires américains de la base de Saint-Jean d'Angély. Plusieurs officiers d'état-major se sont même placés près de la tribune d'où le Général prononce son discours et ensuite leur serre la main.

Dans cette ville il développe plus longuement qu'il ne l'a fait dans ses discours précédents les thèmes de politique étrangère : l'Europe, le traité franco-allemand, l'alliance atlantique, etc.

– Pour mener toutes ces tâches à bien, conclut-il, il est indispensable que la France ait des pouvoirs stables qui puissent mener efficacement les affaires nationales, de manière sérieuse, équitable et ferme. Il faut que cela dure. Présentement, j'en réponds. Il faudra que cela dure ensuite. Cela les Français en répondront, et j'ai confiance, car je suis sûr qu'ils ont compris que l'avenir n'était pas dans les disputes et les cris.

A La Mothe-Saint-Héray, on lui offre du beurre et des tourteaux. Ici aussi, on recherche dans l'histoire les visiteurs illustres qui ont fait halte au village. On s'arrête à 1582, où Catherine de Médicis et le roi Henri de Navarre se rencontrèrent pour tenter un rapprochement entre catholiques et protestants.

A Saint-Maixent, de Gaulle s'avance vers le général de corps d'armée en retraite Desré. Deux vieux amis se rencontrent :

– Comment vas-tu? Je suis heureux de te revoir et de te saluer.

– C'est un camarade de double promotion, explique le chef de l'État aux personnalités de sa suite, un peu étonnées de cette familiarité soudaine. On était ensemble à Saint-Cyr et à l'école de guerre.

Ensuite, sur la vaste place Denfert-Rochereau, au pied de la statue de l'héroïque défenseur de Belfort, M. Fouchie, député-maire, exprime son inquiétude pour l'avenir économique de cette région à forte émigration et dépourvue de ressources propres.

Quand le Général entonne *la Marseillaise*, pratiquement aucun des cinq cents officiers-élèves qui, sortis de Saint-Cyr, font ici leur stage d'application, ne la reprend en chœur avec lui [1]. Leurs visages restent hermétiques. Le solo du Général n'est accompagné que de quelques voix venues des premiers rangs de la foule civile. Le président de la République serre ensuite les mains des officiers instructeurs, mais ne passe pas en revue les carrés compacts des jeunes officiers et il remonte aussitôt en voiture. La scène a été brève, silencieuse, mais éloquente.

A Niort, où il passe la nuit à la préfecture, il évoque dans son discours le traité franco-allemand et laisse entendre pour la première fois au cours de ce voyage que d'autres États européens pourront conclure, un jour, de semblables traités avec la France.

Le lendemain, le premier village traversé est Échiré. On y fabrique

1. Noté par André Passeron dans *le Monde* (16 juin 1963).

– aux dires de la commune – le meilleur beurre de France. Le plus empressé à serrer la main du Général est le doyen du village chaussé de lourds sabots. Le président de la République ne parvient pas à desserrer l'étreinte du vieillard. L'intervention de deux gorilles s'avère nécessaire afin que le voyage puisse se poursuivre vers Parthenay où il aborde un problème que bien des habitants des communes connaissent et qui se pose avec acuité : le besoin d'écoles pour la France entière. M. Christian Fouchet, ministre de l'Éducation nationale, approuve.

On retient d'autre part ces quelques phrases sur la question de la coopération :

– Aujourd'hui, c'est nous qui aidons les autres. Et même certains amis qui ont de grands moyens ne sont pas fâchés de trouver notre concours.

Après un petit crochet par la Forêt-sur-Sèvre, fief de M. Jean Gallichon, directeur de cabinet du président de la République, il célèbre la jeunesse à Bressuire tandis qu'à Cerisay qui se flatte d'être le centre de production du mobilier scolaire, le maire offre au Général l'équipement d'une classe entière pour un village de rapatriés d'Algérie.

A Mirebeau, on est déjà dans la Vienne; Marie Besnard, vedette de l'un des plus grands procès de l'après-guerre, se trouve sur le passage du cortège.

La « bonne dame de Loudun » qui habite à Châtellerault a sorti sa grande toilette pour applaudir le Général.

Quand celui-ci descend de la voiture, elle est la première à se précipiter vers lui et à lui tendre la main :

– Je suis Marie Besnard, lui dit-elle.

De Gaulle serre la main qui se tend vers lui, mais ne dit mot. Il n'a visiblement pas entendu.

Les mariés du dix-neuvième voyage officiel, le Président les rencontre à Neuville-de-Poitou.

– Je vous fais tous mes vœux, dit-il aux jeunes époux. Je vous souhaite beaucoup de bonheur à tous les deux. C'est très gentil d'avoir attendu que j'arrive, un jour pareil...

Alors que le cortège présidentiel quitte la localité, un mystérieux avion civil, un Jodel, apparaît à l'horizon, s'approche pour survoler la file des voitures, à la verticale.

Les deux hélicoptères de surveillance fondent sur lui, et lui intiment l'ordre de s'éloigner.

Le pilote du Jodel, un industriel parisien, obéit aux injonctions et atterrit sur l'aérodrome d'Avrillé, étonné d'être l'objet d'un tel déploiement de force. On apprend qu'il vient participer au rallye aérien d'Angers. Intrigué par une longue file de voitures, il n'a pu résister à la curiosité d'assister au spectacle, de plus près...

A Poitiers, chef-lieu de la Vienne, le chef de l'État prononce le dernier grand discours du voyage dans le Centre-Ouest.

Il s'exprime entre autres en ces termes, place d'Armes :

– Quand on est la France, on n'est pas seulement la France pour soi, on l'est aussi pour le monde. Notre pays a une grande vocation humaine, il a été de siècle en siècle le champion de la cause de l'homme, de sa liberté, de sa dignité. Et quelquefois, du reste, pour soutenir cette cause, il a souffert jusque dans sa moelle, jusque dans sa profondeur.

« Aujourd'hui, il se trouve que la cause de l'homme est unique sur cette terre. Le monde est devenu si petit que le progrès, la paix, la liberté et la dignité sont la même chose pour tous les hommes de la terre.

« Cette cause, la France, à mesure qu'elle retrouve ses moyens, sa grandeur, son influence, en est un des principaux artisans.

A Châtellerault, c'est sur la jeunesse – une fois encore – qu'il a insisté, en lui lançant un appel et en affirmant sa confiance en elle.

– Par sa présence, a-t-il dit, et bientôt par son activité, la jeunesse est, pour la France, la garantie d'un avenir magnifique. Qu'elle se souvienne que le général de Gaulle est venu lui dire : « L'avenir du pays est entre les mains des jeunes. C'est à eux qu'il convient d'établir la France dont j'ai rêvé, que nous sommes en train de faire et qu'ils accompliront. »

Sur la route de Poitiers à Montmorillon, il est salué par des délégations de harkis et dans cette dernière localité prend fin son voyage. Il est 13 heures en ce dimanche 16 juin. Les conclusions, il les tire, lui-même, dans son dernier discours public :

– J'emporte de mon voyage dans la Vienne, les Deux-Sèvres et les Charentes, un souvenir inoubliable.

« On raconte, on écrit ce qu'on veut, mais rien ne peut aller contre les faits, et les faits, c'est que, depuis le premier instant jusqu'à la dernière minute de cette tournée, il n'y a jamais eu autre chose, entre nous, qu'une entente tacite, complète, qu'un accord profond et une certitude dans le destin, le grand destin de la France. Vive la République, Vive la France!

Ainsi, le chef de l'État a-t-il évoqué devant les foules les grandes tâches qui s'imposent pour l'avenir de la France. Il a insisté sur la nécessité de l'unité nationale et de la stabilité politique qui, « seules, permettront, a-t-il souligné, constamment, de réaliser de grands projets, en particulier, l'aménagement du territoire, facteur de progrès social ». La construction et l'organisation de l'Europe occidentale, la paix dans le monde, l'Alliance atlantique, la décolonisation, l'aide aux pays sous-développés ont en outre constitué sur le plan international l'essentiel de ses déclarations.

Pour achever ce Tour de France, cette tournée des quatre-vingt-dix départements français, il ne reste plus au président de la République que quinze départements à visiter.

XXIII

LA BOUDERIE VAUCLUSIENNE

La chasse est interdite sur toute l'étendue du département du Vaucluse. La décision intervient à l'occasion du vingtième voyage du général de Gaulle dans les provinces françaises, du 24 au 29 septembre 1963. Ce n'est, pense-t-on, qu'une précaution parmi tant d'autres, les autorités craignant que l'étape vauclusienne soit la plus « dure » du voyage.

Le Vaucluse est un département, on le sait, marqué politiquement du côté socialiste. Au référendum du 28 octobre 1962, le « non » l'a emporté de manière confortable. Il faut ajouter à cela – et peut-être surtout – l'agitation paysanne qui s'est embrasée voici dix semaines dans la partie sud du département.

Les organisations qui appartiennent à l'opposition politique ont, de leur côté, invité leurs adhérents à boycotter le voyage présidentiel.

La première journée, mardi 24 septembre, n'apporte guère de révélations. Elle est en effet consacrée à la visite des installations atomiques du sillon rhodanien Cadarache et Pierrelatte, qu'il connaît déjà. Un détail : pour la première fois, il ne couchera pas dans une préfecture, mais au château de Cadarache, ancienne demeure du XVe siècle qui domine la vallée de la Durance.

A chaque visite, il doit sacrifier au rituel : revêtir la blouse de protection des atomistes, blanche à bandes transversales bleues comme tous les membres de sa suite. Le Général est de grande taille et il a été difficile, sinon impossible, de le vêtir à ses mesures. Aussi la blouse est-elle d'une longueur étonnemment grande; même du côté des manches, tout est démesuré. En souriant, il les retrousse. A Pierrelatte, l'état-major a vu grand.

Le voyage officiel commence vraiment à Orange, le lendemain à 9 h 15 où l'hélicoptère présidentiel se pose à l'aéroport militaire de Caritat.

Rarement voyage du chef de l'État aura été précédé d'autant de prises de positions hostiles. Les érudits avignonnais aiment même à rappeler avec une certaine outrecuidance qu'en 1226, la ville refusa le passage au roi Louis le Huitième. Mais ils oublient de dire qu'elle dut, ensuite, renoncer à ses privilèges et fut soumise, avilie et humiliée avant de devenir un haut lieu de l'Europe et de l'Église.

Dès l'arrivée à Orange on voit cependant que l'on ne s'achemine pas vers ces extrêmes. Le cortège officiel longe des rues presque vides. Seuls deux parlementaires du département, MM. Bérard, député UNR et Pellenc, sénateur, rapporteur général de la commission des Finances, se mêlent aux personnalités officielles pour l'accueillir. Lorsqu'il apparaît, place de l'Hôtel-de-Ville, quelques acclamations le saluent. On recense environ trois cents personnes.

Mais dans la difficulté le chef de l'État semble atteindre le sommet de son art. Il a envie de se battre et se montre dans son discours, particulièrement tranchant :

– L'essentiel pour le général de Gaulle, dit-il, ce n'est pas ce que peuvent penser le comité Gustave ou le comité Théodule ou le comité Hyppolite, c'est ce qui est utile au peuple français, c'est ce que sent et veut le peuple français. J'ai conscience de l'avoir discerné depuis tantôt un quart de siècle et je suis résolu puisque j'en ai la force à continuer à le faire.

« Je suis venu ici pour vous parler de la France. Je ne m'occupe pas de couper les cheveux en quatre ou de mettre en avant telle ou telle théorie, telle ou telle doctrine dont nous savons tous que le vent les emporte. Je parle des choses comme elles sont...

L'étape d'Orange s'achève et la route s'ouvre vers Carpentras. Désormais, les questions agricoles, le face-à-face avec les paysans, ces problèmes sur lesquels on a tant épilogué les jours précédents, tout cela donc va entrer en scène.

L'assaut commence timidement à Jonquières, fief électoral du député Bérard où le maire, M. Roger Martin, après lui avoir offert deux fauteuils confectionnés par un artisan local, lui demande « d'accorder toute son attention aux demandes formulées par les représentants des paysans ».

Un peu agacé, le chef de l'État improvise une réponse lapidaire dans l'art de tout dire et de ne rien dire à la fois :

– Le gouvernement français depuis cinq ans a beaucoup fait pour l'agriculture du pays. Il fait beaucoup encore et continuera à le faire.

Le maire de Sarrians, M. Armand Grangier, dans sa formulation des critiques, se montre plus net et plus cassant, se permettant même de donner des conseils au chef de l'État sur sa politique à suivre.

Le général de Gaulle le reprend en termes un peu vifs :

– Vous ne m'avez pas appris grand-chose, lui dit-il. Vous ne vous figurez tout de même pas que j'ignore tous ces problèmes... L'État juge d'assez haut, mais aussi d'assez près.

A Carpentras, la foule plus dense qu'à Orange applaudit chaleureusement. Les drapeaux claquent au vent, mais bientôt l'orage gronde. Le mistral s'en mêle au moment du discours public et le maire, M. Gabriel Jacotet, lève les bras pour conjurer le ciel.

L'agglomération carpentrasienne a vu s'installer près de deux mille rapatriés d'Algérie et de Gaulle a tenu à s'entretenir avec eux. Le dialogue s'annonce chaleureux :

– Êtes-vous satisfaits de votre nouvelle vie? demande-t-il.

– Oui, nous avons reçu un excellent accueil de la part de la population, ici. On nous a bien aidés à nous réinstaller.

– Ah, parfait, conclut le Général; je suis très content de vous l'entendre dire. Je pense à vous, vous savez...

Les thèmes qu'il développe lors de son passage sont identiques à ceux élaborés dans la cité orangeoise. Une variante, toutefois, dans l'expression lorsqu'il dit :

– Bien sûr, il y a la politique, les abstentions. Mais le général de Gaulle ne s'occupe pas de cette politique. Il s'est occupé et il continuera à s'occuper de l'intérêt national.

En fin de matinée, le cortège officiel se dirige vers Apt et s'arrête – la halte n'était pas prévue – à Pernes-les-Fontaines. Le maire, communiste, répondant aux consignes qui lui ont été données, a décidé en premier lieu de ne pas recevoir le chef de l'État. Mais, chez lui, le bon sens prévaut finalement et, s'étant ravisé, il explique au Président :

– Dans cinquante ans, lui dit-il, mes petits-enfants ne me pardonneront jamais de n'avoir pas reçu le général de Gaulle dans mon village.

Le remords, en revanche, n'a pas cours à la localité de Beaumettes. Les rues du village sont désertes. Ici ou là, dans plusieurs bourgades, quelques volets restent désespérément clos : ceux des Vauclusiens qui ont répondu à l'appel lancé par l'une ou l'autre des vingt-cinq associations du département prônant l'abstention.

La ville d'Apt applaudit à plusieurs reprises, interrompant même le discours présidentiel. La foule n'est peut-être pas considérable. Elle est toutefois chaleureuse.

Au milieu des thèmes déjà traités précédemment, de Gaulle se livre à une attaque beaucoup plus précise contre les États-Unis.

Après avoir évoqué « l'hégémonie des pays totalitaires de l'Est », il évoque maintenant le camp occidental :

– Je ne parlerai pas dans les mêmes termes et les mêmes sentiments de l'autre hégémonie, celle que représente un grand pays, les États-Unis, qui a été toujours notre allié, qui l'est plus que jamais et qui est notre ami. Mais si nous prétendons être alliés et amis, nous prétendons aussi ne pas être des satellites. Ce serait commode pour certains qui se proposent de nous diriger. Cela les débarrasserait de difficultés immédiates.

Avant d'établir le bilan de la journée, il reste l'écueil principal matérialisé par la ville de Cavaillon où les agriculteurs ont constitué le noyau dur de l'agitation paysanne.

Lorsque le général de Gaulle prend la parole, la grande place est aux trois quarts vide et les spectateurs présents s'abstiennent même à la quasi-totalité de chanter *la Marseillaise* qu'il entonne donc presque seul. Douze conseillers municipaux seulement sur vingt-neuf se sont déplacés à l'Hôtel de Ville.

La seule manifestation vraiment hostile de la journée, il l'observera à Caumont-sur-Durance où quelques coups de sifflet stridents seront égrenés mais le cortège ne fera aucune halte jusqu'au chef-lieu : Avignon.

Cette fois le décor change. Finie l'indifférence. Ce n'est, certes pas, le délire enregistré à l'occasion d'autres voyages, néanmoins, dans l'accueil de la population de la cité des Papes on note une certaine chaleur. Beaucoup de monde jalonne le parcours lançant des vivats tandis que la foule massée place de l'Hôtel-de-Ville se compte par milliers. Une partie de cette foule reste même sur place après le discours attendant et ovationnant le chef de l'État à sa sortie de la mairie après la réception officielle. Se rendant à pied à la préfecture, il serre d'innombrables mains. Ainsi, le bilan de la journée n'est-il pas aussi mauvais qu'on aurait pu le craindre. Aucune manifestation vraiment hostile n'a eu lieu sinon les quelques coups de sifflet évoqués plus haut. Pas même une banderole agressive ni revendicative n'a été déployée. Seule, la conspiration du silence a joué parfois mais ce ne fut pas non plus le vide. En vérité de nombreux observateurs tiennent à dire que de Gaulle a montré, une fois de plus, qu'il ne détestait pas les situations difficiles et que, en ce qui le concerne, il convenait pour les surmonter de les affronter de face.

Le voyage dans le département du Vaucluse est terminé, un autre commence dans celui de la Drôme avec un accueil tout à fait différent, empreint de bonhomie, de sympathie, de cordialité.

Le Président gagne Montélimar, le 26 septembre, par autorail. A mi-parcours une halte est prévue au village de Pierrelatte. Certes, il existe l'usine atomique que de Gaulle a visitée, mais Pierrelatte possède avant tout « sa » population. Il s'agit d'un petit village comme les autres avec sa petite place où le maire, le Dr Jaume, ceint de son écharpe tricolore, s'avance empreint de la gravité du moment. Il le reconnaît d'ailleurs lorsque dans sa brève allocution, il dit toute la reconnaissance de la commune au président de la République qui a permis l'installation de l'usine atomique dans la région. Il lui remet une médaille commémorative, frappée en son honneur, œuvre d'un rapatrié d'Afrique du Nord.

A Montélimar, il prononce son premier discours de la journée, évoquant le renouveau de la France et les conditions de ce renouveau. Renouvellement de la population « qui augmente vite depuis bientôt vingt ans », renouveau industriel – « notre industrie capable de concurrencer les industries les plus puissantes du monde » –, renouveau agricole : « Cela ne va pas sans quelques secousses, mais cela s'accomplit. »

Le général de Gaulle traite ensuite des transformations dans l'enseignement.

– Pendant des années, nos écoles étaient restées les mêmes. C'étaient les mêmes catégories de la population qui allaient à l'école primaire; les mêmes catégories qui pouvaient accéder au secondaire, la même élite restreinte qui allait jusqu'à l'université. Cela a complètement changé. Bientôt, la scolarité ira jusqu'à dix-huit ans. Quand j'étais jeune, la majorité des enfants n'allaient guère à l'école au-delà de treize-quatorze ans. Il faut, d'autre part, que les différentes catégories d'enseignement soient offertes à tous. Il y a l'enseignement technique qu'il a fallu créer.

Pour le général de Gaulle, ces « succès » n'ont pu être obtenus que grâce au changement de régime.

– Tous ceux qui ne veulent pas comprendre que ces transformations ne peuvent se faire sans des transformations corrélatives des institutions, tous ceux qui ne veulent pas comprendre que pour présider cet immense changement, il faut un régime nouveau par rapport à ce qu'il était hier, tous ces gens-là ne sont pas à la mode, ne sont pas à la page. Il faut un régime nouveau qui comporte la stabilité politique. Si nous revenions à ce régime que nous connaissions il y a quelques années où jamais il n'y avait de pouvoir qui tienne, où jamais il n'y avait de stabilité, rien ne pourrait être fait quelle que soit la valeur des hommes.

Puis de Gaulle s'adresse en particulier à la jeunesse :

– Je suis sûr que tout ce qui est jeune comprend ce que je viens de dire, comprend le vieux bonhomme, le vieux Français que je suis.

Après ce discours, le cortège présidentiel quitte Montélimar et s'arrête ensuite à Sauzet où le maire rappelle au Général que son neveu, M. Maroux, était son chauffeur lors de l'attentat du Petit-Clamart. Le Général lui répond :

– C'est lui qui me conduisait. Il a été dans les deux attentats.

Et en souriant :

– Je veux dire comme cible. C'est un homme que j'aime beaucoup. On s'en est bien tiré.

Puis c'est l'entrée dans Crest.

Ce n'est pas le débordement de foule, ni même l'enthousiasme, mais la différence avec le Vaucluse reste néanmoins très nette.

M. Charles Armorin, maire, qui, dans le propos arbore une certaine fierté, explique que sa petite ville a pu prospérer grâce à la conjonction de multiples petites industries. Il cite en particulier un abattage de poulets. De Crest, chaque semaine, sont exportés vers les autres départements : trente-cinq mille pintades et pintadeaux, cinquante mille poulets et deux cent mille œufs.

Le chef de l'État apparaît cette fois détendu avec ce côté caustique qu'on lui connaît lorsque l'atmosphère s'est rassérénée. Cela vaut au sénateur-maire socialiste de Die, M. Vérillon, qui lui déclare qu'il faudrait une meilleure répartition du revenu national, de se voir répondre :

– Monsieur le Maire, vous parlez comme un sénateur!

Mais désormais, l'heure est au souvenir : on s'achemine vers le massif du Vercors.

C'est tout d'abord au cimetière national de Vassieux-en-Vercors que le chef de l'État, dans son uniforme de général, vient se recueillir. Devant les tombes : des hommes et des femmes en deuil. Ici, Mme Martin. Le Général s'approche :

– Vous avez perdu beaucoup de monde dans votre famille?

– Tous.

– Vous avez retrouvé leurs corps?

– Oui.

– Ils sont là?

– Oui.

– C'est une consolation de les avoir dans un cimetière national.

– Bien petite, mon Général.

Là, c'est Mme Blanc. Dix tombes portent son nom.

Le chef de l'État s'adresse enfin à Eugène Chavant, président national de l'Amicale des pionniers du Vercors :

– Ce cimetière national est très beau et très simple, lui dit-il.

– Ce qui nous réconforte, répond M. Chavant, c'est qu'ils ne sont pas morts pour rien. Je n'en veux pour preuve que le télégramme du général Kœnig, commandant en chef des FFI en 1944, nous félicitant d'avoir à quatre mille maquisards immobilisé dans les heures cruciales du débarquement trois divisions allemandes pendant quarante jours.

A La Chapelle-en-Vercors, un peu plus loin, il s'arrête devant le mur, conservé intact comme une pieuse relique, contre lequel seize otages furent fusillés. Les impacts de balles sont encore visibles sur les moellons. Il prononce quelques mots et conclut la voix grave : « Que vive à tout jamais dans le souvenir des Français le Vercors ! »

Le cortège reprend ensuite la route qui serpente dans les gorges profondes de l'Isère. Dans tous les villages qui se succèdent : Sainte-Eulalie, Saint-Laurent, Saint-Jean, Saint-Nazaire, l'accueil est enthousiaste, affectueux. A Romans, au débouché dans la plaine, la foule est encore plus nombreuse. Le maire, M. Didier, doté d'une voix de tragédien, salue de Gaulle avec flamme, évoque l'amnistie, demandant même l'indulgence pour Pétain :

– Unissez tous les Français dans un vaste élan de réconciliation nationale jusqu'au vieillard qui a été le bouclier de la France lorsque vous en étiez, vous, le glaive fulgurant.

Après un bref arrêt à Bourg-de-Péage, c'est l'arrivée à Valence. La foule est compressée devant l'Hôtel de Ville, et manifeste bruyamment sa sympathie. Les CRS s'arc-boutent contre les barrières qui menacent de s'effondrer tandis que le Général insiste plus particulièrement sur la volonté de paix de la France.

Puis il entre à l'Hôtel de Ville où, devant les maires du département, il évoque comme à son habitude les problèmes locaux, abordant de manière plus élaborée, plus qu'auparavant, la situation internationale. Pour conclure, il évoque la continuité dans la conduite des affaires publiques, affirmant :

– Nous sommes un pays très calme, nous continuons notre chemin et c'est indispensable, car il nous faut au moins un quart de siècle ou peut-être un demi-siècle de tranquillité pour renaître et régler tous nos problèmes. Et pour cela il faut que nous soyons politiquement raisonnables et que nous ne nous disputions pas.

La foule est restée sur la place depuis que le chef de l'État a pénétré à l'intérieur de la mairie. Elle manifeste toujours bruyamment sa confiance au premier des Français en le réclamant au balcon.

La nuit est tombée. De Gaulle va-t-il consentir à reparaître devant la foule? Le fait est assez rare. Et pourtant! Le voici, souriant et répondant d'un geste large des deux bras.

Il oublie ainsi, peu à peu, la déconvenue du Vaucluse. Pourtant, n'a-t-il pas dit quelques heures auparavant à Romans, à la fin de son discours, alors que les gens l'acclamaient :

– La responsabilité nationale est dure à porter. Elle l'est parfois même moralement, vous voyez ce que je veux dire...

Le vendredi 27 septembre, la matinée commence par un long voyage en autorail. Le président de la République traverse le Rhône sans s'y arrêter; il y reviendra le lendemain. Un autre département l'accueille : l'Ain.

A dix heures, il arrive à Ambérieu où, d'entrée, on note une population nombreuse venue l'accueillir. Le maire lui adresse des paroles de bienvenue en des termes choisis et par quelques subtils contours de langage s'applique à lui présenter quelques revendications :

– Nous serions comblés, dit le premier magistrat de la ville, s'il nous était permis d'obtenir pour notre équipement les crédits indispensables que la modicité de nos ressources ne nous permet pas de trouver nous-mêmes.

Le chef de l'État répond par quelques paroles à caractère général, se permettant néanmoins de placer les choses à leur juste niveau :

– Votre ville se développe. Notre pays en fait autant. Il y a un immense effort dans tous les domaines. La France est tournée vers l'avenir. Certes, il va de soi que l'on souhaite toujours plus que ce que l'on a, mais on ne peut avoir que ce que l'on peut avoir. Pour réaliser la progression, un effort d'ensemble immense est indispensable. Nous ne pourrions pas, sous peine de tout compromettre, revenir au temps des querelles et des divisions.

« Depuis quelques années nous avons changé tout cela. Conservons et utilisons tout cela. Conservons et utilisons cette stabilité politique pour progresser.

Les revendications des maires sont permanentes, mais certains les présentent avec une note plutôt enjouée, tel celui de Lagnieu qui, après avoir réclamé la création d'écoles, de complexes sportifs, etc., conclut :

– Ne voyez là, monsieur le Président, qu'un reste de l'esprit frondeur que nous a légué Henri IV lorsqu'il a rattaché notre pays à la France...

Une immense ovation l'accueille ensuite à Belley dont l'industrie principale demeure le travail du cuir. Aussi n'est-on pas étonné que le chef de l'État se voie offrir un nécessaire de bureau en cette matière et Mme de Gaulle un coffret à bijoux, également en cuir.

Les problèmes locaux trouvent leur place dans le dialogue avec les notabilités régionales. En public, il préfère mettre l'accent sur la politique internationale et en particulier sur l'indépendance de la France :

– La progression de la France est devenue nécessaire non seulement pour elle-même, mais pour les peuples du monde. Des peuples colossaux ont poussé : il y a l'URSS, énorme, avec ses satellites, et, par-dessus, un régime qui tient tous les peuples sous son joug.

« Dans l'autre camp, du côté des hommes libres, il y a un autre colosse, les États-Unis d'Amérique, qui sont nos amis et nos alliés. Mais la France se doit à elle-même. Elle ne doit se livrer ni à l'un ni à l'autre des deux colosses.

« En ce qui concerne celui de l'Est, la question est tranchée, et pour toujours. Quant au colosse de l'Ouest qui est, je le répète, notre ami et notre allié, il ne faut pas qu'il nous dirige ou même qu'il nous protège. Cela nous amène à une attitude d'indépendance, certains disent d'isolement. En réalité, jamais nous n'avons été autant sollicités. Mais nous ne sommes à la remorque de personne.

Tantôt, c'est la politique intérieure de la France qui reprend ses droits comme à Bellegarde où son autorail s'arrête quelques instants.

– Bien sûr, reconnaît-il, il y a des divergences, des surenchères, des critiques, et il en faut. Mais depuis cinq ans, ces divergences, ces surenchères, ces critiques ne nous ont pas empêché d'avancer. Elles ne doivent pas nous en empêcher.

A Oyonnax, présentée comme la capitale industrielle du département de l'Ain où le travail du plastique est particulièrement prospère, le chef de l'État insiste sur plusieurs points importants concernant l'évolution du pays : transformations dans le domaine de l'industrie « qui peut désormais rivaliser avec toutes les industries du monde », dans celui de l'agriculture « où les choses changent moins vite, il est vrai, mais cela se comprend » et aussi transformations en ce qui concerne l'éducation des enfants : « Toutes les catégories d'enfants de France doivent pouvoir accéder à tous les degrés d'enseignement. Cela crée des problèmes dans le secondaire et déjà même dans le supérieur. »

Et il clôture son discours par ces phrases pleines d'espérance :

« Poursuivons la route; c'est le bon sens; c'est la sagesse. Celui qui vous parle a été installé dans ses fonctions pour le faire. Il le fait avec vous toutes et vous tous; et dans la mesure où il le peut, où ses forces le lui permettent, il continuera à le faire.

Après Nantua où retentissent les accents solennels de la *Marche consulaire de Marengo*, l'heure est une nouvelle fois au recueillement devant un monument érigé à la mémoire des combattants du Val d'Enfer, au fond des gorges du Cerdon. Quatre-vingt-sept tombes de résistants, la plupart inconnus, sont alignées à côté d'un monument représentant une femme jaillissant du rocher, symbole de la France brisant ses chaînes. Sur ce piton rocheux qui verrouille la vallée on peut lire ce vers d'Aragon : « Où je meurs, renaît la patrie. »

A Poncin, le maire lui rappelle un événement familial important. C'est là, en effet, qu'en 1948, il a marié, en sa présence, son fils Philippe de Gaulle avec Mlle de Montalembert. Se considérant un peu comme l'un des siens, il donne alors l'accolade au chef de l'État en ajoutant ces mots :

– Vous êtes apparu dans les moments les plus difficiles comme la seule colonne solide de la France croulante.

Le terme de la journée est atteint à Bourg-en-Bresse où, au cours de son discours, il repère un groupe de lycéennes qui chahutent. Lorsqu'il prend son bain de foule, il parvient à s'approcher d'elles pour leur demander si elles l'ont bien entendu au cours de l'allocution. Une réponse affirmative de la part des jeunes filles l'incite alors à leur demander :

– C'est donc que la sonorisation marchait bien. Et pourtant, vous rigoliez !

Les jeunes filles demeurent rouges de confusion.

Manifestement, de Gaulle évoquant l'indépendance de la France n'intéresse guère les lycéennes, et pourtant, c'est avec force qu'il s'exprime :

– La France croit, affirme-t-il, après maintes expériences, que c'est elle qui est le meilleur juge de ses affaires. La France tient à son indépendance. Elle en a l'habitude depuis des siècles. Il faut qu'elle soit forte (...).

La visite du département de l'Ain se poursuit le lendemain et partout le Général reçoit en souvenir des objets émanant des industries locales. A Montrevel-en-Bresse, une paire de sabots lui est offerte. En revanche, celui que l'on présente comme le « Pape de la volaille », Cyrille Poncet, n'ose pas lui offrir de poulet. Depuis quarante ans, il remporte chaque année de nombreux grands prix nationaux.

– Je maintiens, dit-il fièrement au Général, le drapeau de la volaille, envers et contre tous.

Le traditionnel couple de mariés du samedi attend à Pont-de-Veyle le passage présidentiel. Les jeunes gens, Marc Félix et Simone Salé, n'ont pas encore donné leur consentement au maire. Ce dernier a en effet eu si peur d'arriver en retard pour saluer le président de la République, qu'il a fait attendre les futurs époux.

– Permettez-moi de vous embrasser, mademoiselle, dit le Général. Je vous appelle encore mademoiselle et serai le dernier à vous avoir ainsi nommée.

Dans la région des Dombes, voici Châtillon-sur-Chalaronne, jolie cité dont le privilège est de posséder la plus vieille apothicairie de France. La localité s'enorgueillit également d'avoir eu comme curé saint Vincent de Paul qui y a créé les Petites Dames de la Charité. Le Général salue la mémoire de ce saint « qui a fondé cette immense carrière sociale à partir de laquelle tant de belles choses ont été faites ».

L'extrémité du département est atteinte à Trévoux qui, au XVIIe siècle, n'était autre que la capitale de la province des Dombes et, réalité quotidienne, le chef de l'État retient ici les fabriques de filières à diamant. Une filière sertie d'or lui est offerte.

C'est également à Trévoux qu'il rencontre un deuxième couple de jeunes mariés.

La mère de la jeune épousée serre longuement la main du Général et lui confie :

– J'ai très bien connu Jean Moulin. Je l'ai hébergé chez moi quelque temps avant sa mort. Je lui ai même servi de secrétaire. J'ai été très bouleversée par ce qui lui est arrivé et j'en garde encore un souvenir profondément ému [1].

Pendant ce temps, M. Maurice Herzog, sous-secrétaire d'État à la Jeunesse et aux Sports, se trouve très vite entouré par des jeunes qui lui réclament une piscine. M. Herzog leur répond qu'ils peuvent bénéficier de l'eau de la Saône toute proche.

– On ne peut pas s'y baigner, répond en chœur la jeunesse. Nous, ce qu'on veut, c'est une belle piscine comme dans les grandes villes.

Avant l'arrivée à Lyon, on retient encore les propos du chef de l'État à Villefranche :

– Votre région, proclame-t-il, est appelée à un immense avenir économique. Vous êtes sur le grand axe qui reliera un peu plus tôt ou un peu plus tard, et le plus tôt sera le mieux, la mer Méditerranée à la mer du Nord, par le Rhône, la Saône et le Rhin.

Enfin à Tarare, dans un bref discours il proclame :

– Il est indispensable de nous en tenir à la stabilité politique.

1. Jean Moulin, cherchant un lieu sûr dans la région lyonnaise, fut dirigé vers le foyer de M. et Mme Vernay, rue Montsec à Trévoux. Leur fille Hélène lui servit alors de secrétaire en juin 1943.

Profitons de la paix dont nous bénéficions pour la première fois depuis un quart de siècle. Nous pensons mettre ainsi la France à sa place et donner sa place à chaque Français.

A Lyon, enfin, on attend son discours avec beaucoup d'intérêt. En vérité, il reprendra les thèmes essentiels de l'unité et de l'indépendance nationales. Tout pour de Gaulle est subordonné à ces idées. La France doit être politiquement unie parce que c'est la condition de l'indépendance. Elle doit se discipliner économiquement et financièrement parce que c'est une autre condition et elle doit poursuivre ses essais nucléaires parce que, sans cela, il n'y a pas de défense indépendante.

Une bonne partie du discours semble aussi destinée aux alliés américains. Ils restent des amis, mais de Gaulle les en prévient, rien de plus. La France ne saurait être à leur remorque, leur remettre ses « chances de vie puis ses chances de mort ». Cette France indépendante, telle que la voit de Gaulle, a un immense rôle intercontinental à jouer, elle peut servir d'exemple aux peuples qui cherchent encore à s'affranchir, en Europe de l'Est, en Amérique du Sud, en Afrique et à ceux qui, en Asie, par exemple, cherchent à se réunifier.

L'accueil des Lyonnais déborde d'enthousiasme. Il a pénétré dans la capitale des Gaules en voiture découverte remontant très lentement les principales artères de la ville et, à mesure qu'il s'approche du centre, les ovations se font plus nourries.

Place des Terreaux, à l'occasion du discours, l'enthousiasme est à son paroxysme.

Une inconnue devait en effet subsister jusqu'à son arrivée dans la grande cité du Rhône, en fin d'après-midi : quel accueil serait réservé au chef de l'État?

Il existe à Lyon deux oppositions : une opposition de gauche qui a lancé, comme dans le Vaucluse, de nombreuses consignes d'abstention (trente-quatre organisations politiques, syndicales et universitaires réunies à cet effet).

Il y a aussi une opposition de droite formée d'amis de M. Soustelle, qui fut député du Rhône, et d'un certain nombre de rapatriés (on en compte vingt-cinq mille dans le département).

Les « manifestations hostiles » que l'on a craintes ne se résument en fin de compte qu'à un certain nombre de banderoles portant des slogans plus ou moins agressifs.

Dix-sept arrestations sont opérées. Les manifestants, pour la plupart des jeunes, doivent être gardés au commissariat central toute la nuit pour interrogatoire et vérification d'identité mais ils ne risquent qu'une simple contravention.

Lorsque le général de Gaulle, son discours terminé, rentre à l'intérieur de l'Hôtel de Ville, la foule n'entend pas se disperser et scande : « Au balcon, au balcon! » Comme il l'a fait à Valence, le Général accepte de se montrer au premier étage et salue longuement la foule de ses bras levés, un large sourire aux lèvres.

Lorsqu'il quitte la mairie pour se rendre à la préfecture, la nuit est déjà tombée, mais la foule reste toujours compacte. Elle lui fait un accueil chaleureux le long des quais du Rhône. Cette fois encore, de Gaulle préfère se montrer debout dans sa voiture.

Il arrive ainsi très en retard au dîner qu'il offre à la préfecture du Rhône. Il a faim car il aime manger à des heures régulières. La lecture du menu – imprimé sur soie de Lyon – aiguise encore son appétit. Il est ainsi composé :

Consommé Brillat-Savarin
Turbotin
Filet de Charolais rôti
Foie gras
Fromage
Sorbet
Friandises.

Comme on lui apporte le turbotin, il dit :

– Eh bien! et le consommé Brillat-Savarin?

– C'est que, lui dit un officiel présent, étant donné le retard, nous avons cru devoir le supprimer ainsi que le foie gras.

– Comment! Mais je veux qu'on me donne du consommé, et aussi du foie gras!

Ce qui est fait.

L'officiel bien intentionné est probablement le seul Français qui ignore que de Gaulle est gourmand et qu'il sait aussi très bien apprécier la qualité des vins.

Le lendemain, il visite la ville. L'assistance est parfois très clairsemée, mais cela n'altère pas sa bonne humeur. Les vingt mille personnes massées place des Terreaux lui sont encore présentes à l'esprit.

Ainsi, le vingtième voyage du général de Gaulle aura pour l'ensemble des observateurs politiques montré que la popularité du chef de l'État connaît actuellement une certaine baisse. Sans tenir compte du département du Vaucluse – où l'accueil très froid ne constituait pas à proprement parler une surprise – le président de la République n'aura rencontré qu'à d'assez rares moments dans son voyage, et notamment dans la Drôme, les foules nombreuses et enthousiastes des précédentes randonnées. Il y a eu d'une façon générale moins de monde et de chaleur, constatent la majorité des journalistes qui ont suivi tous les voyages présidentiels.

XXIV

L'ÉVENTUELLE CANDIDATURE

Le 27 janvier 1964, la France reconnaît la Chine populaire; le général de Gaulle se rend à l'étranger – Mexique et Antilles – du 17 au 23 mars.

Le mois suivant – le 17 avril – il entre à l'hôpital Cochin pour y subir l'opération de la prostate.

En juin – les 11, 12, 13 et 14 – il retrouve le contact direct avec les habitants des provinces en visitant la Picardie. Les départements de l'Aisne, de la Somme et de l'Oise sont ainsi traversés.

Pour le général de Gaulle ces lieux sont particulièrement évocateurs : en mai 1940, il y avançait à la tête de sa division de chars.

Un premier contretemps se déroule à Crépy-en-Valois. Le train, parti de la gare du Nord à 10 h 50, roule déjà depuis un bon moment lorsqu'un message, reçu à la Préfecture de police et retransmis à la Sûreté nationale, révèle qu'un colis suspect se trouverait dans un wagon. Les autorités font stopper la machine mais ce n'était qu'une alerte. La fouille, rapide, ne permet pas de déceler un quelconque explosif et le convoi reprend sa route, le retard sur l'horaire prévu atteignant à peine quatre minutes en gare de Soissons, première étape de la journée.

Accueilli, notamment, par le sénateur-maire, M. Louis Roy, il prononce son discours devant l'Hôtel de Ville. Il y fait tout d'abord une petite allusion à sa récente intervention chirurgicale qui a provoqué un report du voyage.

– Excusez-moi, dit-il, de ne pas avoir été présent au rendez-vous que j'avais avec vous à la date fixée. Certains ont cru pouvoir dire à ce moment que c'était parce que j'avais peur de vous! (explosion de rires dans la foule.)

« On s'est aperçu par la suite que ce n'était pas tout à fait cela.

De Gaulle annonce maintenant qu'il va parler de la France et commence par une allusion au parti communiste.

– Il m'est arrivé de parler déjà aux Français, à des époques lourdes de menaces ou même de catastrophes. C'est arrivé pendant la guerre. C'est arrivé après la Libération lorsqu'il fallut écarter du sommet de la République ceux qui menaçaient la France pour la dévoyer ou l'asservir.

Une allusion ensuite à l'OAS :

« Ce fut le cas plus tard lorsqu'il fallut sauver l'unité nationale en péril et lorsqu'il fallut trancher une question cruelle qui nous tenait tous à cœur : je veux parler de l'Algérie.

« Aujourd'hui, poursuit de Gaulle, je ne vous parle pas dans une atmosphère de catastrophe ou de menace. Au-dedans du pays, il n'est pas de danger, qu'il soit politique, financier ou social. Au-dehors, c'est la paix que nous connaissons pour la première fois depuis longtemps. Nous avons l'indépendance et nous aidons à la paix des autres.

« Peut-on dire pour autant que nous n'ayons plus rien à faire? Il nous faut, au contraire, poursuivre dans la même voie, élever notre niveau de vie, associer les forces économiques et sociales aux décisions prises dans ce domaine jusqu'au sommet de l'État, répartir de façon meilleure le revenu national, construire de plus en plus de logements, aménager notre éducation nationale dans des conditions adéquates à l'époque moderne.

Voilà vingt-quatre ans, en mai 1940, le général de Gaulle perçait les premières lignes de l'armée allemande au cours de la campagne de France. Il commandait alors la 4e division cuirassée qui, durant quelques jours, réussit à remporter sur les « Panzer » de Guderian de brillantes mais éphémères victoires. C'était à Montcornet et la localité constitue aujourd'hui l'une des grandes haltes du chef de l'État qui confie toute son émotion de s'y trouver.

– Ici, une espérance avait jailli au moment le plus lugubre de notre destin. De là, cette idée a germé, elle a grandi, pour finir par la libération de la France. C'est en toute confiance que je dis aujourd'hui, comme je l'aurais dit il y a vingt-quatre ans, alors que j'étais à la tête d'une grande unité qui était là par hasard et qui a ramassé les lauriers alors qu'il n'y en avait guère, c'est en toute confiance, donc, que je dis : Vive Montcornet, Vive la République, Vive la France!

Auparavant, il a été chaleureusement applaudi à Vervins où les habitants se sont inquiétés de sa santé. On entend, en effet, de part et d'autre : « Bonne santé mon Général... Longue vie, monsieur le Président... »

Le cortège repart sur ces mêmes routes où, raconte-t-il dans ses *Mémoires*, affluaient en 1940 de lamentables convois de réfugiés et sur lesquelles se forgea sa résolution.

C'est ensuite l'accueil émouvant de Pontséricourt et Tavaux, l'une des six villes françaises titulaires de la Médaille de la Résistance, rasée par les Allemands le 31 août 1944 et où les trois quarts de la population furent décimés.

Outre les propos égrenés sur le Souvenir, les observateurs attendent surtout de savoir si le chef de l'État sollicitera un second mandat en 1965. A la fin de la première journée, le mystère persiste. Certes, on peut peut-être discerner dans ses propos un certain nombre d'indices, lorsqu'il exprime avec conviction sa volonté de ne pas abandonner de sitôt les affaires publiques ou par exemple lorsqu'à Laon, il déclare qu'il est « plus que jamais résolu à servir le pays » et à faire en sorte « tant que j'en aurai le moyen qu'il en soit encore demain comme il en est aujourd'hui ».

L'ambiguïté dans le propos n'en demeure pas moins, et chaque journal, chaque magazine donne libre cours à son interprétation.

Beaucoup semblent percevoir dans son attitude de combattant, d'homme stigmatisant toutes sortes d'oppositions ou de combinaisons, le verbe d'un homme déjà « engagé » frappant certains du sceau de « nostalgiques » condamnés à ne songer « qu'à des combinaisons de groupes, à des arrangements de comités, à des ballets de partisans, bref, à un kaléidoscope de ministères sans durée, sans vigueur et sans crédit ».

Cette attitude de lutteur se voit encore renforcée par la réalité d'une fraîcheur physique particulièrement étonnante après l'intervention chirurgicale qu'il vient de subir et cela malgré une apparence amaigrie et une pâleur plus prononcée qu'auparavant.

La voix reste assurée, pleine de vigueur, confortée par l'accueil des Soissonnais, des Laonnais et le lendemain des Saint-Quentinois.

A La Fère, au cours de la deuxième journée, un officiel, la galéjade aux lèvres, lance aux envoyés spéciaux de la presse :

– Ici, on travaille à la demi-portion.

Une telle réflexion amène une explication donnée aussitôt par les enfants des écoles gantés de blanc. Tout réside dans le détail : une moitié des écoliers agite les petits drapeaux de la main droite, l'autre moitié de la main gauche; commentaire d'un conseiller municipal :

– On n'a pu faire autrement. Il n'y avait pas assez de gants pour tout le monde.

A Saint-Quentin, les questions de politique intérieure restent essentiellement abordées par le chef de l'État. Il convient de retenir, entre autres, cette conclusion :

– Notre grand effort de renouveau ne pourrait être réussi sans la paix intérieure, la fraternité française, la stabilité nationale. La République que nous avons rétablie a été refaite pour cela. Je suis là pour en répondre et j'en réponds.

« L'État et la République doivent être la représentation commune des Français et de l'intérêt général, l'intérêt de la France, par-delà tous les intérêts particuliers et les querelles particulières.

« Depuis un quart de siècle, je n'ai jamais cessé de le dire, je sais qu'ici autant qu'ailleurs, on veut bien me donner raison. Nous continuerons donc dans cette voie. Et, lorsque j'aurai disparu, je suis sûr que le peuple français voudra que cette voie soit encore suivie.

Marseillaise, acclamations, innombrables mains serrées dans la foule qui le presse. De Gaulle prend ensuite l'autorail spécial qui le conduira à Abbeville, après un arrêt à Ham, où il quitte l'Aisne pour la Somme. Là encore, la foule lui fait une ovation quand il prononce une brève allocution, sur le même thème de l'intérêt national.

Le thermomètre marque trente-deux degrés à l'ombre, température difficilement supportable pour les enfants de l'école. Vingt-huit sont victimes d'insolation. Allongés sur le sol, dans un endroit ombragé, ils n'ont pas voulu abandonner leurs drapeaux tricolores qu'ils tentent d'agiter lorsque passe le chef de l'État. Scène attendrissante.

Ce dernier ne semble nullement affecté par les rayons du soleil. Dans la foule, les femmes ont revêtu des robes légères. Les hommes arborent des shorts... De Gaulle, complet noir, nu-tête, se mêle à la foule, serre une multitude de mains.

Le train permet donc la transition entre Ham et Abbeville. Le chef de l'État choisit d'y déjeuner en tête à tête avec Mme de Gaulle.

M. Max Lejeune, député-maire de la ville, mais aussi membre de l'opposition, l'accueille pourtant à la gare. Il est vrai qu'il fut membre de son gouvernement de juin 1958 à janvier 1959.

Pour le général de Gaulle commence un nouveau pèlerinage. En effet, dans la nuit du 26 mai 1940, alors qu'il venait d'être nommé général de brigade à titre temporaire, il avait reçu l'ordre de réduire la tête de pont que les Allemands venaient d'installer au sud de la cité. Devant un parterre enthousiaste, il rappelle ce souvenir dans son discours en disant :

– Il y a déjà vingt-quatre ans, tout près d'ici, nous avons voulu et tenté de retourner le sort contraire qui frappait la patrie. Par la suite, cela fut fait.

Au pied du podium, on aperçoit une petite femme aux cheveux châtains courts, frisés, portant lunettes, vêtue d'un tailleur bleu, les mains gantées de blanc; c'est Fernande Fournier, aujourd'hui âgée de vingt-six ans, que le général de Gaulle a sauvée au cours de la campagne de France alors qu'elle n'avait que vingt mois. Au cours de la poussée allemande, elle avait été très grièvement blessée par des éclats d'obus.

– Bonjour mademoiselle, vous êtes toujours mademoiselle?

La jeune femme est si émue que les paroles lui restent dans la gorge. Elle n'a pas le temps de présenter au Président son mari; le général de Gaulle, déjà, a repris la parole :

– On me dit que je vous ai rendu service autrefois. J'avoue que je ne m'en souviens plus, mais je vous remercie de vous en souvenir.

La jeune femme parvient à bredouiller :

– C'est moi qui vous remercie, mon Général.

Et elle lui tend un bouquet de roses rouges.

Le fait mérite qu'on s'y attarde un instant.

C'était le 30 mai. La lutte ne connaissait aucune trêve. La brigade blindée du général de Gaulle venait de résorber la tête de pont allemande au sud d'Abbeville. Furieux, l'ennemi déclencha un tir de barrage violent sur le village de Moyenneville qui fut à moitié détruit.

– Je ne me rappelle pas ce qui s'est passé, raconte Mme Fournier. Mais je sais qu'à l'instant où le clocher bombardé s'effondrait, un obus éclata dans la cour de la ferme de mes parents. Nous fûmes atteints par des éclats, ma mère au ventre, moi à l'épaule.

« Pas d'hommes à la maison. Mon père était au front. Ma mère se tordait de douleur. Je perdais mon sang en abondance.

L'enfant et sa maman risquaient de mourir. Des voisins s'affolaient. Soudain, par chance, une voiture militaire s'arrête en plein bombardement. Un officier en descend.

– Général de Gaulle, commandant la 4e division cuirassée, se présente-t-il. Je vois que vous et votre fille êtes grièvement blessées. Je vais vous transporter à mon infirmerie.

En hâte, le chauffeur du Général emmène la mère et l'enfant à l'antenne chirurgicale de la division où l'hémorragie fatale peut être enrayée, puis à l'hôpital de Beauvais.

Mme Fournier poursuit :

– J'échappai ainsi à la mort, m'expliqua maman qui devait hélas, décéder cinq ans plus tard. J'avais l'épaule labourée. On a dû m'enlever le muscle deltoïde.

La jeune femme ne pourra jamais plus lever le bras gauche à la verticale.

« Je reste handicapée pour toujours, mais l'essentiel c'est d'avoir la vie sauve et c'est au général de Gaulle que je le dois.

Un autre souvenir l'attend quelques kilomètres plus loin à Huppy, petit village situé au sud d'Abbeville où il avait, en mai 1940, établi son PC dans un château Louis XIII appartenant à M. Buire, maire du village. Une plaque de marbre rappelle l'événement en ces termes : « Le 29 mai 1940, le général de Gaulle, commandant la 4e division cuirassée établit son PC en ce lieu au cours d'un combat où fut brisée la défense allemande. »

De Gaulle est visiblement très ému de se retrouver là. Seul, il pénètre à l'intérieur du château puis, lorsqu'il reparaît sur le perron, il évoque les moments tragiques de la débâcle française pour terminer par ces quelques mots :

– Que cela nous serve de leçon. Dans quelque drame que l'on soit, on peut toujours préparer l'avenir.

On lui présente quelques compagnons d'armes. A l'un d'eux qui a écrit une plaquette sur la région, il reproche en souriant :

– Vous parlez peu de la 4e division. Vous attribuez cela à ce pauvre Weygand. Entre nous, il n'y était pas pour grand-chose.

Amiens apparaît, dominée par les hautes silhouettes de sa belle cathédrale et de sa moderne tour Perret.

Une foule assez clairsemée borde les trottoirs des longues avenues qui conduisent à l'Hôtel de Ville. Des consignes d'abstention ont en effet été lancées par les syndicats et par de nombreuses organisations politiques.

Dans un salon de l'Hôtel de Ville, l'entretien porte sur les problèmes locaux et l'agriculture certes, mais le chef de l'État voit plus loin :

– On a une chance, c'est le Marché commun, dit-il. Certes, ça ne va pas vite. Nous avons affaire à des partenaires qui ne s'y prêtent pas beaucoup, et il faut souvent les y mener de gré ou de force. Nous allons augmenter nos exportations. Nous allons vendre un peu de blé à l'Allemagne. Il faut aussi exploiter le domaine de la viande.

Il provoque quelques murmures dans l'assistance lorsqu'il affirme que l'agriculture française n'est pas en mauvaise voie.

Puis il accède au podium. Cette fois, la place de l'Hôtel-de-Ville a fait le plein : huit à dix mille personnes. Il prononce son discours avec une grande maîtrise, d'une voix forte et balancée, reprenant ses thèmes habituels.

Au début de sa troisième journée en Picardie, il rend hommage à l'un de ses plus glorieux frères d'armes. A Amiens, il s'incline en effet devant le monument érigé à la mémoire du maréchal Leclerc.

Le temps est orageux. Les fatigues de la terrible journée de la veille ont laissé quelques traces sur le visage du président de la République qui n'a d'ailleurs pas passé une nuit très paisible à la préfecture d'Amiens. Et l'on se rend compte que le temps lourd qui continue à régner va rendre cette journée tout aussi harassante.

Le cortège s'ébranle vers Beauvais.

A Bertaucourt-les-Thennes, la plus petite des localités où il s'arrête, le maire ne connaît qu'un seul problème en ce monde : celui de l'eau que lui réclament à cor et à cri ses administrés.

– Eh bien! vous aurez l'eau, promet le Général. Je ne sais pas quand vous l'aurez, mais vous l'aurez.

A Moreuil, la municipalité pensant qu'il était délicat d'offrir au chef de l'État un spécimen de la fabrication locale s'est cotisée pour lui offrir un presse-papiers.

A Neuville-Sire-Bernard, un petit homme se précipite sur le Général et lui dit :

– Je vous ai vu le 3 juin 40 à la tête de vos chars. Vous étiez dans une 15 CV Renault :

– Non, c'était une Talbot, rectifie le Général.

– Et moi, je vous dis que c'était bien une Renault.

– Vous avez peut-être raison, concède enfin le Général, on ne se souvient pas de tout.

C'est à Montdidier où six conseillers municipaux seulement sur vingt-trois sont là pour l'accueillir, que le président de la République prononce son premier discours de la journée. Il développe bien sûr le thème de l'unité nationale, et souligne que pour la première fois depuis un quart de siècle « nous ne sommes plus dans le drame, nous ne sommes plus dans le danger immédiat, ni à l'intérieur, ni à l'extérieur. Je dis immédiat, bien entendu. Le rythme selon lequel s'accomplit la transformation de notre pays est magnifique. Le monde entier le reconnaît... »

Le Général retrouve ensuite l'autorail à Montdidier pour gagner Creil dans le département de l'Oise. De la place de la Gare, il s'adresse à la population pour traiter, entre autres, des problèmes locaux :

– Vous avez des soucis, certes, que je n'ignore pas, reconnaît-il. Au fur et à mesure vous serez comblés dans ce que vous désirez. Je peux vous dire, par exemple, simplement parce que le hasard fait que la nouvelle se trouve confirmée aujourd'hui : vos préoccupations d'implantation scolaire pour nos lycées vont être résolues.

De Gaulle, goguenard, poursuit :

« Un jour viendra où il y aura des ponts sur l'Oise!

(Grand « ah! » de satisfaction dans la foule.)

Puis il passe à des problèmes plus généraux. A propos de l'affaire d'Algérie, il souligne qu'elle était cruelle et qu'il fallait quand même la résoudre, ajoutant :

« Un million de nos compatriotes qui étaient en Algérie ont pu être réintégrés en un an dans la vie nationale, sans heurts. C'est la preuve de la générosité des Français, mais aussi du patriotisme et de l'esprit de travail de ceux qui revenaient d'Algérie.

Et le voyage continue.

A Warluis, peu avant l'arrivée à Beauvais, la pluie est arrivée, inondant les bas-côtés de la route où d'épaisses nappes d'eau se sont formées en quelques instants.

L'un des fidèles gorilles, Roger Tessier, se précipite et veut couvrir le Général d'un vêtement imperméable. De Gaulle se retourne, écarte son garde du corps d'un geste brusque et lui lance :

– Fichez-moi la paix une fois pour toutes avec cela!

Le maire de la localité prend alors la parole. Il parle beaucoup et, ce qui n'arrange pas les choses, son débit est très lent. Le président de la République ne s'impatiente pas. Tout le monde se demande quand il en aura terminé, et finalement c'est M. Alain Peyrefitte, ministre de l'Information, qui l'interrompt en applaudissant à tout rompre au milieu d'une phrase.

Le chef de l'État s'apprête ensuite à dire quelques mots. Une dame sort des rangs, s'approche de lui et vient tenter de l'abriter à l'aide de son ombrelle. La scène est cocasse. La femme trop petite ne peut lever l'objet dont les baleines heurtent le front du Général. Il faut l'intervention d'un garde du corps pour venir en aide à la brave dame.

– La pluie qui tombe, dit le chef de l'État, m'offre une preuve de plus – puisque vous êtes restés là – de votre attachement.

Intraitable, il l'est jusqu'au bout. A Beauvais, il ne désire toujours pas changer de vêtement par crainte de faire attendre les gens.

Après le dîner à la préfecture, il s'entretient avec les parlementaires du département. L'un d'eux, M. Robert Hersant, exprime des doutes sur la possibilité pour le régime de se maintenir après la disparition de son chef si un système présidentiel n'est pas établi. Le Général lui répond que la Constitution de 1958, depuis sa modification en 1962, est la meilleure possible, ajoutant :

– Même après moi, le peuple ne voudra jamais revenir au système au sein duquel le parlement nomme le gouvernement. Le peuple choisira au suffrage universel et il se trouvera toujours un homme de caractère pour être élu par le peuple et pour ne pas retourner au régime passé. Les nouvelles institutions sont la garantie de cet avenir.

Après avoir assisté à la messe en la cathédrale de Beauvais, il regagne sa voiture. La pluie n'a pas cessé, fine, pénétrante. Parmi les arrêts les plus importants on note Clermont-sur-Oise, mais surtout Compiègne où le maire, M. Legendre, lui offre une reproduction de la charte des libertés communales de la ville, au Moyen Age.

Compiègne a aussi payé son tribut à la dernière guerre, étant le témoin de déportations massives vers les bagnes nazis. Ils furent ainsi quarante-huit mille patriotes rassemblés là, et conduits vers les camps de la mort.

Le chef de l'État se recueille devant le monument édifié à leur mémoire puis, par train spécial, regagne la capitale en ce dimanche 14 juin.

En sait-on un peu plus long sur ses projets d'avenir? Seules, toujours, quelques indications permettent de pencher vers l'affirmative quant à une nouvelle candidature à la présidence de la République lorsqu'il répond, par exemple, à cet enthousiaste de Beauvais qui lui crie :

– Rempilez, mon Général!

– Oui, j'essaierai!

Il reste, en tout cas, sept départements à visiter avant d'achever le Tour de France entrepris en janvier 1959 : la Vendée, le Maine-et-Loire, la Mayenne, la Sarthe, l'Eure-et-Loir, la Seine-et-Oise et la Seine-et-Marne.

Pour l'année 1964, il s'agit là de son seul déplacement en province dans le cadre de son tour des provinces.

Il va effectuer, certes, quelques autres déplacements en métropole – ceux-là sont dictés par des événements précis. Ainsi peut-on le voir à Toulon pour le vingtième anniversaire du débarquement allié.

A cette occasion, la veille, un ancien membre des commandos Delta dépose une bombe dans une jarre ornant l'escalier du mémorial du mont Faron que le président de la République doit inaugurer. La mise à feu rate. Quelques jours plus tard la bombe explose.

De Gaulle se déplacera également le 6 septembre à Reims pour le cinquantenaire de la bataille de la Marne, et le 22 novembre à Strasbourg, pour le vingtième anniversaire de la Libération.

Enfin, le 15 février 1965, il se rend à Brest à l'École navale et le 16 février à l'École interarmes de Saint-Cyr-Coëtquidan.

XXV

LA DOUCEUR ANGEVINE

Un certain malaise social s'amplifie en France, et le chef de l'État peut s'en rendre compte au point de départ de l'avant-dernier déplacement de son Tour de France qui le voit visiter les départements de la Vendée, du Maine-et-Loire, de la Mayenne et de la Sarthe les 19, 20, 21 et 22 mai 1965.

L'aéroport le plus proche qui sera le point de départ du séjour est celui de Nantes-Château Bougon. Il y atterrit, pour des considérations essentiellement géographiques, le département de la Loire-Atlantique ayant déjà reçu sa visite. Cependant, les ouvriers de Sud Aviation de l'usine proche de l'aéroport ne l'entendent pas de cette oreille. Ils veulent contraindre le président de la République à écouter leurs doléances. Le préfet, M. Christian Lobut, a pourtant avisé, la veille, les syndicats ouvriers que le général de Gaulle ne pourrait leur accorder l'entrevue qu'ils ont sollicitée, le court passage à travers le département de la Loire-Atlantique ne comportant ni réception ni arrêt particulier.

Quatre cents ouvriers sont devant l'aéroport, posant sur les CRS un regard hostile, tandis qu'à cinq cents mètres de là, l'avion du président de la République atterrit.

On apprend alors que les ouvriers, qui ont débrayé depuis le matin, ont bien tenté de manifester sur l'aérodrome même. Refoulés par les CRS, un certain nombre est quand même parvenu à s'approcher à une centaine de mètres de l'aérogare sous le prétexte d'offrir un bouquet d'ajoncs au Président.

Ce dernier, à la sortie de l'aérodrome, s'engage dans un chemin de campagne pour gagner la route nationale, afin d'éviter la proximité des employés de Sud Aviation et leurs pancartes revendicatives [1]. Vêtu

1. Des incidents éclateront plus tard dans la matinée, entre CRS et ouvriers. Les pneus d'un petit camion qui stationne devant l'aéroport seront dégonflés. Un CRS sera blessé par jets de pierres...

d'un costume gris, le sourire aux lèvres, il semble heureux à l'idée de retrouver la foule.

Le voici engagé sur la route qui mène à Challans, et il franchit la borne la délimitation entre la Loire-Atlantique et la Vendée au petit village de Falleron. La foule qui se presse autour de lui l'incite à prononcer cette phrase mille fois répétée :

– Votre présence, si nombreuse autour de moi, est une preuve de notre unité nationale.

Challans lui est présentée comme la « capitale du Canard » appelé à tort « Canard... nantais ».

Dans cette petite ville, qui n'a pas reçu de personnage illustre depuis le 14 avril 1622, date à laquelle Louis XIII vint y passer la nuit, deux canards vivants lui sont offerts. Voilà qui pose un problème à la suite présidentielle. Les enfermer dans un coffre serait les condamner à l'étouffement. Ils trouvent finalement refuge dans la voiture du valet de chambre du Général. Ce dernier, qui n'a pas un regard pour ces palmipèdes innocents, s'applique à répondre aux souhaits de bienvenue du maire :

– Cette ville agricole, lui dit-il, devient industrielle. Le résultat est que l'avenir me paraît ici assuré, un avenir vendéen, car le pays a besoin de s'établir dans son équilibre de façon que chaque région puisse vivre sa vie.

Il est arrivé tout au long des tournées que les compliments s'expriment en vers. Cette fois, le cas se présente au village du Perrier. Le maire avoue sans ambages qu'il lit une composition de son secrétaire de mairie. On retient entre autres :

Votre illustre visite à notre humble village
Intimide vraiment le maire du Perrier
Vous ne pouvez savoir combien votre visage
Évoque en nous, Français, le pays tout entier.

Après avoir dit combien il était sensible au compliment, il ne restera pas moins sensible aux mareyeurs et mareyeuses de Saint-Gilles-sur-Vie, ces dernières parées de jupes plissées noires, blouses et sabots. Voilà qui rappelle un peu le costume folklorique des Sablaises, habitantes des Sables-d'Olonne où il arrive bientôt, prononçant un discours aux accents de campagne électorale : l'inventaire des réalisations et des projets dans les domaines qui préoccupent les électeurs : le développement économique de leur région.

Les Sables-d'Olonne constituent le dernier bout de côte atlantique que voit le chef de l'État. Un plat pays s'offre à lui.

A Château-d'Olonne, le maire se donne des allures de tribun :

– Nous nous sentons tricolores, proclame-t-il : bleu je suis, blancs les autres, mais nous voyons rouge, quand la patrie est en danger.

La ville de Luçon revêt un caractère particulier. Richelieu, ici, à vingt-trois ans, connut la réputation d'être l'évêque « du plus vilain évêché, le plus crotté et le plus désagréable de France ». Les séminaristes sont encore nombreux dans la localité parmi une foule dense composée de jeunes gens. La Vendée, selon les statistiques, reste le seul diocèse de France à « exporter » des religieux. L'actuel évêché est sous l'autorité de Mgr Cazaux qui, déjà, en 1945, avait manifesté son opposition au général de Gaulle alors défenseur de l'école laïque, à propos de l'aide à l'école privée. C'est aussi lui qui, en 1951, avait été délégué pour prononcer l'éloge funèbre du maréchal Pétain.

Qu'importe! Luçon, à l'image des autres villes et villages de Vendée, apporte son soutien chaleureux au chef de l'État. De partout on est venu l'acclamer. L'enthousiasme ne se dément pas à La Roche-sur-Yon où il doit passer la nuit. Les Chouans n'ont pas la réputation de déborder de chaleur. Et pourtant, tout confine au délire dans le chef-lieu de la Vendée. Il s'en faut de peu que le chef de l'État ne soit happé et emporté. Les barrières métalliques sont levées, le service d'ordre débordé. M. Pisani, en personne, doit jouer les gardes du corps.

Quand dans son discours, il exalte « l'unité française par-dessus notre diversité », il est écouté et suivi plus qu'il ne l'espérait. Bousculant le protocole, il se rend à pied de l'Hôtel de Ville à la préfecture.

Il s'est déjà entretenu avec les maires du département. Une absence remarquée, celle de la maréchale de Lattre de Tassigny [1], maire de Mouilleron-en-Pareds, cité natale du maréchal et de Clemenceau.

De Gaulle s'attendait à cette absence, la maréchale de Lattre ayant pris, au cours de ces dernières années, ses distances avec la Vᵉ République.

Cela n'empêchera nullement le chef de l'État de rendre un vibrant hommage, un peu plus tard dans la soirée, devant les conseillers généraux, au maréchal de Lattre comme à Clemenceau qui, dira-t-il, « ont combattu tous les deux pour l'intégrité de la patrie dans des temps difficiles ».

1. Elle fera cependant visiter l'hôpital de Fontenay-le-Comte à Mme de Gaulle.

Tout se déroule dans la bonhomie. Même lorsque de Gaulle demande aux maires :

– Comment faites-vous pour vos budgets?

Le brouhaha s'en mêle. On crie, çà et là, que les prêts à long terme se révèlent trop faibles et le Général coupe court à la discussion en assurant que M. Pisani, qui est près de lui, en a pris bonne note.

L'ombre de Clemenceau plane sur la seconde journée du voyage, jeudi 20 mai. A plusieurs reprises, de Gaulle évoque le souvenir du « Tigre » dans le bocage vendéen. Il l'évoque une première fois en présence du petit-fils du « Père la Victoire » – lui-même nommé Georges Clemenceau – à Féole-la-Réorthe, dont il est le maire et devant la maison où le grand homme d'État a vécu.

– C'est un grand honneur pour moi, lui dit-il, de vous accueillir devant cette maison où il y a vingt-cinq ans déjà, vous étiez venu honorer la mémoire d'un autre grand Vendéen qui, lui aussi, a relevé le gant que nous avait jeté le désespoir.

– Monsieur le Maire, monsieur Georges Clemenceau, répond le général de Gaulle, je suis impressionné de me retrouver ici, car l'homme dont vous évoquez le souvenir était un grand homme, un grand Vendéen, un grand Français. Je suis à la fois heureux et honoré car c'est un homme qui a été la France, la France malheureuse et, enfin, la France victorieuse.

Quelques kilomètres plus loin, à Sainte-Hermine, il dépose une gerbe de roses rouges en forme de croix de Lorraine au pied de la statue du Père la Victoire que celui-ci inaugura lui-même en 1922.

Puis il s'immobilise. Minute de silence émouvante entre toutes. Le maire de Sainte-Hermine rappelle alors :

– Il y a vingt-cinq ans, à Londres, une voix s'est élevée pour dire : « Lorsque la victoire sera acquise, lorsque justice sera faite, la France ira le dire à Clemenceau. »

« Vous avez tenu parole, monsieur le Président.

Le chef de l'État réplique :

– Nous avons tâché de faire dans des circonstances terribles ce que lui-même aurait fait à notre place, et qu'il avait réussi à faire, je veux dire s'employer à sauver la France.

« Aujourd'hui, la France est ce qu'il aurait voulu qu'elle fût : libre, indépendante, maîtresse de sa destinée et prête à se saisir de l'avenir qui s'offre devant elle.

Le chef de l'État qui, à chaque halte doit signer le livre d'or de la commune, s'interroge à Chantonnay sur la présence de deux livres : la commune de Saint-Mars-des-Prés vient tout simplement de fusionner avec Chantonnay.

– Ah, bon! Vous avez fusionné, dit le Général à la secrétaire de la mairie défunte, mais vous avez gardé votre livre d'or.

– C'est le point final, mon Général, répond la dame, et elle montre au président de la République les premières pages de son livre qu'elle refermera aujourd'hui pour toujours : elles marquent dans la commune le passage de Louis XI en 1472.

Cinq siècles d'histoire dormiront, désormais, dans ce volume.

Fontenay-le-Comte n'est pas en reste dans le domaine de l'accueil. La foule nombreuse, les acclamations chaleureuses témoignent d'un soutien quasi inconditionnel au chef de l'État.

La Vendée n'aura laissé échapper aucune fausse note.

Le train conduit maintenant le général de Gaulle dans le département du Maine-et-Loire. Le temps se maintient au beau fixe. Il est vrai que la « douceur angevine » n'est pas un vain mot au pays des Mauges où il est accueilli, à Cholet, par M. Ligat, ancien chef de cabinet de M. Roger Frey, tandis qu'à Chemillé, le maire, le Dr Chalopin, n'est autre que le suppléant de M. Jean Foyer, Garde des Sceaux. Dans cette dernière ville, il retrouve sa nièce Geneviève, ancienne déportée à Ravensbrück, et qui, depuis son mariage, possède une propriété dans cette bourgade de l'Anjou. Au sein de ce tableau familial, le chef de l'État salue sa nièce et, tapotant la joue de l'une de ses petites-nièces, laisse tomber :

– Salut Loulou!

A Chalonnes-sur-Loire, ceux qui sont friands d'anecdotes retiennent celle-ci, reproduite dans tous les organes de presse :

Le maire du lieu, fier de sa petite ville, se livre dans son discours à un inventaire des richesses de sa commune : blé, viande, vin, et même fabrique de robes (au total trois cent mille par an).

De Gaulle, gagné par la douce euphorie angevine, à son tour, teinte sa réponse d'un certain humour :

– Si nous avons de la viande, du blé, du vin et si les Françaises portent des robes, on le doit, je le vois bien, à Chalonnes.

Plus sérieusement, il reprend au cours de cette deuxième journée le thème du jour initial :

– La France marche vers la prospérité. La fraternité doit devenir une règle de vie... La France veut contribuer à établir une paix féconde pour tous les peuples.

Dans la banlieue d'Angers, le cortège présidentiel traverse la Loire, aux Ponts-de-Cé. Le cortège marque une pause devant la statue du chef gaulois Domnacus qui arrêta, ici, les légions de César et dont la légende prétend que la défaite fut si rapide que nul n'eut le temps de graver sur la pierre les trois dernières lettres de son nom.

A Angers où l'accueille M. Jean Turc, premier magistrat de cette bonne ville, le chef de l'État marque son discours d'une touche toute particulière :

– Quel est notre destin? Je vais vous le dire, comme quelqu'un qui a traversé beaucoup d'épreuves, comme un homme qui est à la place où il est parce que vous l'avez voulu... et peut-être l'Histoire aussi.

« (...) Vous êtes animés du désir de rénovation nationale; vous êtes impatients d'avoir plus de logements, d'écoles, de stades. Eh bien, moi aussi!

Le bilan pour de Gaulle reste plutôt positif. C'est pourquoi avec une certaine force il lance à l'assistance, en clôturant son discours :

– Vous pouvez en être fiers. Moi, je vous le dis, j'en suis fier!

« Si, au regard des vivants, de la jeunesse et de ceux qui viendront après nous, nous avons assumé nos responsabilités, alors, nous pourrons disparaître dans la terre de France.

A l'occasion de cette deuxième journée un élément insolite est venu s'ajouter à la tournée présidentielle. Des personnages qu'on n'avait pas vus jusque-là sont apparus. Il s'agit de membres du SAC (Service d'Action Civique) qui se disent des fidèles du général de Gaulle et qui sont venus des quatre coins de France, profitant de ce voyage pour préparer la future campagne présidentielle. Le phénomène est nouveau, et les journalistes ne manquent pas de s'y intéresser. Ils y sont, au demeurant, contraints devant la recrudescence de pancartes clouées sur les arbres ou accrochées aux murs et sur lesquelles on peut lire : « Vive de Gaulle, champion de la liberté et de la Paix. » Les membres du SAC sévissent également sur l'asphalte de la route en peignant en blanc de gigantesques croix de Lorraine enfermées dans le « V » traditionnel.

– Nous peignons la nuit [1] qui précède le passage du cortège, disent-ils. Et les pancartes, nous les enlevons aussitôt après pour aller les accrocher plus loin. Pour nous, ce voyage est un entraînement idéal pour les tâches que nous devrons assumer dans quelques mois.

– Et si de Gaulle ne se représentait pas?

– Eh bien! Il nous faudrait changer le texte des pancartes, mais le travail resterait le même.

Le vendredi 21 mai, de Gaulle et sa suite remontent les berges de la Loire.

Dès la première halte, au village de La Bohalle, il retrouve l'un de

1. Témoignage recueilli par *France-Soir*.

ses anciens lieutenants de la dernière guerre, M. Cochereau, devenu maire de cette petite cité. De Gaulle se souvient parfaitement de lui, et l'appelle affectueusement « Monsieur le Maire, mon cher Cochereau... »

L'élu de la cité est venu accompagné de l'un de ses conseillers municipaux, ancien de la France Libre, lequel a emmené à sa suite toute sa famille.

– Voici ma femme, dit-il fièrement, mon papa, mon frère et... mon fils. C'est lui qui fabrique les biscuits que l'on vient de vous offrir.

– Ah, très bien, mon brave, répond le Général. Je ne manquerai pas de les manger.

Contraste au village de Saint-Mathurin : les « opposants » au régime se sont entassés au sein du café, près de l'église afin de jouir du spectacle qu'offrent les autres villageois enthousiastes acclamant le chef de l'État.

Nouveau rendez-vous avec l'Histoire au village de Gennes de l'autre côté de la Loire : en défendant le pont sur le fleuve, les cadets de Saumur sont tombés sous les balles ennemies au cours de la dernière guerre. Une promotion tout entière pratiquement décimée. « Un acte héroïque qui ne doit pas être oublié », reconnaît de Gaulle.

La guerre! Toujours les souvenirs reviennent. Alors qu'il poursuit sa visite sur les bords de Loire, il retrouve à Saint-Martin-de-la-Place, berceau de l'amiral Dupetit-Thouars, quatre « anciens » qui se battaient sous ses ordres durant la Première Guerre mondiale, alors qu'il commandait le 19ᵉ bataillon des chasseurs à pied.

– La 19ᵉ? lance le Général. Bien sûr que je m'en souviens; c'est le bataillon qui a perdu le plus de monde de toute la guerre 14-18.

– La preuve, dit l'homme en montrant la manche vide de sa veste. C'est là que j'ai perdu mon bras.

Les actes héroïques, il continue à les évoquer au cours de sa halte à Saumur, ceux en particulier de l'École d'application de Cavalerie. « Ce sont ces actes, souligne-t-il, qui ont illustré la fin de la guerre de 1940 et laissé présager ce qui allait arriver, c'est-à-dire la libération et la victoire. »

Devant l'imposant château de la Renaissance, les cadets de l'École, en grande tenue, lui rendent les honneurs et parmi les cadeaux qui lui sont offerts, il apparaît sensible à un réveille-matin accroché sur un étrier en or massif.

Le discours public reprend la grande fresque de l'unité, du progrès et de la stabilité.

– Vous êtes la preuve de l'unité française, dit-il, et je vous en remercie de tout mon cœur... Mais l'unité ne suffit pas. Il nous faut encore davantage : la solidarité... Il faut que les hommes se rapprochent, que les catégories collaborent, travaillent ensemble, que s'abaissent les barrières qui les séparaient autrefois. D'ailleurs, les dialogues, les contacts, les accords se multiplient et s'améliorent. Il en résulte le développement.

« Nous sommes un pays du peloton de tête du progrès. Mais nous progressons dans la mesure de nos moyens et malgré les obstacles que nous rencontrons, dont l'un – l'inflation – vient d'être vaincu.

« Nous sommes dans un univers difficile où tout se transforme... Il y a une volonté d'accès à la civilisation de deux milliards d'hommes qui ont faim, une volonté d'indépendance, d'accès à la responsabilité chez tous les peuples du monde. Construire l'univers en ne tenant pas compte de cela serait une folie.

« Nous sommes une France unie, une France puissante, sûre d'elle-même. Nous sommes la France de la paix. Et pour continuer à l'être, il nous faut des pouvoirs publics, une République où existent la responsabilité et la stabilité. Nous l'avons, il n'y a d'ailleurs pas très longtemps. Et la France continuera à l'avoir parce que le peuple l'a voulu hier et le voudra encore demain.

La visite en Maine-et-Loire se poursuit par Segré où le Général rencontre aux alentours de la ville, à La Ferrière, un jeune homme d'une vingtaine d'années du nom de Simon Arpaud. S'approchant au prix de mille difficultés du chef de l'État, il impose sa présence, et raconte :

– Je suis un enfant abandonné. Je vous ai vu déjà une première fois lors de votre voyage dans les Landes. J'avais alors quinze ans et je me trouvais dans un établissement de l'Assistance publique. A cette occasion, on m'a remis un costume neuf. Cela m'a transformé. Je crois que ce simple vêtement pour aller vous voir m'a donné ma dignité.

De Gaulle évoque, à Segré, les problèmes internationaux en termes très vifs, fustigeant les deux hégémonies sous le joug desquelles la France aurait pu se trouver si elle avait cédé aux tentations.

En arrivant dans la Mayenne, il sait que le Premier ministre, M. Georges Pompidou, l'attend à Château-Gontier. Il y fait une sorte de visite familiale puisque sa femme y est née. Son beau-père était d'ailleurs une notabilité de la ville [1] et c'est là que M. Pompidou s'est marié.

De Gaulle, arrivant sur la place de l'Hôtel-de-Ville, invite le Premier ministre à prendre place à ses côtés tandis que Mme de

1. Il s'agit du Dr Cahour dont une rue de Château-Gontier porte le nom.

Gaulle et Mme Pompidou apparaissent discrètement à une fenêtre de la mairie.

Le président de la République ne manque pas de rendre hommage à l'action du gouvernement lorsqu'il affirme :

– Il faut à la France un gouvernement qui remplisse sa tâche. Le Premier ministre est à mes côtés et je puis vous assurer que lui-même et les membres du gouvernement accomplissent la leur avec un très grand dévouement et une grande capacité.

Au cours de ce voyage, où il apparaît fort détendu, il rendra ainsi hommage à plusieurs reprises aux ministres qui l'accompagnent – MM. Foyer, Frey et Pisani sans oublier M. Michel Debré, « celui qui m'accueillait à Laval lorsqu'il était commissaire de la République après la Libération ».

La cité lavalloise semble battre le record d'affluence depuis le début du voyage. Est-ce la raison pour laquelle il lance à deux reprises : « Vive Laval! »? Peut-être aussi profite-t-il de la présence de cette foule compacte pour se lancer dans un violent réquisitoire contre ceux qui s'opposent à lui :

– Ce n'est pas, dit-il en substance, en revenant à nos divisions d'hier et au kaléidoscope des gouvernements, que nous pourrons réaliser ce que nous avons à faire. Ceux qui veulent y revenir, qui veulent faire croire qu'ils feraient autre chose, eh bien, ceux-là, qu'ils y reviennent! Ils y ont été et ont vu la question se trancher!

Les discours politiques laissent la place à des propos plus « régionaux » qui fleurent bon la campagne sur laquelle le soleil continue à étendre ses rayons bienfaisants. Le maire de Martigné, loin de l'agitation des grandes villes, a bien cerné le « potentiel » de sa commune :

– Nous avons, comptabilise-t-il, six gendarmes, un percepteur et même un notaire. Nous avons une église avec trois cloches pesant au total trois mille cinq cents kilos et trois équipes de football dont une se défend assez bien. Seule ombre au tableau (il ne pense pas si bien dire) : l'eau de notre baignade publique est polluée...

De Gaulle, hochant la tête, laisse entendre par là qu'il n'est pas insensible à ces problèmes locaux, comme il est loin d'afficher une attitude indifférente en pénétrant dans la salle d'honneur de la mairie de Mayenne : quinze ans auparavant, cette salle lui avait été refusée pour y présider une conférence du RPF. Aujourd'hui, le maire lui offre un livre de grande valeur [1].

1. Il y eut à ce sujet une discussion au conseil municipal. Le choix s'étant porté sur un livre relié, l'un des conseillers, charcutier de son état, trouvant le cadeau trop modeste, s'écria : « Puisque vous êtes si pingres, moi je vais y ajouter un kilo de tripes. »

Les villages d'Aron, bourg martyr, Grazay-le-Bois, Évron, Assé-le-Béranger et Sillé-le-Guillaume sont ensuite traversés après de nombreuses haltes. Dans cette dernière localité, le hasard d'un billet de logement l'a fait passer une nuit durant la Première Guerre mondiale.

Sur la place de la Mairie, la personne qui fut son hôtesse d'accueil est particulièrement heureuse de le saluer. Elle avait, à cette époque agitée, dix-huit ans, et vient d'être élue conseillère municipale.

– Je vous remercie de votre accueil, lui dit le Général. Oui, j'ai mis quarante-sept ans pour le faire; si je me souviens bien, j'ai dû quitter votre accueillante maison très tôt le matin...

Confirmation lui est aussitôt donnée. Le Général s'en était allé sans la saluer mais avait pris soin de laisser sa carte.

A Mamers, si le Général, durant la guerre, n'a pas fait étape, il trouve tout de même un point de communion après que le maire a évoqué la mémoire de Joseph Caillaux, ancien maire de la ville, ancien président du Conseil et ministre des Finances qui reste pour beaucoup la célébrité de la Sarthe :

– Caillaux! s'écrie le Président, mais c'est mon père qui a été son professeur.

L'accueil de la foule reste partout enthousiaste. La Sarthe est à l'image des autres départements. Le président de la République, qui manifeste toujours une excellente humeur et une forme physique éclatante, s'attarde auprès des foules, aussi le cortège accumule-t-il les minutes de retard. Cela vaut une scène cocasse dans un village où le maire a préparé un discours d'une dizaine de feuillets. Terreur du préfet qui se précipite sur le premier élu du lieu, lui arrache les feuilles, lui faisant comprendre qu'il doit abréger son compliment. Ému, gauche, ne sachant pas improviser, il articule difficilement un :

– Bonjour, monsieur le Président! Vous êtes venu ici. Merci et au revoir.

Le Mans, chef-lieu de la Sarthe, n'a pas suivi les consignes d'abstention lancées par les organisations syndicales. Les chroniqueurs se borneront cependant à dire que la foule « débonnaire et attentive aura été plus aimable que chaleureuse ».

On remarque néanmoins de nombreuses absences dans les rangs des conseillers municipaux et des députés, dont celle de M. Raymond Dronne, compagnon de la Libération, ancien parlementaire qui a rompu avec l'UNR au moment de l'affaire algérienne.

La réception des maires du département, où l'on note également des absents, se passe dans la bonne humeur. Tout comme le discours public prononcé devant environ trois mille personnes. On entend même des éclats de rire lorsqu'il lance :

– Je suis tenté souvent de me crier à moi-même : des sous, des sous, des sous, des crédits, des crédits!

On rit encore à Saint-Mars-la-Brière avec le maire le plus truculent sans doute du voyage. Celui-ci n'a rien d'un orateur; l'émotion s'y ajoutant, le pauvre homme se tire avec difficulté de son discours de bienvenue. En conclusion, il ne manque pas de s'expliquer :

– Nous n'avons pas l'habitude de recevoir des personnages aussi importants.

Se penchant vers M. Alain Peyrefitte, ministre de l'Information, il confie :

– Les rois voyageaient davantage que les présidents. Henri IV, par exemple, est passé plusieurs fois. Il se baladait beaucoup dans la région. Les Allemands aussi sont passés par là. Mais eux ne se sont pas arrêtés, ils étaient pressés, on les poursuivait.

Il faut attendre le dernier jour pour voir la pluie s'abattre sur le cortège présidentiel. Cela se passe à Parcé près de Sablé-sur-Sarthe où il est accueilli, dans cette dernière ville, par le député-maire, M. Joël Le Theule. Comme il le fait à chaque fois, il refuse la protection des parapluies, indiquant qu'il est préférable de couvrir le livre d'or.

C'est toujours sous la pluie qu'il passe en revue les élèves du Prytanée militaire de La Flèche et après un dernier bain de foule, il regagne Paris en autorail.

La tournée n'est pas achevée. Des centaines de Parisiens l'accueillent à la gare Montparnasse. Le président de la République plonge parmi eux, serrant les mains qui se tendent.

Peu avant 16 heures, il a regagné l'Élysée.

Aucune fausse note ne s'est élevée durant ce séjour dans l'Ouest. Plus tard, seulement, la police révélera qu'une « machine infernale » avait été découverte à temps chez un receleur des Bouches-du-Rhône. Elle devait être convoyée vers l'un des lieux du voyage présidentiel.

XXVI

APOTHÉOSE À CHARTRES

L'ultime voyage du Tour de France, du 16 au 20 juin 1965, prend son essor du pavillon de Marly. Le voyage précédent s'est achevé sous la pluie, le vingt-troisième et dernier commence aussi sous les intempéries. Cela n'altère pas le moral du Président, détendu et souriant, qui salue les membres de son escorte : M. Louis Joxe, ministre d'État, M. Roger Frey, ministre de l'Intérieur, M. Christian Fouchet, ministre de l'Éducation nationale, M. Paul Demange, préfet de Seine-et-Oise. La plupart des parlementaires sont également là dont M. Pierre Clostermann, député de Versailles, revenu en toute hâte des Bahamas où, en spécialiste de la pêche, il traquait le thon.

Au Pecq, se situe le premier arrêt. Le maire insiste sur les problèmes que pose l'imbrication des communes de banlieue.

A Saint-Germain-en-Laye, première grande halte, le thème de la solidarité nationale constitue la trame du discours tout comme à Mantes-la-Jolie, cité martyre des boucles de la Seine, sinistrée à cinquante pour cent par les bombardements durant la guerre, où il est accueilli par l'un de ses adversaires politiques, M. Jean-Paul David, maire de la ville. Le podium d'où le Général va s'exprimer constitue sans doute le lieu le plus étonnant de tous ses voyages : une chaire réformée de la collégiale qu'on est allé chercher au garde-meuble et qui est classée monument historique.

Le général de Gaulle précise une fois encore qu'il faut à la France un plan d'action très strict pour garantir son avenir, qu'il faut que le pays possède des « pouvoirs publics stables, fermes et continus ».

Il parle enfin du rôle que la France doit jouer et qu'elle seule peut jouer dans le monde, et termine en disant que, pour jouer ce rôle, elle a besoin d'une « idée nationale mieux établie que jamais », d'une

« république digne et capable d'en porter les charges et la responsabilité ».

L'autre grande étape est la ville de Pontoise mais le chemin reste jalonné de nombreuses localités où s'arrête le chef de l'État.

A Limay, M. Edmond Fosse tient à rappeler que, le 19 mai 1945, il présentait au général de Gaulle son unité victorieuse – le 1er régiment de marche du Tchad de la 2e DB – près d'Augsbourg, « au cœur même du dernier réduit de l'ennemi ».

Puis, il laisse parler ses sentiments regrettant que le vin de Limay, jadis fort goûté sur les tables des souverains du XVIe siècle, ait disparu pour laisser la place à des cimenteries.

Pour parvenir à Meulan, le cortège a longé la Seine; il y entend un discours utilisant les termes habituels du Général. On en retient, par exemple :

– Meulan, ville tournée vers l'avenir, cité qui cherche son expansion...

Renseignements pris : l'édile, M. Sorbier, occupe l'emploi de fonctionnaire au ministère de l'Intérieur.

Les forces de police se sont soudain déployées alors que la voiture présidentielle s'en va vers Pontoise. L'état d'alerte vient en effet d'être donné par le commissariat de Mantes. Un prêtre, l'abbé Pierret, a disparu de la « Fraternité sacerdotale » à Gargenville, établissement surveillé, qui n'est autre qu'un centre pour prêtres « marginaux » effectuant là un stage de probation. L'ecclésiastique défaillant est-il en train de préparer un mauvais coup? Comme il ne jouit pas de toutes ses facultés, on peut s'interroger.

Bien vite, le pauvre homme est repéré dans un bar de Mantes. Faute de spirituel, il désirait des... spiritueux. La seule « arme » que retrouvent les policiers est... son bréviaire.

Pendant ce temps, le Général est arrivé à Pontoise où les gens dans la foule l'implorent de rester au pouvoir. Il en sera de même à Étampes. Sur les quatre-vingt-dix kilomètres qui séparent les deux villes, le président de la République savoure dans le train un suprême de barbue à l'ambassade, un canapé de veau zingara, accompagné de petits pois à la française, de quelques fromages et d'une glace Cyrano...

Il est 15 h 15 lorsque l'autorail parvient en gare d'Étampes où l'attend M. Gabriel Barrière, maire de la ville. La pluie, qui avait fait place à un soleil timide à Pontoise, est revenue, froide, pénétrante. Qu'importe, la foule est là, attendant depuis deux heures. Tout est prêt pour accueillir l'illustre visiteur. Ici, l'on se souvient que le Général devait faire une visite en 1946 et que celle-ci avait été annulée.

Dans la foule il retrouve des visages connus. Lorsqu'il n'était encore que capitaine, il venait souvent se délasser au restaurant « le Capucin gourmand » à Coignières. Le patron est venu le saluer.

– Alors, mon cher Kauffmann, lui dit-il, en le reconnaissant aussitôt, êtes-vous toujours au « Capucin »?

A la Forêt-le-Roi, on lui offre une pierre unique au monde : la sculpture d'un singe, réalisée pendant la « période chaude » que les géologues ne savent pas exactement fixer. Retrouvé dans les limons du plateau, l'objet sera confié à M. André Malraux qui saura lui trouver une place de choix.

– Aide-toi, l'État t'aidera! lance à Dourdan le maire, M. Ceccaldi, tandis qu'on remet au Général, selon une coutume très ancienne, les clés du château fort, comme les avaient eues en leur possession Hugues Capet, Philippe Auguste, Saint Louis, Louis XIII et Napoléon Ier.

La pluie tombe de plus belle tandis que l'attend à Rambouillet Mme Jacqueline Thome-Patenôtre, député-maire de la ville, abritée par un petit parapluie tenu fort galamment par un commissaire de police en grande tenue.

De Gaulle, lui, refuse obstinément de changer de costume, prétextant :

– Ces gens qui sont dehors sont mouillés. Il n'y a pas de raison que je ne le sois pas aussi!

De la même façon, au Perray-en-Yvelines, il refusera le parapluie tendu par l'un de ses gardes du corps, M. Paul Comiti, en le repoussant d'une main ferme, criant :

– Combien de fois faudra-t-il vous dire que je n'en veux pas!

A Versailles, dernière étape de la première journée, il accepte enfin de changer de tenue et se retire quelques instants dans le bureau du maire, M. Mignot.

Le public semble moins nombreux qu'ailleurs. Partout, la population est à son travail, les enfants qui ne sont pas en congé sont à l'école. L'itinéraire évite les zones les plus industrielles et les plus peuplées. Des inscriptions réclamant l'amnistie ont été peintes sur les murs durant la nuit. Les autorités, en outre, ont cru bon d'adresser des invitations individuelles à venir écouter le chef de l'État par crainte d'abstentions trop visibles chez les élus. A une ou deux exceptions près, les parlementaires sont là. Quant aux grandes foules, elles ne sont pas venues. L'accueil n'en est pas moins cordial et bon enfant, surtout à la préfecture lorsqu'il remarque à propos de la Seine :

– J'ai cru apercevoir qu'elle était moins sale. Je ne pense pas qu'on l'ait nettoyée pour ma visite!

Des rires fusent dans l'assistance.

– Pour vos problèmes, dit-il aux maires de l'arrondissement, il faut que vous soyez en relation avec les préfectures. Il ne faut pas se mettre de côté à pisser du vinaigre dans son coin. Il est nécessaire de faire l'effort dans l'ordre, dans la liberté, bien sûr, dans la République, cela va de soi, mais surtout dans l'ordre.

Les conséquences des intempéries se font sentir le lendemain sur la personne du Général. Lorsqu'il s'adresse à la foule à Chelles, en Seine-et-Marne, ses cordes vocales émettent des sons plutôt rauques. Il mâchonne des boules de gomme pour s'éclaircir la voix mais refuse toute forme de médicament. Souriant, détendu même, il écoute le député-maire, M. Rabourdin, lui dire, ému jusqu'aux larmes :

– Vous avez le cœur de cette ville!

Puis, un moment de recueillement est observé devant une plaque en marbre blanc, scellée dans le mur de la mairie, sur laquelle sont inscrits ces mots :

« Ici treize Chellois ont été massacrés par les nazis. »

Le chef de l'État dépose au pied de la plaque une gerbe tricolore composée de bleuets, d'œillets, de lys et de roses, aidé de M. Schlosser, maire de Chelles à la Libération, dont le fils a été fusillé au bois de Boulogne et d'un Tunisien, M. Ben Abbes Moussa, seul survivant du massacre des Chellois. Il avait à l'époque vingt-sept ans.

– J'ai même reçu le coup de grâce, ajoute-t-il à l'attention du président de la République.

L'histoire récente s'efface à Villevaudé au profit de l'histoire ancienne.

– Monsieur le président de la République, pour moi, vous êtes mon Général, lui dit sur le ton de la confidence M. Albinet, élu de la cité. Permettez-moi de vous rappeler que Louis VI le Gros est venu ici dans le but d'arrêter les armées de l'empereur Othon. Il y est parvenu. Vous aussi, mon Général, vous aurez marqué votre époque.

– Merci, monsieur le Maire, d'avoir évoqué l'Histoire, lui répond ce dernier. Pour ma part, je ne suis pas arrivé à temps ici pour faire comme Louis VI le Gros. Je n'ai pas eu cette chance... Mais l'essentiel est d'avoir libéré la patrie.

La matinée est déjà bien avancée lorsque le cortège présidentiel entre à Meaux qui a gardé sa placidité provinciale.

– Salut les anciens! crie de Gaulle aux anciens combattants arborant les drapeaux des deux guerres mondiales.

Meaux, patrie de Jacques-Bénigne Bossuet, se doit d'offrir à son visiteur un ouvrage écrit par l'enfant du pays. Il s'agit, en l'occurrence, d'une édition originale reliée cuir véritable du *Discours sur l'histoire universelle* ainsi qu'une lettre autographe de « l'Aigle de Meaux » datant de 1692.

– Il nous faut la stabilité, la fermeté, la continuité, s'écrie-t-il dans son discours public. Il y a vingt-cinq ans que je le pense, que je le veux et que, dans la mesure où je le peux, je l'applique. Françaises, Français, aidez-moi à le faire...

Est-ce là une indication supplémentaire, un pas de plus vers une éventuelle candidature du Général, à six mois des élections présidentielles? Plusieurs éditorialistes croient pouvoir l'affirmer.

En attendant, il est heureux de saluer d'anciennes gloires de la scène à la maison de retraite de Pont-aux-Dames : Vincent Claret, Charbonnel et d'anciennes danseuses de l'Opéra. Pour applaudir le chef de l'État, elles se sont maquillées avec soin comme si, à resurgir dans leur gloire passée, le rideau allait à nouveau se lever.

Mais voici la « Carcassonne du Nord », appelée ainsi par ses habitants. Il s'agit de Provins. De Gaulle s'y sent un peu chez lui. D'une part, le numéro un de la cité s'appelle M. Alain Peyrefitte qui n'est autre que son ministre de l'Information, d'autre part, lorsqu'il se rend à Colombey, il traverse la ville et répond toujours aux signes amicaux qui lui sont adressés.

Provins se présente comme la capitale de la Rose et les cadeaux qui lui sont offerts ont tous pour thème cette magnifique fleur.

Le conseil municipal prie donc le Général d'accepter que puissent éclore dans le jardin de Colombey de vraies fleurs de Provins.

Mais ce n'est pas tout. Le Général découvre l'insolite au travers d'un pot de confit de pétales de roses.

– Si j'ai bien compris, interroge-t-il, sceptique, c'est de la confiture de roses? Et ça se mange?

– Bien sûr, intervient M. Alain Peyrefitte. On en mange depuis six cents ans.

Le Général vient de faire une découverte.

Après Provins, Montereau apparaît baignée de soleil. L'Yonne est proche. Les péniches saluent de leurs sirènes l'arrivée du visiteur. La batellerie prend une place importante dans la vie de la localité et le député-maire, M. Pezout, approuvé par son conseil municipal, a décidé de recevoir le chef de l'État non pas à l'Hôtel de Ville, comme il sied à la tradition, mais sur les bords de la rivière. Les choses ont été bien faites et le podium se trouve tendu de lambrequins qui se poursuivent par une haie tricolore continue sur une distance de six cents mètres.

Si l'accueil des habitants de Nemours se passe dans la joie et l'allégresse, cela n'empêche pas son sénateur-maire, M. Étienne Dailly (gauche démocratique), de manifester son hostilité à la politique du Président.

– Ces drapeaux et ces oriflammes, déclare-t-il dans son allocution, sont autant de témoignages de l'attachement de notre ville à la liberté, à la démocratie et à la République car c'est la République que Nemours honore aujourd'hui à l'occasion de la visite de son Président...

Les haltes du souvenir vont ensuite se succéder : tout d'abord au carrefour de Bourron où le général Leclerc avait établi son PC de la 2e DB après la libération de Paris et avant la ruée vers l'Allemagne; puis, peu avant Fontainebleau, où une courte halte est observée devant le monument élevé à la mémoire de Georges Mandel à l'endroit même où l'ancien ministre de l'Intérieur a été assassiné par des miliciens quelques mois avant la Libération, non loin du carrefour de l'Obélisque, en pleine forêt.

Fontainebleau n'a pas reçu de président de la République depuis soixante-dix ans, le dernier étant Jules Grévy. Parmi les personnalités que présente le député-maire, M. Paul Seramy, on remarque les généraux de l'OTAN, ce qui permet au général de Gaulle d'insister sur le nouvel équilibre qui commence à se créer dans l'univers, en dehors des « deux hégémonies ».

Enfin, Melun, la « Lutèce briarde », constitue la dernière étape de la journée. Au cours de l'entrevue classique avec les maires du département, l'élu de Noisiel lui confie ses tourments :

– J'ai huit cents personnes à reloger depuis que la chocolaterie Menier a fermé ses portes.

– Je le note sur mes... tablettes, répond en souriant le chef de l'État.

Il dîne ensuite à la préfecture d'un consommé double, d'un loup grillé au fenouil, d'un baron d'agneau aux primeurs, de fromages de Brie, d'une glace Alhambra, de fraises et de petits fours, arrosés d'un Chavignol 62, d'une Mission Haut-Brion 59 et d'un magnum Pommery-Greno 55.

Après une nuit passée à Melun, le chef de l'État interrompt son voyage en province pour regagner Paris afin d'assister aux cérémonies anniversaires de l'appel du 18 Juin, au mont Valérien.

Le samedi 19 juin, la visite reprend par Nogent-le-Rotrou (Eure-et-Loir) atteint en autorail au plein cœur de la matinée.

Le préfet d'Eure-et-Loir, M. Edmond Dauphin, et le maire, M. Robert Huwart, l'accueillent à la gare tandis qu'il fait connaissance avec ses deux filleuls, deux bambins qu'on nomme à Nogent

« les deux Hervé ». L'un est le treizième enfant de la famille Bottereau, de la localité de Saint-Borner, l'autre, au nom prédestiné – Hervé Dieu –, quatorzième enfant d'une famille de Souancé-au-Perche.

Place de la Sous-Préfecture, le chef de l'État souligne dans son discours la vitalité de la France, lorsqu'il affirme en martelant ses phrases :

– Il n'y a que les morts qui ne rencontrent ni obstacles, ni difficultés. Mais notre pays est vivant. La France fait face à ses problèmes et elle les résout. Dans le monde entier on le reconnaît.

La foule applaudit à tout rompre. De Gaulle a du mal à se résoudre à quitter le podium tant ce public se fait pressant. Se tournant vers le maire, il a le temps de lui confier :

– Monsieur le Maire, c'est une magnifique assemblée.

L'après-midi, peu après 15 h 30, il arrive en gare de Dreux, venant de Châteaudun et de Courtalain. Dans l'assistance, on reconnaît, parmi les personnalités, M. Pierre July, ancien ministre, Mme Bousser dont le père dirigea une école avec le propre père du général de Gaulle, le capitaine Geiger, médecin-capitaine de l'escadrille Clostermann.

– S'il fallait me donner un encouragement pour la route à suivre, dit-il à l'adresse de la population, eh bien, Dreux m'aura donné cet encouragement.

A Villemeux-sur-Eure, le maire lui apprend un point amusant de la petite histoire locale :

– Depuis qu'en juillet 1830, le roi Charles X s'arrêta à Villemeux pour faire réparer une roue de son carrosse, aucun chef d'État ne s'était jamais arrêté dans notre petite commune. Je tiens à vous dire combien nous sommes heureux et fiers de saluer le général de Gaulle, surtout en ces jours d'anniversaire de votre appel de Londres en 1940, car, à partir de ce moment, vous nous avez apporté l'espoir et le courage de retrouver le visage de notre vraie France.

A Lèves, le maire, M. Castaing, secrétaire général de la Fédération radicale-socialiste du département de l'Eure-et-Loir, lance au général de Gaulle dans son allocution de bienvenue ces mots :

– Permettez-moi, monsieur le Président, de vous remettre deux documents : tout d'abord une lettre du général Marceau qui, vous le savez, est né tout près d'ici. Et, ensuite, une lettre signée par sept mille deux cents parents d'élèves inquiets du sort que l'on réserve aux écoles communales rurales.

« Vous accomplissez une tâche qui a ses effets dans le monde et je dirai même depuis les derniers projets techniques, dans l'univers, souffrez que je vous rappelle que la vie de tous les jours existe.

Et le maire termine ainsi son allocution sur un ton assez vif :

« Je dis avant vous, monsieur le Président, Vive la France! et surtout Vive la République!

Le chef de l'État répond, quelque peu goguenard :

– Votre premier document, celui de Marceau, je le conserverai précieusement, monsieur le Maire. Mais, en ce qui concerne les écoles, je tiens à vous dire que jamais, grâce à Dieu et grâce à la France, on n'a fait tant pour elles que depuis sept ans. Le retard accumulé en ce qui concerne les écoles depuis quelque cent ans commence à s'estomper.

Après Chaudon, où il rencontre les mariés du samedi, Nogent-le-Roi et Maintenon, apparaissent à l'horizon de la Beauce les flèches de la cathédrale de Chartres dans lesquelles Charles Péguy voyait « l'épi le plus dur qui soit jamais monté vers un ciel de clémence et de sérénité ».

Tout commence, une nouvelle fois, par l'évocation d'un souvenir : celui de Jean Moulin dont les cendres viennent d'être transférées au Panthéon et qui fut, en 1939-40, préfet de l'Eure-et-Loir...

Et, sur la place des Épars, c'est un hymne à la gloire de la France qu'il lance de la tribune :

– Bien souvent, il me semble entendre, même si les voix ne s'élèvent pas haut, mais je sens que c'est un murmure qui répond à un sentiment mondial, à un sentiment général : allez la France, allez la France, allez.

Et, avant d'entonner *la Marseillaise*, il ajoute :

« Je me félicite de terminer à Chartres les visites que j'ai effectuées dans tous nos départements de France et d'Outre-Mer. Je le dis, ne le répétez pas, si je l'ai fait, c'est pour aider notre unité nationale à se manifester partout dans nos villes et dans nos villages. Je crois que cela a été réussi partout, à Chartres particulièrement ce soir.

L'ultime étape du vingt-troisième voyage en province n'a pas encore pris fin.

Le lendemain, il assiste à la grand-messe à la cathédrale en compagnie de Mme de Gaulle, et de six ministres : MM. Malraux, Couve de Murville, Frey, Grandval, Marette et Peyrefitte.

Mgr Michon, évêque de Chartres, l'accueille, arborant dans le propos une légitime fierté :

– Lors de la Libération, tandis que vous marchiez sur Paris, vous avez voulu vous arrêter en cette cathédrale pour y célébrer la liberté et la victoire. Aujourd'hui, vous terminez vos voyages officiels en assistant à la messe en cette même église. Nous sommes fiers de votre choix. Notre cathédrale, sans avoir le renom de celles de Paris ou de Reims, sert grandement le prestige de la France dont la passion est profondément enracinée dans notre cœur.

Dès la fin de l'office, le chef de l'État est invité à assister à la première audition d'une œuvre demandée à Olivier Messiaen par M. André Malraux : un hymne à la mémoire des morts des deux guerres mondiales.

Durant vingt minutes, en cinq mouvements, un orchestre de trente musiciens, sous la direction de Serge Baudo, rivalise de virtuosité avec les hautbois et les cuivres, les cordes et les instruments à percussion.

Ainsi, sur un hymne à la gloire et à la vie face à la haine et à la fureur sanguinaire des hommes, prend fin officiellement le Tour de France du Général.

Tout n'est cependant pas terminé.

XXVII
VERS LA RÉGIONALISATION

Le général de Gaulle ayant bouclé son Tour de France au cours du premier septennat n'abandonne pas la province pour autant.

Après sa réélection à la présidence de la République, le 19 décembre 1965, il se rend à nouveau dans le nord de la France – à Lille en particulier où se tient la Foire internationale. Désormais, ses efforts tendent à accélérer la mise en place de structures régionales plus développées auxquelles il conviendra, un jour, d'adapter les structures de l'État.

Il s'agit donc d'un voyage de travail et des ordres ont été transmis par l'Élysée à la préfecture de Lille. Durant les quelques jours que durera le voyage – du samedi 23 au mardi 26 avril – il a été demandé que soient exclus « folklore » et *P'tit Quinquin*.

Le chef de l'État regagnera la cité lilloise chaque soir et son appartement sera celui aménagé, il y a sept ans, dans l'aile gauche de la préfecture. La reine Elizabeth d'Angleterre et M. Nikita Khrouchtchev l'ont déjà utilisé.

Voyage de travail, certes, mais qui n'empêche pas les bains de foule. Le général de Gaulle y est particulièrement sensible. Place de la République, il se mêle à la population venue l'acclamer malgré la pluie fine mêlée de neige fondue.

L'événement de la matinée demeure l'inauguration de la Foire de Lille. Les organisateurs attendent leur visiteur derrière un ruban tricolore tout neuf. Pour l'anecdote, on apprend en effet que le précédent avait été recousu à sept reprises. On craignait qu'il ne se déchirât, cette fois, de lui-même.

Un déjeuner de huit cents couverts, le plus important auquel il ait jamais assisté, marque l'événement.

Le fromage a disparu de la table afin qu'un minimum de temps soit consacré aux repas, le chef de l'État devant, à l'issue du déjeuner, prononcer le seul discours de son séjour nordiste. Le menu mérite pourtant qu'on s'y attarde : homard d'Audresselles sauce tartare, selle d'agneau sur la cendre à la lilloise, salade parfumée à l'estragon, oranges sur pavés du Nord au Wambrechies, le tout arrosé de Riesling, Schoenenburg 1964, le château montagne Saint-Émilion 1962, le clos de la Perrière 1961 et le magnum Moët et Chandon 1961.

Les plaisirs de la table passent cependant au second plan. Toutes les attentions se tournent vers le discours présidentiel.

Le général de Gaulle commence par dresser le tableau des problèmes économiques et sociaux qui se posent dans la région du Nord-Pas-de-Calais et montre dans quelles voies doit être recherchée leur solution.

– Assurément, souligne-t-il, ce qui se fait dans le Nord et le Pas-de-Calais, ne saurait valoir, en dehors de ce qui s'accomplit à l'échelle nationale. C'est pourquoi notre pays, en se donnant récemment une organisation économique et administrative fondée sur une base régionale [1] – sans renoncer, d'ailleurs, aux communes et aux départements – entend que l'action nécessaire de l'État, de ses plans et de ses crédits soit étroitement conjuguée avec les initiatives et les ressources locales dont le rôle n'est pas moins essentiel.

« C'est pourquoi le gouvernement, ses services et ses conseils s'adaptent à la tâche capitale de diriger le développement global et l'aménagement d'ensemble de la France. C'est pourquoi, dans l'avenir et quand l'évolution en cours en aura révélé l'opportunité, devrons-nous sans doute réunir en une assemblée unique les représentants des collectivités locales et des activités régionales avec ceux des grands organismes d'ordre économique et social du pays afin de délibérer des affaires de cette nature avant que l'Assemblée nationale, représentation politique, les tranche en votant des lois.

« De même que la nation française s'est formée par un long effort à partir des populations très variées de ses provinces, ainsi, dans les temps modernes, notre puissance économique dépend-elle de la mise en valeur de toutes nos régions. Pour chacune et, notamment, pour celle-ci, il doit y être procédé suivant son caractère propre et ses capacités à elle, mais de telle sorte que l'ensemble national soit cohérent et équilibré. Comme toujours, c'est en conjuguant de multiples diversités que l'on réalise l'unité. Comme toujours, c'est l'État qui est en charge de celle de la France.

1. Par les décrets du 15 mars 1964 qui ont institué les Commissions de développement économique régional (CODER) et les préfets de région.

Après une visite de la Foire, la journée du chef de l'État prend fin alors qu'il reçoit les dix-huit sous-préfets de la région du Nord. Le soir, il offre un dîner intime auquel sont conviés MM. Louis Joxe, ministre d'État, et Roger Frey, ministre de l'Intérieur, Mme Vendroux, M. et Mme Maurice Schuman, M. Descamp, président de la Chambre de Commerce et M. Bouchery, président de la Foire.

Dans le Nord, le chef de l'État rencontre des opposants à sa politique. On en tient pour preuve l'attitude de M. Augustin Laurent, maire de Lille, ainsi que celle des élus socialistes. Ayant reçu des directives de leur parti, ils s'abstiennent de participer aux manifestations présidées par le général de Gaulle.

Sur un autre plan, les ouvriers d'Usinor à Dunkerque ont été appelés à la grève par leurs centrales syndicales à l'heure où celui-ci visitera l'usine.

La journée du lendemain, dimanche, commence par une messe en l'église Saint-André, église située à quelques pas de la maison natale du président de la République. C'est en ce lieu qu'il reçut le baptême le 11 novembre 1890. Quatre années auparavant, ses parents avaient, là aussi, convolé en justes noces.

Mgr Liénart, archevêque de Lille, n'assiste pas à l'office. Ses prises de positions à caractère social sont connues pour ne pas aller dans la voie qu'a choisie le général de Gaulle. Mgr Liénart se trouve pour deux jours dans le département de l'Yonne où il confère l'ordination à des prêtres-ouvriers. A sa place, Mgr Grand, coadjuteur, accueille le président de la République tandis que l'abbé Carette, curé de la paroisse, célèbre l'office et que le père de Gaille, jésuite, prononce le sermon dans lequel un vif hommage est rendu au général de Gaulle.

En ce jour du dimanche 24 avril, la France célèbre la journée de la déportation. Le chef de l'État se rend au mémorial de la « Noble Tour » sur laquelle se dresse la silhouette décharnée d'un déporté. Le maire de Lille, M. Augustin Laurent, se trouve parmi les personnalités. Le chef de l'État et le maire de la ville vont donc se retrouver face à face. Le premier, trouvant sans doute inadmissible que, pour la première fois, le maire d'une grande ville ait refusé de le recevoir dans sa mairie, refuse, à son tour, de lui serrer la main ainsi qu'aux conseillers municipaux et aux notabilités de la ville. En revanche, il salue avec ferveur les anciens combattants.

M. Augustin Laurent qui, soulignons-le, fut son ministre aussitôt après la guerre, a ressenti profondément le caractère vexatoire – mais ô combien humain – de l'attitude du chef de l'État.

– Il est passé devant moi sans me voir, confiera-t-il, rouge de colère, à ses proches. J'étais pourtant bien visible avec mon écharpe de maire.

Pour la journée de lundi, l'agenda apparaît chargé. Tout d'abord, le général de Gaulle se rend à Dunkerque. Au port, il longe une infrastructure figée. Le long des quais d'énormes grues sont là comme à la parade. Rien ne bouge. Les dockers se sont mis en grève.

Les dirigeants de la Chambre de Commerce qui l'accompagnent révèlent au visiteur, au cours d'un exposé succinct, que l'expansion du port de commerce ne connaît pas un essor assez marquant pour se mesurer aux ports étrangers voisins.

– Vous avez évoqué le passé, dit le Général, l'époque où rien n'était fait, le présent où tout est en train de se faire; mais il y a aussi l'avenir où tout ne sera pas fait car tout n'est jamais fait, mais où des progrès considérables seront accomplis. Ce sera la fin du Ve plan.

« Nous faisons ce qui est prévu, ce qui est possible; nous faisons en sorte de réaliser le maximum.

A la sortie de la Chambre de Commerce, la foule l'attend pour l'acclamer. Comme aux plus beaux jours de son « Tour de France », il étreint les innombrables mains qui se tendent vers lui, y compris celles d'un bébé – l'un de ses filleuls –, treizième enfant d'une famille dunkerquoise.

– Petit, j'espère que tu grandis bien, lui dit-il.

A bord du baliseur *Quinette de Rochemont*, il visite ensuite les installations portuaires. Le commandant du navire, M. Martin, l'accueille les larmes aux yeux. C'est sa dernière journée de marin. Le soir même, il doit prendre sa retraite. Son successeur, M. Routtetot, est présenté par ses soins au chef de l'État.

La quasi-totalité – quatre mille ouvriers – du personnel d'Usinor s'est mise en grève et le président de la République pénètre dans une usine vide aux quatre cinquièmes.

Le président d'Usinor, M. Damien, lui explique longuement le fonctionnement de cet établissement où l'automatisme a progressé à pas de géant. Mis en service voici trois ans et demi, son achèvement n'est que partiel. Les hauts fourneaux produisent déjà un quart de la production française de l'acier. Une aciérie gagnée sur la mer pour cent cinquante hectares en tout cas.

Des problèmes en tous genres sont nés de cette industrialisation dunkerquoise; problème de logement, notamment, en partie réglé par l'édification d'une cité : la Nouvelle Synthe.

Image insolite : afin que le chef de l'État puisse se rendre compte du fonctionnement de ce complexe sidérurgique, les ingénieurs et contremaîtres ont revêtu les bleus de chauffe et ont mis en marche l'un des laminoirs de l'usine.

Le soleil brille sur Dunkerque lorsque le président de la République achève sa visite au complexe Usinor. La halte suivante le conduit, par hélicoptère, à Calais où il est accueilli par le député-maire de la ville, M. Jacques Vendroux.

Lorsqu'il arrive devant l'Hôtel de Ville, on lui fait remarquer que les six bourgeois de Calais ont reçu des soins. L'œuvre de Rodin qui souffrait de la lèpre du bronze a subi un traitement de choc et le monument a retrouvé sa place pour supporter une nouvelle érosion du temps.

Mme de Gaulle participe à toutes les cérémonies aux côtés de son mari. Il est vrai que la visite revêt un peu un caractère familial et le couple présidentiel va revoir avec émotion l'église ou Mlle Yvonne Vendroux épousa voici quarante-cinq ans celui qui était alors le capitaine de Gaulle.

La quatrième et dernière journée du séjour dans le nord de la France est consacrée aux houillères. Le général de Gaulle y honore un héros de l'ombre : Robert Lestienne, quarante-cinq ans, mineur à Mazingarbe (Pas-de-Calais). Résistant de la première heure, arrêté par les Allemands en 1942, il s'évade, reprend la lutte clandestine et devient responsable de la réception des parachutages d'armes dans la région Nord.

Arrêté une seconde fois, déporté à Buchenwald, il s'évade encore étant l'un des rares résistants à avoir pu s'enfuir des camps de la mort. Il tombe une troisième fois entre les mains des Allemands en 1944. On le prend pour un prisonnier évadé.

Son chef dans la Résistance était M. Yvon Morandat, aujourd'hui président des Houillères du Nord.

De Gaulle remet à Robert Lestienne la rosette de la Légion d'honneur.

Mazingarbe, petit village situé entre Lens et Béthune, possède au sein de sa mine une usine chimique qui produit l'eau lourde. Les journalistes sont soudain surpris par la quantité de questions précises et pertinentes que le Général pose aux techniciens eux-mêmes étonnés :

– Quel est le coefficient de séparation de l'ammoniac?... Pourquoi votre procédé est-il meilleur que celui des Canadiens?... Parlez-moi de vos catalyseurs...

Parallèlement à cet aspect technique, la CGT a lancé à ses militants des consignes d'abstention en partie suivies.

« Il ne s'agit pas de boycotter votre voyage, ont écrit les représentants du syndicat, mais seulement de protester contre les menaces qui pèsent sur le pays minier. »

Les représentants des centrales syndicales seront reçus par le chef de l'État et le représentant de la CGT, M. Léon Leschaeve, se lancera dans un violent réquisitoire contre la politique économique et sociale du gouvernement :

– Savez-vous, monsieur le Président, affirme-t-il, que quarante pour cent des mineurs ne gagnent que six cents francs par mois, que les salaires dans le Nord, dans le textile notamment, sont généralement inférieurs à ceux des autres régions, qu'il y a vingt mille chômeurs parmi les jeunes?

– Les veines s'épuisent, dira de son côté M. Yvon Morandat. En six ans la production de charbon a diminué de treize pour cent. Nous avons déjà dû fermer huit puits sur quatorze. Il ne reste plus que cinq mille huit cents mineurs au groupe de Béthune contre onze mille deux cents lors de votre visite en 1959.

Le chef de l'État, au cours de ce voyage, préside un certain nombre de séances de travail avec les responsables régionaux, qu'il juge positives.

– Cela m'a permis, dit-il à son retour à Paris, de préciser pour moi-même et sur place la connaissance de la situation économique et sociale de cette importante région. D'autre part, les responsables ont pu me faire connaître leurs problèmes et leurs préoccupations.

Après le Conseil des ministres qui suit le séjour dans le Nord, le chef de l'État évoque devant les ministres la question de la régionalisation et de la réforme du Sénat. A son avis, cette réforme est « l'aboutissement inéluctable de l'évolution en cours ».

– Ce que j'ai vu dans le Nord, a-t-il poursuivi, les entretiens que j'ai eus avec les responsables de l'économie et les responsables syndicaux et même ce qui s'accomplit au Conseil économique et social dont le rôle s'est affirmé depuis quelques années, en particulier lors de l'élaboration du Plan, tout cela conduit à instituer une assemblée unique des représentants des collectivités locales et des activités régionales.

Pour le reste, malgré, selon lui, « le certain sectarisme » qui s'est manifesté par l'absence des élus socialistes aux manifestations, le général de Gaulle est satisfait de ce voyage qui lui a permis, chaque fois qu'il a été en contact avec la population, de recevoir « un accueil amical et chaleureux ».

XXVIII

LA BRETAGNE EN CONCLUSION

Mai 1968. La France est frappée au cœur et vit en plein désarroi.

Le 7 mai, une grande manifestation se déroule du quartier Latin à l'Étoile. Des bagarres éclatent. L'agitation conduit, le 10 mai, à des émeutes au quartier Latin. Officiellement, on dénombrera trois cent soixante-sept blessés graves et cent quatre-vingt-huit voitures endommagées.

Le lendemain, le mouvement gagne la province et des grèves vont avoir lieu dans toute la France.

Le 19 mai, au cours d'une réunion interministérielle, à l'Élysée, de Gaulle affirme : « Le pays est paralysé par une grève générale. » Les événements se poursuivent. Le 29 mai, de Gaulle se rend à Baden-Baden auprès du général Massu et le lendemain dissout l'Assemblée nationale.

Au mois de juin, à l'issue du deuxième tour des élections législatives, la majorité l'emporte par 358 sièges sur 485.

Après la visite du chef de l'État dans le Nord, celui-ci effectue d'autres visites en province à l'occasion d'événements particuliers.

Ainsi, on le verra le 29 mai à Douaumont à l'occasion du cinquantenaire de la bataille de Verdun, le 6 juin à Grenoble pour les manœuvres « Alpes 66 », le 26 novembre à Dinard où il inaugurera l'usine marémotrice de la Rance.

En 1968, c'est Grenoble qui l'accueille, le 6 février (Jeux Olympiques), Toulon, le 8 février (hommage aux disparus du sous-marin *Minerve*), Lyon, le 24 mars (foire internationale), la Butte-Chalmont le 18 juillet (cinquantenaire des offensives de 1918).

Le seul voyage, qui sera aussi le dernier, où le général de Gaulle retrouve le contact direct avec le peuple de France, s'effectue en Bretagne les 31 janvier, 1er et 2 février 1969. Une certaine agitation s'y manifeste.

Le sujet numéro un, qui a déjà été esquissé à Lille, reste la création d'institutions régionales et la réforme du Sénat qui doit en découler.

A Rennes, le Général en donne pratiquement le coup d'envoi en présidant pour la première fois la réunion d'une CODER (Commission d'Organisation et de Développement Économique Régional), organisme consultatif groupant les notabilités de la région.

M. René Pleven, président de cette assemblée, dresse le catalogue des revendications bretonnes, déclarant notamment :

– Les explications technocratiques, les raisonnements des économistes sont trop froids pour apaiser à eux seuls l'impatience d'une population de qui on peut tout obtenir en touchant son cœur.

Il demande que le Général donne « à la population bretonne, qui n'est certainement pas représentée par quelques égarés, de nouvelles raisons de confiance ».

Après les interventions de plusieurs membres de la CODER, le Général répond :

– Je partage votre sentiment. Il faut que l'ambition bretonne soit une ambition nationale avec, bien évidemment, son caractère breton. La Bretagne a démarré.

Il rend hommage à M. Pleven en ces termes :

– La justice, l'équité et l'amitié me conduisent à dire que le président Pleven y a été pour beaucoup. Ce qui a été fait en Bretagne avec le CELIB [1], c'est ce qu'il faut pour amener une meilleure harmonie entre les pouvoirs publics et l'initiative locale. Et cela est vrai pour toute la France.

Il évoque la réforme régionale disant :

– Nous allons créer une structure. J'ai confiance qu'elle apportera beaucoup pour l'évolution de notre pays. Mais l'unité nationale exige qu'aucun membre du corps de la patrie ne dépérisse, alors que le reste se transforme et évolue. Un projet de loi est préparé qui sera soumis à référendum.

Cela ne signifie pas que le général de Gaulle ne se préoccupe pas de l'agitation bretonne. Il n'a pas caché à certains de ses proches qu'il considère Yann Fouéré [2] comme un homme dangereux et manipulé par l'étranger.

1. Centre d'Études et de Liaison des Intérêts Bretons.
2. Yann Fouéré fut sous-préfet de Morlaix durant l'Occupation. Acquitté après la Libération, il s'est réfugié en Irlande depuis la découverte du réseau FLB.

Lors de la réunion de la CODER, le plus insolite reste sans doute d'y voir le président de la République arbitrer une controverse entre la CGT, représentée par son secrétaire général, M. Bronnec, et Citroën, en la personne de son président-directeur général, M. Bercot. M. Bronnec attaque Citroën (dont l'usine de Rennes emploie huit mille ouvriers) sur les libertés syndicales :

– Ici la loi, dit-il, n'est pas respectée.

Ce dont M. Bercot se défend vigoureusement.

Le général de Gaulle laisse passer un silence puis tranche :

– J'entends bien, dit-il, il faut que la loi soit respectée.

Bien entendu, avant que ne commence ce voyage, on s'est interrogé sur l'accueil qui allait lui être réservé dans la capitale bretonne.

A sa descente d'avion, il est accueilli par MM. Yvon Bourges, secrétaire d'État aux Affaires étrangères, Pelissier, préfet de région, le général Saint-Hillier, commandant de la IIIe région militaire ainsi que les parlementaires : M. François Le Douarec, vice-président de l'Assemblée nationale et M. Jacques Cressard, député d'Ille-et-Vilaine.

La foule n'est guère importante sur le chemin de la ville. En revanche, au cœur de la localité, les rangs des spectateurs, le long des trottoirs, sont relativement denses.

Place de l'Hôtel-de-Ville, sifflets et huées se perçoivent au travers des applaudissements.

De Gaulle ne s'attarde pas. Après avoir serré quelques mains, il pénètre à l'intérieur de la mairie. Mais, les manifestations, sur la place, reprennent de plus belle. A ceux qui applaudissent le chef de l'État, formant le « V » de la victoire, répondent les manifestants criant des slogans tels « De Gaulle au musée », « Libérez la Bretagne », « Du travail en Bretagne ». Les gaullistes reprennent, à leur tour, « Les Bolcheviks à Prague ».

Aucun écho ne parvient aux oreilles du chef de l'État qui écoute le maire de la ville, M. Henri Freville, lui exposer son point de vue, insistant sur « la collaboration organique intercommunale, dès aujourd'hui souhaitable et demain strictement indispensable ». Il assure que la réforme régionale sera « sans efficacité si elle n'est pas accompagnée ou précédée de la réforme des finances locales et de la coopération entre les communes ». Il évoque aussi cursivement les États provinciaux de 1788 et ajoute :

– Nous ne séparons pas de nos affections la Bretagne et la France.

Le Général lui dit son « émotion plus forte aujourd'hui que jamais » de se retrouver à Rennes et il salue « le présent magnifique de la cité qui est appelée à être le chef-lieu d'une région officiellement reconnue avec les autres régions de France ».

Lorsque le chef de l'État sort de la mairie, le duel oratoire reprend de plus belle entre les manifestants. Les huées et les sifflets alternent avec les vivats au centre de la place, mais à sa périphérie, le long des barrières, la foule est calme et regarde avec indulgence et sans nervosité toute cette agitation.

Pendant une demi-heure encore des groupes se répondent et entonnent tour à tour *la Marseillaise* et *l'Internationale,* sans en venir sérieusement aux mains. Un groupe de quelque trois cents manifestants parcourt ensuite les rues du centre pour gagner la préfecture : il s'arrête à bonne distance d'un cordon de CRS. Les manifestants brandissent un drapeau breton et répètent divers slogans, empruntés tout à la fois aux contestataires étudiants, à l'opposition de gauche et aux autonomistes bretons.

Ces manifestations, malgré leur caractère assez bénin, sont révélatrices de ce que tout le monde appelle le malaise breton. Bien que Rennes ne compte sur ses deux cent mille habitants qu'une moitié de « bretonnants », les revendications de la région sont vives. La tolérance de la population envers le mouvement revendicatif inquiète davantage encore les autorités que les manifestations de ce dernier.

L'agitation se poursuit encore à la tombée de la nuit. De petits groupes de trente à cinquante étudiants continuent à défiler derrière des drapeaux rouges criant des slogans.

Un groupe plus audacieux fait semblant de prendre d'assaut l'immeuble de l'ORTF, avenue Janvier, dont il fait voler quelques vitres en éclats à coups de pierre. Les CRS surgissent au pas de course, casqués, la musette aux grenades lacrymogènes entrouverte. Ils n'auront pas besoin d'en faire usage.

Durant l'après-midi, le Général, nullement troublé par tous les cris, faisant mine de ne rien entendre, est allé visiter la ville et notamment l'élégant ensemble immobilier de Bourg-l'Évêque.

La municipalité rennaise lui offre en cadeau une lettre autographe de Chateaubriand, écrite en septembre 1822, à la veille du départ pour le congrès de Vérone où il devait représenter la France.

Le président de la République indique, en remerciant le maire, que cette lettre sera remise à la Bibliothèque nationale « où elle aura sa place ».

Comment doit-on, dès lors, analyser la première journée du voyage du chef de l'État en Bretagne?

« Parler d'enthousiasme serait excessif. Parler de froideur serait mensonger », écrit *Ouest-France* le lendemain dans son éditorial, sous la signature de Paul Béguier. Il y eut – pourquoi le nier? – des cris hostiles, des « Libérez la Bretagne ». Ils ne parvinrent qu'à rendre plus forts et plus fournis les : « De Gaulle à la fenêtre » qui montaient jusque dans cette salle où les représentants des quarante-deux villes bretonnes, à l'automne 1788, proclamèrent l'attachement de la Bretagne à la France.

Le lendemain, samedi 1er février, le Général arrive à Brest. Il atterrit tout d'abord à la base aéronavale de Landivisiau, puis, prend l'hélicoptère et survole les sites du futur : port pour pétroliers géants ainsi que les installations en construction de l'île Longue, prochaine base pour sous-marins atomiques.

Une salve de cent un coups de canon est tirée par la batterie du Parc-aux-Ducs, tandis que quatre salves de vingt et un coups retentissent sur le porte-avions *Foch,* la frégate lance-engins *Suffren* et les escorteurs d'escadre *Surcouf* et *Chevalier-Paul.*

Le Général, qui avait revêtu, le matin à Rennes, l'uniforme militaire pour survoler ces installations en compagnie de l'amiral Lahaye, préfet maritime de Brest, s'arrête quelques instants à la résidence de ce dernier pour se changer et apparaître en civil dans la ville qui est – au contraire de Rennes, la veille –, abondamment décorée de drapeaux tricolores.

Brest, d'entrée, réserve au chef de l'État un accueil bruyant. On peut, cependant, dire que les démonstrations de très jeunes manifestants sont moins virulentes que la veille et ressemblent plus à un chahut qu'à une véritable manifestation.

Ils sont quelques centaines massés devant l'entrée de la mairie, sous un beau soleil, qui, longtemps avant l'arrivée du Général, se sont déjà mis en gorge.

De la foule montent çà et là des cris « Libérez la Bretagne » auxquels d'autres spectateurs répliquent aussitôt par des « De Gaulle, de Gaulle... », et aussi des « Nous sommes tous des Français ».

Les jeunes manifestants, mécontents de la politique gouvernementale, crient de leur côté : « Nous sommes tous des Québécois », « de Gaulle, c'est fini », « Régime policier ». Ils tentent même d'entamer *l'Internationale,* mais les premiers accents du chant révolutionnaire sont, toutes les fois, très vite, couverts par des huées et le refrain de *la Marseillaise.*

Un service d'ordre débonnaire laisse faire car il est bien évident que les choses ne semblent pas devoir mal tourner.

Pendant ce temps, à l'intérieur de l'Hôtel de Ville, M. Lombard, maire de Brest, après avoir présenté au chef de l'État son conseil municipal, évoque « les déceptions accumulées ».

– Quoi d'étonnant, dit-il, que les Brestois s'adressent à vous pour vous dire l'angoisse que leur inspirent ceux qui, victimes des traditions, de la routine, des habitudes créées par une économie trop exclusivement continentale, ne se rendent pas compte que la Ruhr de demain sera sur l'Atlantique et la Manche et qu'il faut, dès maintenant, préparer cette mutation.

Le maire de Brest évoque alors les atouts de sa ville et demande que le gouvernement fasse en sa faveur « un choix politique ».

Le général de Gaulle répond :

– Vous me parlez de déception, bien sûr; la vie c'est la vie, et on ne fait pas toujours ce qu'on veut.

Le chef de l'État rappelle alors les décisions prises en faveur de la Bretagne et notamment de Brest, le 9 octobre 1968.

– Toutes les chances de l'avenir sont chez vous, dit-il, et ces chances sont maritimes. Nous avons été jusqu'ici attirés, liés, concentrés sur le continent, notamment pour des raisons de sécurité. Eh bien, maintenant, nous devons voir jusqu'au bout du monde, c'est-à-dire, regarder vers la mer.

Lorsque le général de Gaulle sort de l'Hôtel de Ville, dans la foule, quelques jeunes gens brandissent des petits drapeaux bretons blanc et noir. L'un d'eux l'a même accroché au bout de son parapluie pour pouvoir le porter plus haut.

Tous ces mouvements divers, ces cris, ces poings levés, noyés au milieu d'une forêt de « V » esquissés avec la main, ces coups de sifflet noyés par les vivats n'empêchent pas le général de Gaulle de se diriger d'un pas assuré vers la foule pour s'y plonger et serrer d'innombrables mains.

Le chef de l'État remonte en souriant dans sa voiture découverte. Sans doute, s'est-il rendu compte, en se mêlant à la foule, de l'extrême jeunesse des manifestants. La voiture démarre lentement en direction du grand port militaire et le président de la République, debout, salue d'un geste large de la main la foule amassée sur les bords de la place, d'où fusent des vivats bien plus nourris que les protestations.

L'ambiance classique des voyages en province du Tour de France du Général, durant le premier septennat, on la retrouve, le même jour, plus marquée encore qu'à Brest, à Bénodet, petit port où se jette l'Odet, l'une des plus jolies rivières de France qui marque la transition entre la Cornouaille et la Bigoudénie.

Le Général survole la rivière et regarde les travaux de construction du pont qui enjambera ce petit bras de mer et remplacera le bac classique qui effectue le trajet entre les deux rives.

Sur les quais, presque tous les habitants de la pittoresque station balnéaire sont là. Certaines femmes à la haute coiffe bigouden, magnifique chef-d'œuvre de grâce et d'habileté, à la dentelle empesée, les enfants des écoles, le curé, les pompiers, les anciens combattants, tous font à l'illustre visiteur un accueil sympathique.

Une femme lui crie au passage :

– Et dites bien qu'il fait soleil en Bretagne!

Le maire de Bénodet, M. Jean-Louis Faou, sort son discours de sa poche et du haut de son mètre soixante fait remarquer au président de la République qu'il est le doyen des maires de Cornouaille. Il se montre content de sa « belle » région, de sa « belle » rivière et de son « beau » village [1].

Le premier magistrat de la petite cité compare le général de Gaulle à un moderne père Noël, faisant référence à son arrivée en hélicoptère :

– Et vous, mon Général, qui êtes aussi descendu du ciel, laissez-nous vous aussi un présent : faites que le pont devienne vite une réalité!

Et le Général de lui répondre alors sur le ton de la bonhomie :

– Les travaux vont commencer. Et les travaux, à partir du moment où c'est commencé, ça finit toujours par aboutir. C'est au moins l'assurance que je vous donne.

Le maire assure aussi sans fausse modestie :

– La multitude qui vous a accueilli avec un émouvant silence vous exprimera bientôt son approbation par ses acclamations. Conservez votre bonne santé.

On est loin de la solennité qui a entouré l'arrivée, le matin même, au port de Brest, du chef de l'État.

A Quimper, le lendemain matin, le général de Gaulle assiste tout d'abord à la messe à la cathédrale où les fidèles reprennent en chœur et avec émotion et foi le cantique qui dit : « Nous contemplons dans l'univers les traces de ta gloire et nous avons vu tes hauts faits éclairant notre histoire. »

Mgr Barbu, évêque de Quimper et de Léon, prononce un sermon dans lequel il appelle l'espoir de tous ses vœux :

– Au cours de mes visites pastorales et de conversations avec des militants engagés, dit-il, j'ai trop souvent entendu revenir les mots d'« inquiétude », d'« insécurité », d'« incertitude » devant l'avenir. J'ai

1. André Passeron : *Le Monde*, 4 février 1969.

trop souvent perçu une note de découragement, voire de désespérance dans de nombreux rapports qui constatent l'incessante hémorragie de nos campagnes bretonnes dont beaucoup de jeunes, parmi les plus dynamiques, se voient obligés de chercher au loin du travail.

« Mais j'ose exprimer, monsieur le président de la République, l'espoir que votre visite apportera de nouvelles raisons d'espérer et je me permets de joindre ma voix à celle des responsables de ce département qui plaident près de vous la cause du Finistère et de la Bretagne.

Le chef de l'État, à l'issue de l'office, parcourt les quelques mètres qui séparent l'église de la mairie. Au cours de cet unique déplacement à pied durant tout ce voyage, la population, massée le long des barrières, l'acclame vivement. Une aubade lui est donnée par les binious du bagad des employés de l'hôpital psychiatrique.

Avec M. Goraguer, maire de Quimper (SFIO), il s'entretient des problèmes du développement de la cité et gagne ensuite en voiture la place de la Résistance, toute proche, accompagné d'un ancien ministre, M. Edmond Michelet, député du Finistère, et de quatre membres du gouvernement : MM. Marcellin, Guichard, Bourges et Mlle Dienesch.

Limitée par l'Odet et dominée par la colline du Frugy, l'esplanade est cernée de barrières. Les spectateurs sont nombreux, mais seuls les premiers rangs sont réellement denses.

Dès que le Général monte sur le podium, à 11 h 25, des vivats s'élèvent et des pancartes sont brandies, sur lesquelles on peut lire l'origine de certains groupes : Lanester, Hennebont, association nationale Loire-Atlantique (?). L'assistance est parsemée également de petits groupes appartenant aux organismes gaullistes tels que le SAC (Service d'Action Civique), l'UJP (Union des Jeunes pour le Progrès) et CDR (Comité de Défense de la République) ainsi que de nombreux policiers en civil.

Ce sont ces groupes qui donnent le signal des applaudissements. Ce sont eux aussi qui empoignent vigoureusement une vingtaine de jeunes gens qui n'ont pas eu le temps de manifester (ils arboraient un drapeau breton) et sont remis aux CRS. Ils seront libérés dans la soirée.

Le chef de l'État commence par évoquer pour la France un développement nouveau dans toutes les contrées et puisqu'il est en Bretagne, il dresse une fresque d'histoire, évoquant la valeur intrinsèque des Armoricains de souche, citant les personnages qui ont marqué leur époque de leur sceau par leurs hauts faits : les Vénètes,

Du Guesclin, Anne de Bretagne, Jacques Cartier, Duguay-Trouin, Guichen, du Couédic, la Motte-Piquet, Surcouf, Chateaubriand, n'omettant pas de faire référence aux deux guerres mondiales et à la Résistance.

– Que de fois, affirme-t-il, au long de cette épreuve de courage et de fidélité, je voulais dire aux hommes et aux femmes d'ici que ma pensée volait vers eux comme il y a cent cinq ans l'écrivait à leurs ancêtres, en vers bretons, mon oncle Charles de Gaulle :

Va c'horf zo dalc'het
Med daved hoc'h nij va speret
Vel al labous, a denn askel
Nij da gaout he vreudeur a bel. [1]

A noter que le grand-oncle du général de Gaulle fut connu au siècle dernier comme barde breton. Né le 31 janvier 1837, dans le Nord, Charles de Gaulle était collégien à Lille lorsque la lecture d'un ouvrage sur la Bretagne d'un certain Rio, auteur totalement oublié depuis, l'enflamma de passion pour la vieille Armorique.

« A partir de cet instant, a-t-il écrit, je me suis senti Breton, me jurant à moi-même qu'un jour je saurais la langue de ma patrie d'adoption. »

Il en vint ainsi à parler le breton et le gallois aussi parfaitement que le français; il connut son heure de gloire en publiant sous le nom de Barz bro C'Hall (barde de Gaulle) des poèmes rédigés en langue bretonne, une *Vie des Celtes au XIXe siècle* et une *Pétition pour les langues provinciales au corps législatif en 1870*.

Frappé de paralysie à l'âge de vingt ans, Charles de Gaulle passa le reste de sa vie cloué dans un fauteuil à Paris sans jamais connaître sa chère Bretagne. De son domicile de la rue de Vaugirard, il fut cependant un ardent animateur du mouvement breton d'alors, lançant, avant de mourir en 1880, un « appel aux Celtes » qui eut de nombreux échos et suscita des vocations dans l'étude des langues celtes.

En dehors de l'oncle celtisant, Charles de Gaulle, le président de la République, possède d'autres liens avec les Celtes : l'une de ses arrière-grand-mères était une Mac Cartan d'Irlande dont l'un des aïeux avait été roi d'Ulster.

1. Mon corps est retenu
Mais mon esprit vole vers vous
Comme l'oiseau à tire-d'aile
Vole retrouver ses frères au loin.

Lors de la conquête de l'Ulster, ce lointain Irlandais se trouva en concurrence avec l'un de ses compatriotes et, d'un bateau à l'autre, ils se virent. La terre étant au premier occupant, l'aïeul de De Gaulle eut l'idée héroïque et brutale de se couper une main et de la lancer toute sanglante sur la terre de l'Ulster. Ainsi, devint-il roi.

Plus tard, le 19 juin 1969, le général de Gaulle dans son exil d'Irlande rencontrera une trentaine de représentants du clan Mac Cartan, venus saluer leur illustre parent.

De Gaulle citant quatre vers bretons de mémoire et avec une certaine application, voilà qui laisse le public interdit, médusé. En vérité, personne sur la place de la Résistance n'est capable de traduire ces vers. Il s'agit d'un breton littéraire prononcé avec un accent qui n'est pas celui de la vieille armorique. Qu'importe, « il fallait le faire », entendra-t-on dire çà et là [1].

Le discours n'est pas achevé pour autant. Le chef de l'État tient ensuite à souligner la détresse de ce peuple breton contraint de laisser partir ses enfants tenus dans leur province « à l'écart des grands courants modernes ».

– Aujourd'hui, tout est changé, poursuit le général de Gaulle. Le génie du renouveau touche la Bretagne, à son tour (...).

« (...) A partir de ce qu'étaient ici les activités de toujours, agricoles, industrielles, maritimes, les voici toutes en mouvement...

Et le Général cite la rénovation rurale dans les départements bretons, l'implantation d'usines nouvelles, le développement de l'électronique et de l'informatique, la modernisation des chantiers navals, l'adaptation de la pêche aux redoutables réalités internationales, la multiplication des facultés, la venue future dans le Finistère des pétroliers de deux cent cinquante mille tonnes, l'aménagement de Roscoff comme port modèle pour l'exportation des primeurs, le développement des grands axes routiers...

– Il n'y a là, dit-il, que l'application de ce qui doit être, désormais, un principe de notre développement.

« (...) Il faut que chaque région, qui y est justifiée par son étendue et sa valeur, ait la volonté et reçoive les moyens de prendre la part qui lui revient dans l'ensemble de l'effort national.

Pour cette gigantesque tâche de régionalisation, il importe selon le Général que l'organisme représentatif de chaque région soit composé

1. Un chef d'État s'exprimant en breton, le précédent existe cependant. Ainsi, le 20 août 1858, l'empereur Napoléon III avait prononcé mieux que quelques mots, une allocution en langue bretonne au banquet de la préfecture de Rennes. On doute qu'il ait été compris... Pour porter ce discours à la connaissance de toute la Bretagne, on en tira le texte bilingue sur une affiche de l'imprimerie Oberthur.

d'élus des collectivités territoriales – conseils municipaux et régionaux –, de représentants d'organismes économiques, sociaux et universitaires et de députés, un préfet régional se trouvant au sommet de la pyramide.

Le Général évoque aussi la transformation du Sénat, nécessaire, « afin qu'il associe dans la préparation des lois les mêmes sortes d'élus et les mêmes sortes de délégués avec leurs compétences et leurs responsabilités ».

Il termine enfin par ces quelques phrases :

– Comme l'ensemble de cette profonde réforme concerne l'organisation de nos pouvoirs publics dans maints domaines, y compris celui de la Constitution, nous devons soumettre le projet au peuple, qui, par la voie du référendum, en décidera souverainement. Enfin, puisqu'il s'agit d'ouvrir la voie à une espérance nouvelle, nous le ferons au printemps.

« En raison du Passé, du Présent, de l'Avenir, il est de toute justice que ce soit en Bretagne que je l'annonce à la France.

Après les applaudissements, il reprend la parole pour faire enfin allusion aux manifestations de Rennes et de Brest, en déclarant :

– J'en ai entendu au cours de mon voyage qui disaient : « libérez la Bretagne ». Mais ils oublient que cela a déjà été fait il y a vingt-cinq ans. Nous l'avons fait avec beaucoup de bons Français, et d'abord avec beaucoup de Bretons.

Et, pour la première fois depuis son dernier voyage populaire en province en juin 65, le chef de l'État invite la foule à reprendre avec lui *la Marseillaise.*

Il recevra ensuite une délégation de l'île de Sein. Parmi toutes les personnalités qu'il a conviées à Quimper, plusieurs ont décliné son invitation, notamment les représentants de la fédération des syndicats d'exploitants agricoles et les jeunes agriculteurs.

Le président de la République, tant à Brest qu'à Quimper, reçoit cependant des personnalités très diverses, de Mme Picart, doyen de la faculté des lettres brestoise (et seule femme en France ayant cette fonction) jusqu'à Alexis Gourvennec, le célèbre meneur des producteurs d'artichauts et de choux-fleurs du Léon.

Le leitmotiv de toutes les revendications qu'a recueillies le général de Gaulle est celui-ci, en substance : « Nous ne demandons pas la lune. Le gouvernement a un plan de développement. Des promesses nous ont été faites. Tenez-les, mais, surtout, tenez-les vite. »

Le général de Gaulle regagne alors Paris et se déclare très satisfait de ses trois jours passés en Bretagne.

– La population, dit-il, dans son immense majorité, s'est montrée extrêmement favorable. Ce n'est pas deux à trois cents contestataires qui, par leurs cris et leur chahut, peuvent changer quelque chose à cette réalité.

La page définitive du Tour de France du Général vient de se tourner. Le référendum annoncé à Quimper a lieu le 27 avril. Le Général a répété à la radio et à la télévision qu'il se retirerait immédiatement du pouvoir si le « non » l'emportait. Le référendum est repoussé. Le 28 avril, de Colombey, de Gaulle annonce qu'il cesse d'exercer ses fonctions.

REMERCIEMENTS ET BIBLIOGRAPHIE

Il est temps de remercier tous ceux qui, de près ou de loin, ont contribué, par leur aide ou leur témoignage, à la réalisation du présent ouvrage qui, sans eux, n'aurait pu être complet.

Que soient remerciés, en premier lieu, Mme Jacqueline Bougouin, pour sa recherche en documentation, puis M. Ludovic Lebon pour l'iconographie, l'Institut Charles-de-Gaulle, le colonel Richard Marillier et Mme Christine Vigreux.

La grosse source de documentation a été constituée par la presse parisienne et de province et notamment *le Monde, France-Soir, le Parisien libéré, le Figaro, Ouest-France, la Voix du Nord, le Progrès de Lyon, le Dauphiné libéré, la Montagne, l'Est républicain, le Républicain lorrain, le Télégramme de Brest, le Midi libre, le Provençal, Nice-Matin...*

Quant aux témoignages recueillis dans les provinces de France, il serait difficile d'en inventorier tous les auteurs, mais que ces derniers trouvent ici le témoignage de ma profonde reconnaissance.

TABLE

Cet ouvrage a été réalisé sur
Système Cameron
par la SOCIÉTÉ NOUVELLE FIRMIN-DIDOT
Mesnil-sur-l'Estrée
pour le compte des Éditions Julliard
le 20 janvier 1986

Imprimé en France
Dépôt légal : janvier 1986
N° d'édition : 4791 – N° d'impression : 3342